インディアンの環境教育

グレゴリー・カヘーテ
塚田幸三〔訳〕

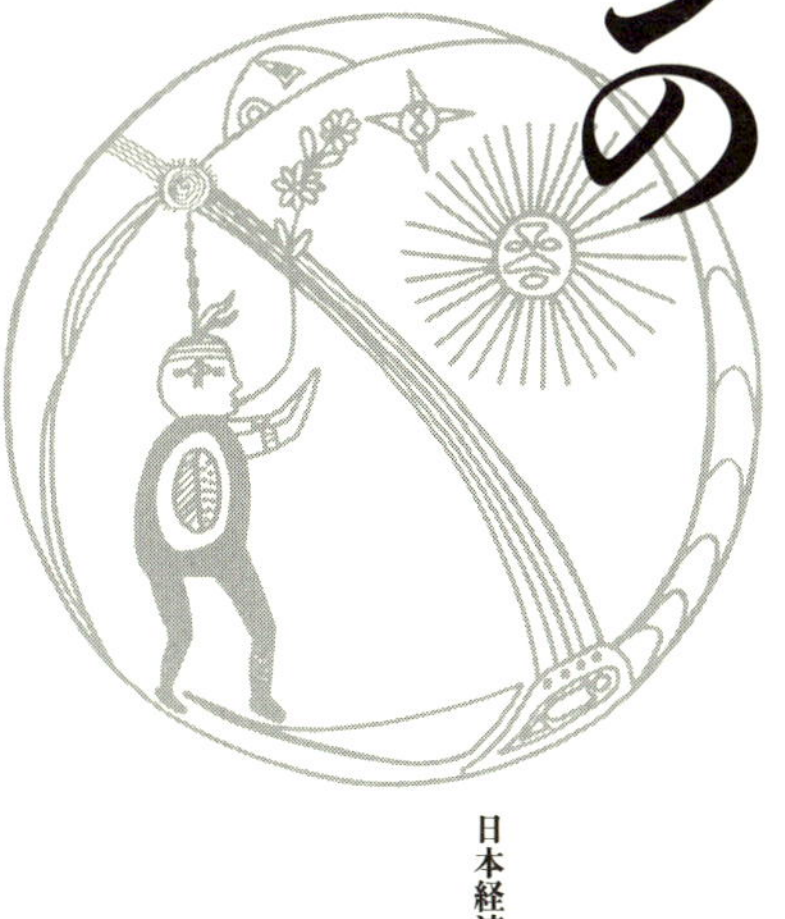

日本経済評論社

あらゆるところにいる
私のすべての親族と子供たちへ

山を見よ
そして
溌剌《はつらつ》たれ

「*Pin pé obi*（山の頂を見よ）」は私の部族、テワ・プエブロインディアンのある老賢者がよく用いた言回しである。私がそれを最初に聞いたのは七歳のときで、空を渡る父なる太陽に力を添えるために行われるプエブロの土地を走るリレー競争に初めて参加しようと練習しているときだった。

私は、太陽の軌道のように東から西へ走る土のトラックの端にいた。すると、目の不自由な老人が私を近くに呼び、「若者よ、走るときは山の頂を見るんじゃ」と言って、西の方角にあるテワ族の聖なる山、ツィコモを指差した。「あの山から目を離さないようにするんじゃ、そうすれば何マイルもの道のりが足下から融けていくような気がするじゃろう。そうするんじゃ、そのうち藪でも木でも大きな川でも飛び越えられそうな気持になるじゃろう。」

一九七二年

サンファン・プエブロにて

アルフォンソ・オルティス

日本語版序文

禅は中国から日本に伝えられるとき、特有の道教的自然主義哲学が変形をうけ、簡素さと自然の本質が強調された。自然や美や生命の最も深い本質は簡素で有機的なものに根ざしているというのが禅の根本的な教えである。これはネイティブアメリカンの伝統哲学にもみられる根本的な理解である。中国の道教は、チベット仏教にも同様の側面があるが、土地や土地が蔵するものすべてにスピリット（霊）が宿るとされる古いシャーマニズムの自然崇拝の伝統に根ざしている。自然の元素、すなわち土、風、火、水が崇められ、スピリチュアル的な幸福のために自然全体に目が向けられる。

「道教はネイティブアメリカンの霊性とよく似て大地に根ざした道である。それは最高の師として自然を崇拝する。気功や太極拳の動きはその多くが自然界の鳥その他の動物の動きを直接取り入れたものである。道教において重視されるのは立ち上がって肉体や物質的次元を脱することではなく、神秘的な女性原理、陰、母なる大地の暗く神秘的な湿った深部をどこまでも深く探ることである。道教は肉体的側面を、スピリチュアル的存在としての我々を高め進歩させるための、実在の非常に有益な場、我々の肉体に備わっている強力なエネルギーである気を使うことのできる場とみる。それは欠けることなき完全さおよび聖なる道との一体化を求めて、我々の精神的関心のみならず肉体的関心を利用することも厭わない。」（Towler, Solala. *Embarking on the Way*, pp. xii, xiii. Abode of the Eternal Tao, Eugene, OR. 1997）

しかし、日本の読者が類似点を見出すのは道教と中国禅と禅に止まらないだろう。神道は自然のスピリットと力を尊ぶ日本固有の自然観が底流としてあることを示している。例えば、「神道は儒教と同じく祖先を崇拝したが、また道教と同じく自然のスピリットと力を尊びもした。神は自然物のスピリットフォース（霊力）であり、それぞれの物にアイデンティティーあるいは生命力たるむすび（産霊）を与えた。民衆の崇拝を集めた人々は神とむすびを共にもつことができ、そのために人間と自然は区別されなかった。」（Grigg, Ray. *Tao of Zen*. p. 119. Alva Press, Edison, NJ. 1994）

このような影響に加えて、自然崇拝はアイヌの古い伝統である。そして、日本の読者がネイティブアメリカンの伝統的教育形態にもっとも多くの類似点を見出すのはアイヌの伝統哲学および応用哲学であろう。それと関連したアイヌ文化の熊崇拝や儀式尊重はネイティブアメリカンの文化にも共通している。日本にみられる以上のような自然主義的教育の文化的コンテクストがすべて組み合わさって、本書で述べた先住民の教育の「エコロジー」に類似した関係性のタペストリーを形成している。

本書で述べた思想と今日の日本社会との最も重要な関連は、環境危機および環境的に持続可能な未来のための教育の必要性に関する洞察の領域にある。そのような未来への希望の源の一つは、人々が自然界に対する深い共感を体現して地球上のあらゆる生物との自然な関係を愛するようにというだけでなく、どのようにしたら深く根ざした文化的環境哲学が日本にも現れているような地球規模の環境危機に取り組むために必要な考え方や行動を人々に伝えることができるかという点についても教育されることである。地球環境危機に取り組む戦略として、変化をもたらしうる行動ビジョンの作成が各国に求められている。そのような戦略を練り上げるに当たっては、各国とも過去と現在を参照するとともに実際的でかつスピリチュアル的にも魅力的な将来ビジョンを持つことが必要になる。本書は、ちょうどそれにふさわしい土台、自然環境とのバランスや調和や関係を維持し、自分たちの手に委ねられた自然環境に対する責任を果たすための土台を形成していたネイティブアメリカンの人々の応用哲学に通じる窓口を提供するものである。クリストファー・コロンブスの時代のアメリカ大陸は事実上の「エデンの園」であり、豊富なさまざまな植物や動物に恵まれ、人間はあらゆる景観や居住環境と持続可能な関係を保ちながら暮らしていた。当時のそのような土地への多様な地理的適応に匹敵するものはその後みられない。しかし、私たちが自分自身と将来世代のために生物圏を保持しようとするのであれば、まさしくこの種の全大陸的な文化的環境哲学の実践を見習うべき時かもしれない。

先住民の世界観は人間を自然界と、その気候や土地、植物や動物と結び付けた。先住民の行った教育は地球との関係とそれに伴う責任だけでなく、あとに続く各世代との関係とそれに伴う責任についても教えた。先住民の経済システムおよび社会構造は、今日の生物科学で「複雑適応システム思考(complex adaptive systems thinking)」と呼ばれるものの原理を適用した継続的でダイナミックな関係性における、自然のプロセス、自然の循環、自然の諸関係に対する深い理解に基づいていた。先住民の最も重要な社会原則の一つは自然界にかかわる決定や行為の説明責任の原則であり、それは将来の七世代への影響を考慮に入れたものであった。

このような新しいとはいえ非常に古くからある環境意識をもたらすための基盤をつくる最も重要な

ステップの一つが教育である。すべての国が、エコロジー的観点から教育を受けた国民を生み出すことを中心として教育目標をつくり直さなくてはならない。それはエコロジーに通じているというだけでなく関連する社会正義の問題のことも認識している国民であり、ビジネスソリューションを適用するだけでなく政治的解決のためにも尽力できる国民、個人的ないしスピリチュアル的な内的変革だけでなく外的な社会変革を求めて努力する国民である。世界の他の工業先進国と同じく、日本もまたエコロジー的持続可能性に向けて大きな社会的経済的転換を行わなくてはならない。日本はかつて環境的に持続可能な社会を創造するという課題を成し遂げ、「複雑適応システム」としての協同と相互依存を通じて持続可能な国家を築き上げたことがある。いまその持続可能な過去の教訓が持続可能な未来のモデルに必要な情報をもたらしてくれるに違いない。日本が現在必要な情報および環境的に持続可能な未来の集合的ビジョンを得るには、その手掛かりを自身の過去に求めなければならない。

皆さんが本書を読んで日本自身の先住民の教育の歴史が提供する、より持続可能な未来の可能性についてインスピレーションと洞察を得てくださることを願います。いつも善きスピリットが皆さんを叡智への道に導きそこに留めておいてくれますように！

G・カヘーテ

二〇〇八年一一月

まえがき

教育は、ヨーロッパ文化との接触が始まって以来今日に至るまで、摩擦が生じる憂慮すべき分野の筆頭をなしてきた。スペイン人の場合、当初はインディアンの文化をヨーロッパのスペイン社会の改良型とみることができるような、教会が支配的な力を有する、行政的に統制された村や市や県からなる社会の正確な複製に変えようとした。

フランス人の場合は、半分インディアン文化、半分ヨーロッパ文化であるような新たな社会の構築を課題とした。そこでフランス人は、教会を通じてインディアンの子どもたちを教育する一方で、彼らのうちの主だった家族に対してその子どもたちをインディアンの村に送り込んで、酋長ないし族長の家族の一員として生活させ、インディアンの生き方を吸収させることを奨励した。

他方、米国のインディアンに対する教育の生みの親たる英国人は、教育を受けたインディアンたちが地方のプロテスタント的農業生産環境に適応できるように、インディアンたちを彼らの文化、とりわけその経済システムに十分馴染ませることだけを目的とした。

初期の条約にはインディアンの子どもたちのために各宗派の教会が一定の土地と引き換えに布教区ごとに学校を設立することが定められていた。やがて白人社会における教育の重要性が高まると、公共の非宗教的教育が標準となり、連邦政府は条約のなかに、通常、教育に関する条項として、少なくても教師一名と学校一校を提供することを含めるようになった。ただし、教育は教科書学習に限られず、一八四〇年以降に結ばれた条約のほとんどが職業訓練の提供を定めていた。それは、鍛冶屋、大工、農民、商人などが産業社会に必要な技能を子どもと大人の両方に教えるというものであった。

フォート・マリオンのチリカフア・アパッチの囚人を使って実験を行ったリチャード・プラットは、それによってインディアンの蛮行を一世代で一掃しようとする、多人数の、強制的な、保留地の外での教育というアイデアを得た。

しかし残念ながら、自由な生活と健康的な食べ物から、厳しく統制された服装と味気ない文明的な脂肪性の食べ物への移行は、続けて何年にもわたる家族との別離とも相俟って、政府の全寮制の学校制度に組み込まれたインディアンの子どもたちに致命的な打撃をもたらした。この試練に耐えて保留地に戻ったとしても、まともな暮らしをして、速やかに伝統的な生き方に戻り、生計を立て、家族との紐帯を再構築する道などなかったのである。連邦政府の全寮制学校の卒業生の大半は、結局、保留地を統制し、今日のインディアン局に当たる無気力な行政機関の創設に一役買った、拡大途上の連邦政府の行政組織に職を得たのであった。

アメリカの教育で最も一般的な昼間学校がインディアン局の出先機関のある町から隔離された保留地に設立されたが、教育に関する政策や理論は非インディアン教育に吹く風と共に変化し、それらの学校もまた同じ運命にさらされたのであった。

ジョン・コリアーが昼間学校の概念を広めた理由は、政府の教育活動に親と地域社会を巻き込む必要性を認めたからである。しかし、第二次世界大戦後、学習に関する諸々の教育理論が流行し、学校運営の財政負担が人々の予想をはるかに超えて膨らみ始めると、保留地の教育は州の公教育制度に統合されていった。結局、一九六〇年代になると、貧困地域への教育プログラムの拡大が全国的に行われ、インディアンの教育も連邦予算と近代的な教育理論に完全に組み込まれるに至った。

　インディアンは過去二〇年間にわたり保留地に先住民の教育機関を設立するために積極的な活動を行ってきた。ナバホ・コミュニティーカレッジをはじめとするコミュニティーカレッジや教育機関の数が約三〇に達し、一定の高等教育が各保留地の住民の手に届くようになった。また下請け的な代替学校が、自分たちの子どもの教育を管理する権利を再び完全に取り戻したいというアメリカインディアンの願いを反映して、過去二〇年間に保留地にも市街地にも広まった。

　一世代前にみられた前進は、主として非インディアンの教育者や教育委員会から組織の管理権を奪取するという形のものであった。そのような支配権の移行が合衆国西部の多くの地域で行われたが、それはしかしインディアン教育の中身の根本的な変化の前兆となるものではない。なぜなら、インディアンが運営する学校であれ非インディアンが運営する学校であれ、カリキュラムやテストによる成績づけなど、州政府や連邦政府の指針に従ってアメリカの近代教育の衣装をまとわなければならないからである。インディアンが管理権を有する学校で次の一歩を踏み出す用意ができている場合でも、それがどのような一歩であるべきかを正確に判断することは非常に難しい。

　事実と学説（それは政治的、科学的、歴史的、宗教的、哲学的真実の現代的表現とみなされる）を集中的に記憶する英米の伝統的な方法と、実践を通して学ぶインディアンの伝統的な方法とでは教授法に大きな差がある。世界は偶然によって一連の形態とエネルギーパターンとして配置された命のない物質の塊であるという現代の非インディアンの学校で教えられている哲学的観点は、インディアンの伝統的な考え方の対極をなすものであるが、それは一つの考え方にすぎず、経験に裏付けられたものではない。したがってインディアンの教育者たちは、教育の中身をそのような本質的に意味のない主張から引き離し、世界を命ある物同士の密接な相互関連として捉えるより現実的なインディアンのモデルに近づけるべきかどうかという問題に直面することになる。

ある観点から別の観点への移行は決して単純にできることではない。そのためには、双方の観点を読み取ることのできる独創的な思想家の登場がインディアンの教育と教育者にとって是非とも必要である。それは、インディアンが非インディアンの一連の知識を分かち合えると共に、インディアンの理解の有効性を示すことのできる、過渡期に役立つ世界のモデルと解釈を示すことのできる思想家である。

このような課題に応えるのにグレゴリー・カヘーテほど理想的な適任者はいない。彼は、二〇年以上の経験を有するインディアンの教育者として、彼が属するサンタクララ・プエブロの遺産たる洞察とさまざまな部族社会をコンテクストとする調査の成果を一連の西洋の知識に注ぎ込み、そのような本質的に異なる二つの知識体系を統合する新たな、心が躍るような方法を生み出そうとしているのである。

カヘーテはコンテクストに基づく教育理論を開拓しているが、これはアメリカの教育に最初から欠けていたもの、実に認識されることさえなかったものである。この場合、私たちの関心は、今日の「政治的に正しい」理論家の一部がしているような、特定の一連の文化的価値観を他の文化的価値観と競わせるといった狭いものではなく、どのような主張や教義であれそれが有効であるためには現存するコミュニティーや年齢層といったコンテクストのなかに快適な居場所を見出し広まらなくてはならないという認識に基づくものである。

これは現代のアメリカ社会においては甚だ困難な課題である。なぜなら、私たちがこの国で行うことはすべて何らかの課題を達成する上で最高の、もっとも高度なやり方でなければならないという考え方があるからである。したがって教育者は、データとその解釈の信頼性を確保する方法が他にもあることを指摘するときでさえ、確実性をつなぎ止めている綱を緩めてやらなくてはならない。

カヘーテは文化的にはアメリカ南西部の出身であるが、彼の引用する事例は彼の身近なプエブロから得られたものに限られない。彼はさまざまな部族の伝統を調べ、それらが有する洞察を、検討すべきデータの整理や解釈に役立てる。例えば、ラコタの宗教的伝統から、私たちが皆つながっているという考え方を取り上げている――これは本来宗教的な真実であるが、自然界を調べるための、また物事が共生的に機能することを理解するための方法でもある。また別の部族の伝統からは、教育をコミュニティーの歴史意識の関数とする必要性を示す物語などを取り上げている。

私は本書の全てが理解できると装うつもりはない。私が知っていることは、本書は、世界を知るための二つのまったく異なる体系の間に知的な橋を架けようとする、斬新で創造的かつ高度な努力を代表しているということである。これは、教育をめぐるインディアンと非インディアンの理解の接点を通じて体系的に考察された、アメリカインディアンの学者による最初の大きな業績である。本書はそのようなものとして、インディアンのみならず非インディアンからも最も真剣な検討対象とされるべきものである。カヘーテがここでしてみせてくれたように、インディアンの学者たちが考えを伝える体系的な方法を開拓しない限り、アメリカインディアンの教育に変化を期待することは非常に難しいであろう。

私たちは、グレゴリー・カヘーテがどのように知識を高め、教えを築き上げたのか、その概要をみて、彼が教育分野においてアメリカインディアンの次の世代を担う先駆者であること、またその他の人々もこのような課題に立ち向かうであろうこと、そして私たちがその後を追うことのできる新たな知的進路を彼が引き続き切り開いてくれるであろうことを期待し得るのである。

ヴァイン・デロリア・ジュニア

一九九四年

謝辞

本書を完成させることができたのは、多くの人々から頂いた助言と励ましと技術的支援のお蔭である。まず、家族と友人たちからの、そして多すぎて一人ずつ名前を挙げることはできないけれども、インディアンのコミュニティーのさまざまな人々からの激励と支援に感謝の意を表したい。本書を著すことができたのは、それら特別な人たちの人を育てようとする精神が確固たるエコロジーを準備してくれたお蔭である。私の人生にとって掛けがえのない存在である母、クララ・カヘーテと祖母、マリア・カヘーテの愛と導きに心から感謝している。また、妻のパツィーと息子のジェイムズにもその忍耐と愛に対して特別にお礼を述べておきたい。

フィリップ・フォスにも深く感謝している。彼は本書の作成過程の大事な局面で、技術的にも編集の上でも専門的な支援をしてくれた。また、ヴァイン・デロリア、エドワード・T・ホール、サイモン・オルティス、ロッジャー・バッファローヘッド、ミカエル・モーリス、エリザベット・サトゥリス、ペギー・マッキントッシュ、トーマス・アテンシオ、ロイド・ニュー、リーナ・スウェンツェル、ドロレス・ラチャペル、アルフォンソ・オルティス、デイブ・ウォーレン、グロリア・エマーソン、ナオミ・タトルの面々にも本書の特定の箇所に関する支援および非常に有益な助言に対して謝意を表したい。

最後に、過去二〇年間にわたる教育と学習そして創作活動のなかで出会った数百人に上るネイティブアメリカンの学生たちにも感謝の意を表したい。実際、本書は彼らを通じて実現した彼らとの共同作品である。

本書はまたインディアンの教育、そしてインディアンの思想や伝統の根本的精神の継承に心を砕いている、私が出会った多くのインディアンおよび非インディアンの人々の善意——および苦難や苦悩——の反映でもある。

一九九四年

サンタフェにて

グレゴリー・カヘーテ

＊　＊　＊

用語について

部族の／部族的（tribal）および先住民（族）の／先住民（族）的（indigenous）という言葉は、特定の場所ないし地域と結び付いており、その文化的伝統が特有の環境志向や生態系を神聖視する感覚を今も受け継いでいる、多くの伝統的な部族志向の人々に対して幅広く使われている。

先住民（族）の／先住民（族）的という言葉はまた、基本的に近代西洋の教育観やその方法論に根ざしていない、文化に基づく教育形態のことも意味している。

そのほか、アメリカインディアンないしインディアンといった言葉は、インディアンの人々特有の歴史、状況、事例、営みなどを指している。他方、ネイティブアメリカないしネイティブアメリカンという言葉は、アメリカ大陸の人々や思想や地域に古くから直接関係のある、あるいはそれらに端を発する、アメリカ大陸が植民地化される以前の住民との特有の関係を強調するために使われている。

以上の言葉はすべて、それを強調するために、また本書のテーマの、そして本書を発表するということの本来の精神を貫くために大文字で表記している（本訳書では、そのためにかえって読みにくくなるのを恐れ、基本的に特別な表記をしていない――訳注）。

＊　＊　＊

読者のための覚え書き

本書は、アメリカ先住民の教育の伝統的形態の本質、基本的な考え方、およびスピリットに関する二七年間にわたる考察の成果である。

この仕事を最初から最後まで導いてくれたのは、深い理解と確固たる尊敬の念という基本的価値観である。そのような姿勢に基づき、引用文、参考文献、事例などは注意深く、文化の相違に配慮して選択されている。先住民部族に関する言及はすべて、既に公刊されたり学術文献に引用されている、十分な歴史を有するものである。ただし、本書で取り上げた先住民が有する諸概念の総括だけは例外で、それは伝統的教育のもっとも持続的な特徴をなす信条や価値観にしっかり根付いた〝インディアンの教育〟を、現代的に表現するのに必要な哲学的枠組みをつくるために提示したものである。

本書では伝統的なアメリカインディアンの教育の事例を幅広く用いているが、そのなかには自己の探究、個人およびコミュニティーの存続、コミュニティーおよび自然環境というコンテクストにおける完全性などに関する教育が含まれている。

本書は教育に関する新たな意識の必要性を提唱するものである。それは、先住民が教育に関する集合的な遺産を探究するために必要な意識でもあり、また彼らがそのエコロジーに対する深い理解に基づいてグローバル教育に貢献するために必要な意識でもある。

現代教育の活性化に資する、先住民の考え方の創造的可能性という観点から読者の皆さんが重要な洞察を得てくださることを期待したい。さらに、本書によって多くのインディアンの人々が、彼らの子どもやコミュニティーに対する教育の将来について、考え方や直観や希望を再確認してくれることを期待したい。

本書は伝統的な先住民の教育形態を称えるものである。それはまた、アメリカインディアンとして、私たちはこれまでどこにいたのか、今どこにいるのか、そしてインディアンの人々が話すあの場所を目指す集団旅行で私たちはこれからどこに行く可能性があるのか、という点に関する私の見方を提示したものでもある。

皆さんのご多幸を祈ります。善きスピリットが皆さんを導いてくれますように。そして、「山を見よ」を忘れずに。

二〇〇三年

サンタフェにて

グレゴリー・カヘーテ

＊　＊　＊

本書の実用的側面を敷衍したのが最近の拙著『Igniting the Sparkle, An Indigenous Science Education Model』（同じくKivaki Press刊）である。

二〇〇三年

サンタフェにて

グレゴリー・カヘーテ

目次

図解一覧

序文――パラメータとプロセスについて

本書で示した、観点、志向、考え、モデル、解釈、信条などは、インディアンの教育者としての私自身の創造行為に基づく個人的総合によるものである。本書は、アメリカインディアンが部族的教育に関して共有する比喩に対する私独自の理解を反映したものである。またこれは先住民の教育の本質の包括的な探究であり、今日のアメリカインディアンの教育哲学の発展に係わる重要事項として、先住民の視座を導入することによる創造的可能性を検討したものである。本書は全体として、アメリカインディアンの学習と教授に関する志向（オリエンテーション）の要点を概説したものであり、「先住民族の教育のエコロジー」に関する私の認識を示している。

本書はまた、インディアンの教育者、インディアンの教育問題に携わる人々、教育に関するもう一つの文化的可能性を検討したいと考えているその他の先住民の人々への公開書簡でもある。私のやり方は、先住民の教授と学習の重要性を創造的な方法で探究しようとする教師のそれである。その道程に、そのカリキュラムに関する記述が本書になったのである。教師は、継続的にモデルをつくり、それを実際の教育現場に適用しながら、カリキュラム（学習と教授の循環）を作成する。理想的な教師は彼らのモデルを生徒や変遷する教育の実情に合わせて常に調節する。そのような継続的な創造的調節を通じて、教師と生徒は共生関係に入り、学習の対象の周囲にフィードバック回路が形成される。このようにして、教師は物語を、常に、それを語りながらでさえ、創造しているのである。

本書は、今日のアメリカインディアンの人々に対する教育について考え、それを促進するための、文化を尊重した代替案を探究するものである。それは部族的教育の基本原則を現代的な思考および叙述の枠組みの中に翻訳しようとする試みであり、伝統的な部族的価値観、志向、信条に基づきつつ、それと同時に近代教育に見出される最適な概念、技術、内容を用いて、今日的な、文化に基づく教育プロセスの開拓を提唱するものである。

本書で用いた先住民の考え方や伝統の引用は、先住民の教育のエコロジーの本質的な側面を示している。私は、それぞれが有する豊かな先住民性を称えるとともに、深い尊敬の念をもって引用している。

本書の内容は、アメリカインディアンの文化に関する厖大な研究から得られるもののごく一部にすぎない。アメリカインディアンの文化は世界中でもっともよく研究されている文化の一つである。インディアンの教育者や学者の手助けを得て、その海を思わせるような厖大な内容にアクセスすることが、インディアンの教育に関する今日的な認識論を形成する上で不可欠な一歩である。

そのような先住民が有する教育の基盤へのアクセスおよびその活性化は、今日の教室においてのみならず、インディアンのコミュニティーにおいても起きなくてはならない。インディアンの人々は、老若を問わず、また専門家と一般大衆とを問わず、誰もが自らを先住民的な教育の基本を目指して進むプロセスへの参加者として認識すべきである。都会的環境に住んでいようが、保留地に住んでいようが、教育を通じて文化の維持ないし活性化に関するニーズにどのように取り組むかを決めるのは各インディアンコミュニティーである。また、近代教育という乗り物を通して何を導入すべきかを決めるのも、適切な伝統教育のメカニズムによって何を伝えるべきかを決めるのも各コミュニティーである。

近代教育と伝統教育はこれ以上、歴史的に、またコンテクスト的に別々の存在のままであることはできない。各コミュニティーは近代教育を通じてもたらされる学習を、自らの生き方を永く維持する上で欠くことのできない、知識と価値観を方向付ける文化的基盤と統合しなければならない。バランスのとれた統合がなされなければならない。

西洋志向のカリキュラムを重視すると、やがて先住民の生き方が侵食されるだろう。インディアンの教育者および部族のリーダーたちは、吟味せずに西洋の教育を適用すると、人々が文化的ルーツから遠ざかる方向に条件付けされるということを理解しなければならない。近代教育はインディアンの人々およびコミュニティーの存続に不可欠な手段を提供するが、しかしそれはより広い文化全体というコンテクストのなかで行われなければならない。文化の保存を後押しするに当たっては、自決、自治、部族の主権という基本的目標を達成するためにも、インディアンの教育者および部族のリーダーたちが文化に基づく教育を提唱する必要がある。先住民の教育は、二一世紀に入ろうとするアメリカインディアンの文化の永続を考える上で、非常に創造的な手段を提供する。

本書で行った先住民の教育の探究には、伝統的なアメリカインディアンの観点から教育プロセスの普遍的特性を言い表すことも含まれている。それができるのは、その観点が教授と学習のプロセス全体――単にアメリカインディアンに関してだけでなく――に適用できるからである。

探究した普遍的特性は、人間的学習の原型として、またあらゆる人々および文化的伝統の先住民的スピリチュアリティー（霊性）の一部としてみることができるかもしれない。様々な文化を背景とした関連のある考え方、研究、教育哲学はすべて、先住民の考え方とその自然界との関係に対する基本的な志向性を反映した現代教育の可能性に光を当てるために検討された。したがって、本書の主張は、教育を通じて導きの物語を再生しようとしている、ハワイの先住民にも、オーストラリアのアボリジニーにも、アフリカのブッシュマンその他の先住民の人々にも適用することができる。

✣アメリカインディアンの教育が今日直面しているジレンマ

今日のアメリカインディアンの教育に関するビジョンに広範囲にわたって影響を及ぼしている問題は、その定義と発展が常にアメリカの政治に左右されてきたということである。インディアンに対する教育政策を特徴づけるものの多くが、アメリカインディアンの哲学的志向に基づく研究の成果ではなく、議会が定めた法律、条約上の権利に関する裁判を通じての解釈の歴史、それぞれの部族集団や地理的領域特有のインディアンと白人との歴史的関係などの結果である。

歴史的にみると、近代のインディアン教育の柱となった観点は、インディアン文化の観点を代表することを前提とするものではなかった[1]。そのような政策志向にもかかわらず、伝統教育のプロセスは、インディアンの多数の家族的、コミュニティー的コンテクストのなかで受け継がれてきた。このように、教育に関する二つの方法の統合については、過去二〇年間に進展がみられたとはいえ、ほとんど実現されていない。

今日のアメリカの教育の基本は学問的な能力や内容の伝達であり、有力な政治的、社会的、経済的体制によって定められたアメリカの社会基盤の中で競い合う準備を生徒たちにさせることである。アメリカの教育理論は一般的に、その目的を達成するための手段に関する十分な倫理的ないし道徳的内容を欠いている。アメリカの教育を通して理想的とされるようになったカリキュラムは、長い経験に基づく生徒が内部化するカリキュラムとは大きく異なるものになってしまった。インディアンの生徒の多くが経験するアメリカ社会は、学校も含めてあらゆるレベルにおいて、矛盾、偏見、偽善、自己陶酔、反倫理的傾向などから成っている。主流の教育に出会うことによってインディアンの人々の多くが経験してきた教育上の対立や欲求不満、そしてさまざまなレベルの疎外感が引き続き存在する。

異文化間コミュニケーションの根本的な障害の中心は、文化的志向の大きな相違とインディアンの人々が自ら築き上げたものとは異なる教育プロセスに順応することを強いられてきたことにある。伝統的にインディアンは、主流のアメリカ人とは異なる文化に根ざした比喩を通して人生をみる。本書で提示した先住民の教育哲学の探究の枠組みを形成しているのは、このもう一つの文化に根ざした比喩である(2)。

伝統的なインディアンの教育は、一般に受け入れられている西洋の教育の客観的な理論や方法論とは調和しない。客観主義の適用に含意されているのは、インディアンの教育の動力学を理解する正しい方法は一つしかない、インディアンの教育に関する正しい方法や正しい政策は一つしかない、ということである。そして、その一つの方法とは主流のアメリカ人の方法である。客観主義という思考態度は、インディアンの教育という分野に適用されると、インディアンの人々の相互依存的世界観、部族的ないし社会的コンテクスト間の相違、その表現を形づくり特徴づける認識や理解のプロセス、などに関する真剣な検討を除外することになる(3)。

客観主義者の研究はある種の見識を得るのには貢献したが、インディアンの人々の教育の多面的、全体的、および相互依存的な側面に対しては大きな限界がある。遠い昔から、先住民の教育を形づくり特徴づけてきたのは、主観的経験と観察、共同体的関係性、芸術的および神話的側面、祭事や儀式、聖なるエコロジー、心理的および精神的志向性、といった情緒的要素である。このようは側面およびそこに内在する意味は、計量したり、観察したり、言葉で表したりすることが簡単にできないために、その結果として、主流の教育および研究においてはほとんど重視されずにきた。しかしながら、人間とその内面的・外面的世界との多面的関係の探究を通じて行われる学習の基本的コンテクストを形成しているのは、先住民の志向性のこのような側面なのである。

インディアンの教育者にとって、客観志向と関係性志向との対立、文化的偏見、文化に基づく認識の違い、などに対処する鍵は、今日のインディアンの教育を導いている考え方の暗黙の基盤に挑戦する、開かれたコミュニケーションと創造的な対話にある。

教育とは本質的に公共の社会的活動である。教育に関する研究においてもっとも創造的かつ生産的な見識を得るには、主流の教育関係者に認められた専門家だけでなく、教育に係わるコミュニティー全体のコミュニケーションが必要となる。教育とはコミュニケーションのプロセスであり、それは教育に基づく認識行為のすべてにおいて本質的な役割を果たす。教育者一人ひとりの内面的対話、発表、そして発表された意見に対する議論を通じて、教育者全員の間に教育プロセスに関する円滑なコミュニケーションが存在するのでなければならない(4)。

教育者の多くが、アメリカの主流の教育を支える暗黙の基盤に基づいた考え方を比較的無批判的に受け入れてきた。こうした状況はインディアンの教育にも影響を及ぼし、創造的な認識行為を制限している。思考を自由に働かせることと土俵を開放することが不可欠である。暗黙の基盤があることに気づき、それに疑問を呈することによって初めて、先住民の教育哲学の可能性に関して高レベルの創造的思考が可能となる。教育に関するアメリカインディアンの認識は伝統的に教授と学習に関する独特の比喩によって伝えられてきたが、それを理解することによって初めて、今日のインディアンの教育に関するより建設的な見識が得られるようになる(5)。

そのような教育に関する伝統的な比喩は、その意味を独自の文化的コンテクストと自然環境との相互作用から得ている。他方、インディアンの人々の集合的経験と彼らの文化的適応が、教育とその基本的エコロジーに関する一連の共通の比喩をもたらした。

先住民の教育に関するこの探究は、インディアンの文化特有のものではあるが、人間の学習全体を反映してもいる、共通の比喩と理解を有するコミュニティーについての見識を深めようとするものである。伝統的なインディアンの教育システムは、自然に根ざした哲学を通して学び実践する方法を代表している。それはある意味で今に続く世界でもっとも古い「環境」教育の一つである。それは全体として、二一世紀を生きるという難問に直面している現代の教育にとって深い意味を有する環境教育のプロセスを示している。そのようなプロセスは、自らそのバランスを崩してしまった世界の管理人としての私たちの集合的役割に関する深い理解をもたらす可能性を有している。

本書は基本的に、インターナショナルカレッジのニューフィロソフィープログラムの援助を得てとりまとめた私の学位論文『科学——ネイティブアメリカンの見方（文化に基づく科学教育カリキュラムモデル）』の続編である。私の学位論文の動機をなしたニーズの認識が、引き続き本書の推進力となった。それらのニーズをまとめると次のようになる。

①基本的にアメリカインディアンの人々自身の考え方、志向性、文化に基づく哲学から教わり、その上に彼らの教育に関する今日的観点を築く必要性。この必要性を明確に表現し、それに応えることが、インディアンの教育における自決への決定的な一歩であると考えられる。

②教育危機および環境危機の時代を迎えた今日、インディアンの人々の要求に直接、首尾よく応える、教育に対するもう一つのアプローチを探究する必要性。実行可能かつ完全な教育プロセスの創造的な探究においては、土俵を開放し、新たなアプローチの可能性を受け入れることが不可欠である。

③先住民としての意識に目覚めた、エコロジーに基づく、アメリカインディアンの教育のための今日的な哲学の発展に向けて、インディアンの文化とインディアンの教育に係わる幅広い研究分野に蓄積された資料を統合・総合し、体系化し、集中させる必要性[6]。

今日のアメリカインディアンの教育が焦点を当てているのは、インディアンの人々がアメリカのポスト工業化社会において、生産的であるために——あるいは、少なくても、生き残るために——必要な技能を学ぶことである。アメリカインディアンは、アメリカンドリームとそれに伴うすべての伝統の消費者であるべく促されてきた。インディアンは、そのようなシステムの参加者であることにおいて、また成功がもたらすとされる報酬を求めることにおいて、近代教育を利用して進歩を遂げるよう奨励されてきた。

しかし、西洋の教育を受け入れることによって成功した者が多くいるにもかかわらず、インディアンの人々は、近代教育が彼らの集合的な文化的、心理的、エコロジー的生存可能性に及ぼしてきた影響に疑問の目を向けなければならない。先住民特有の観点を尊重しない教育システムに参加することによって、何が失われ、何が得られたのか。私たちはそのようなシステムがインディアンの人々を文化的なあり方から引き離し、文字通り教育するまで、このままそのシステムに順応する道を進み続けてよいのか。インディアンの人々は、教育に関する主流の志向に対してなすべきことの限界に達したのか。彼らは、どのようにすれば、部族社会を形成、維持してきた教育のエコロジーを構想しなおし、再建することができるのか。

皮肉にも、西洋の創造的な思想家の多くが、本来、先住民が行ってきた環境教育の観点を受け入れ、彼らの代替モデルの開発に役立てようと、先住民の考え方を精力的に借用している。例えば、文化史家で哲学者のトマス・ベリーは教育ための新たなコンテクストを提唱しているが、それは基本的に先住民の教育特有の役割とコンテクストの焼き直しである。

教育者の筆頭は、法の制定者および治療家の筆頭と同じく、自然界そのものである。地上の完全なコミュニティーとは、独学する宇宙というコンテクストを背景とする独学するコミュニティーであろう。人間レベルの教育とは、太陽や月や星や、雲や雨や等高線や、あらゆる生物を介して、宇宙が私たち〔とはどういう存在か〕について伝えてくるものを人々が意識的に感じとれるようにすることである。宇宙のあらゆる音楽や詩が生徒たちのなかに流れこむであろう。神という啓示的存在のほか、諸大陸の建築物の構造に関する知見や、地上の温度を調節し、水生生物の生息環境を整え、多数の動物を養う働きをしている大規模な水循環に関する土木工学的知見も、当然、教育プロセスに組み込まれるであろう。地球もまた私たちにとって一番の科学の先生であろう。特に、生物科学や工業科学、経済学の一番の先生であろう。地球はまたエントロピーを最小限に止めるシステム、使うことのできないゴミや無駄なゴミをださないシステムを私たちに教えるであろう。

そのような完全なシステムにおいてのみ、人間の将来の生存が保障されるのである。(7)

ベリーのコメントは部族社会の先住民的教育プロセスの現代的な解釈を反映しているが、そのような観点からしてこの物語はインディアンのためだけでなく、非インディアンのためにも語られねばならないのである。私たちの集団としての将来が調和のとれた完全なものであるためには、あるいは私たちが子どもたちのそのまた子どもたちに生存可能な未来を手渡すだけのためにも、エコロジー的な思考と持続可能性について教える新たな方法を積極的に構想し、実施することが不可欠である。それを選択するもしないも私たち次第ではある。しかし、皮肉なことに、選択の余地は残されていないのかもしれない。

✣特殊な物語を語ること

本書は、私たちが二一世紀の自分たちを支え得る教育のエコロジーを探して集合的に「山を見る」ときにアメリカインディアンの教育が提供する選択肢を展望し、創造的に探究したものである。本書は極めて特殊な物語を辿ることによって見えてくる教育のビジョンを探究している。その物語とはアメリカインディアンの教授・学習方法に関するものであり、アメリカインディアンの人々が、自然、家族、コミュニティー、そしてスピリチュアルエコロジーとの特有の関係を通じて示し、映し出している、いのちの探求プロセスを称えるものである。それはまた、伝統的な教授と学習のアメリカインディアンの生活との関係とそこに占める位置付けを称えるものである。本書は、伝統的なアメリカインディアンの教育とその将来のアメリカインディアンの子どもたちに対する意味について、そして彼らが二一世紀に携えていく部族文化について、認識を深め、評価を行い、熟慮するために行う、共通の比喩と場所を辿る旅のための地図をつくろうとするものである。

この旅で私たちは、準備をし、求め、探し、作り、理解し、共有し、祝う、というアメリカインディアンの部族教育特有の叡智に関する、七段階のオリエンテーションプロセスを反映した関係の輪に焦点を当てる。環境的側面における諸関係、神話、ビジョニングの伝統、伝統美術、部族コミュニティー、自然に根ざした霊性（スピリチュアリティー）などが、アメリカインディアンの生活においては伝統的に、いずれも完全な生活の表れにつながるところの、その人の本当の顔（特徴、能力、アイデンティティー）、心（魂、創造的な自己、本当の感情）、基盤（本当の仕事、天職）を見つけるための基礎を形成してきた。

本書では教育に関する認識方法および創造的思考方法を概説する。よく知られているココペリのように、私も先住民の教育の本質に関して、思考と深い反省の種を播きたいと思う。私は、人間性に基づく教育の基本的プロセスに対する見方および理解の仕方に注意を向けたいと思う。それは、「インディアン教育」と誤って命名されたものを転換するためばかりでなく、もっと根本的に近代教育全体を転換するためにも可能性を秘めた教育方法である。

私たちはこの人生において自分自身と子どもたちのための転換をもたらすビジョンを見出すために、

求める

開放性と勇気を育み、創造的な飛躍をとげなくてはならない。
本書には、私が経験したアメリカインディアンの生活が述べられている。私は教育者に対する教育者として書いている。私はアメリカインディアンの子どもたち、人々、コミュニティーを擁護する立場で書いている。彼らの力や勇気、創造性や今後の貢献を支援するために書いている。いのちのために、次のような理解の下に書いている――教育とはプロセスと参加と関連づけのアートであり、学習とは成長と人生のプロセスであり、いのちと自然はともに一連の関係の留まることのないプロセスである！

序章　部族的視点からみたアメリカの教育

学習は常に創造的行為である。私たちは人間的学習という独特のプロセスを通じて自らの世界を意味づけ、創造することに絶え間なく携わっている。人間にとって学習は本能であり、継続して行われるものであり、生来の特徴のなかでもっとも複雑なものである。学習は、私たちが創造し、また私たちを創造する環境において、私たちが生き延びる能力の鍵をなすものでもある。

人間社会は歴史を通じて、社会的に定められた目的を達するために、学習という人間本来の才能を誘導し、促し、ときには強要することもしてきた。人間の学習を形成する行為の総体が「教育」と呼ばれるものである。そして人間社会は、生存を維持するために、また彼ら独自のミュトス（文化特有の信仰様式・価値観）を表現する手段として、さまざまな教育形態を発達させてきた。ミュトスはまた各文化の基本的ビジョンの土台、つまり、特定の文化の自身に関する物語とその世界との関係に関する認識を形づくってもいる。

その基本的ビジョンに基づいて、各文化はその教育システム特有の学習プロセスを導き、形成すべき一連の理念を取り出す。そのような理念は、逆に言えば、その文化が構成員に植え付ける必要があると考えるもっとも重要な資質や行動や価値観を反映している。一般的に、そのような一連の価値観は、その文化の存続の要となる事柄に基づいている。

　本書は、ネイティブアメリカンの学習や教授や教育システムが発達してきたその源をなす文化的理念の領域への旅である。そのような理念はアメリカの教育における重大なジレンマを映し出す鏡になる。アメリカの教育遺産は、豊かな物質的繁栄を築いた輝かしい科学技術がもたらしたものであるが、その代償は無情にも非常に大きなものであった。アメリカの繁栄は環境の悪化という対価を払って達成されたものであり、人的資源と物的資源の未曾有の世界的な搾取を招いたのである。

　アメリカの教育は危機的状況にある。それは、大規模な社会的・経済的・文化的変化と必死で闘っている国々からなるグローバルコミュニティーのなかで、アメリカはこれまで経験したことのない課題に直面しているからである。教育は、アメリカ人が二一世紀の多文化世界について学び、またそれに適応する上で役立つ新たな方法を見出さねばならない。それは、いのちについての共通の包括的な比喩の喪失に一役買っている、教育システムに内在する条件付けに対応するものでなければならない。この喪失は最終的には社会的・文化的・エコロジー的破局を招く可能性があるものであり、アメリカ人一人ひとりの重大関心事でなければならない。

　ビジネス界や政府関係の多くの人が口をそろえて唱える「現実の、本当の世界」が、世界をリードしていると公言する人々共通の決まり文句になった。しかし、アメリカの教育危機の根底にあるのは現代人のアイデンティティーの危機および宇宙論的な自然界からの切断の危機である。現実をもっとも身近に感じる人々は内容を欠いたイメージ、魂を欠いた技術、コンテクストを欠いた知識にしばしば苦しむ。それが蓄積すると通常、疎外感、コミュニティーの喪失感、深い不完全感という心理状態を招く。

対照的に、伝統的なアメリカインディアンの教育は、歴史的にみると、所属する社会集団に貢献する構成員としてのそれぞれの重要性を育むという全体的な社会的コンテクストのなかで生じたものである。部族的教育がライフプロセスの健全性を支えていた。それは、所属する社会集団と自然界との相互関係を通して展開する教育プロセスであった。その相互関係はその人の存在のすべての側面を含む一方、コミュニティー生活への参加を通じて個人的成長と技術の熟練を共にもたらした。それは基本的に、集団として統合された環境教育の一様式であった。

生活のあらゆる側面において深い関係性と参加の重要性を理解することが、伝統的なアメリカインディアンの教育の鍵である。*Mitakuye Oyasin*（私たちは皆つながっている）はレコタ族の慣用句であるが、部族的教育の本質を捉えている。なぜなら、私たちの生活が他の人々とも物質界とも実際に深く結び付いているという理解を反映しているからである。

部族的教育では、世界のなかで直接経験することによって得られる知識が祭事や儀式や美術や適切な技術を通じて伝達されたり、深く掘り下げられたりする。そのような手段を通じて得られた知識は、その後、日常生活に活かされる。このようなコンテクストにおいては、教育はいのちのための教育になる。教育とは、本質的に、人間のみならず植物や動物、さらには自然界全体におよぶコミュニティーへの参加とその中の関係性を通していのちについて学ぶことである。

教育に関するこのような理念は、一次資料とコミュニティーから離れた客観的な内容と経験を強調し続けている、アメリカの支配的な教育志向とはまったく対照的である。周辺的な参加者として、あるいはあくまでオブザーバーとして存在させようとするそのような条件付けこそ、アメリカの教育に危機をもたらし、現代人を自らの存在と自然界から疎外している根本的要因である。

　そのような重大な危機に対応するには、アメリカの教育はいのちのためであるところの、またアメリカに固有のルーツを尊重するところの教育プロセスを構築しなければならない。今日のアメリカの教育志向をより持続可能な、土地との結びつきを基盤とする方向に実際に転換するためには、文化に根ざした、いのちを充実させる、エコロジー的にも生存可能な別の教育形態に関して、真剣な検討が行われなければならない。

　アメリカインディアンの伝統的な教育形態は、二一世紀の大きな課題に取り組み得る「新しい」教育理念の源泉であると考えられねばならない。部族的教育はアメリカの教育を転換させ、いのちのためになる「新しい」カリキュラムのパラダイムを生み出すためのモデルと普遍的基盤を提供する。

　そのようなプロセスから始めて、アメリカの教育は専門化を重視することから全体的な知識を重視する方向へ、結果を重視することから理解するプロセスを重視する方向へ、客観的科学からシステム科学へ、ビルディングからネットワーキングへ、移行しなければならない[1]。

　アメリカの教育はアメリカ人がスピリチュアリティーを理解し、その重要性を認める手助けをすべく努力の方向を変えなくてはならないが、スピリチュアリティーは彼らが暮らす地球や地域に結びついている。それは、競争ではなく奉仕への義務感を喚起し、一人ひとりを、文化を、生物の多様性を尊重することを促し、創造的変容を通じて人間としての可能性の開発を促進する学習プロセスに学生たちを参加させるものでなくてはならない。

　アメリカインディアンは自分たちのものとは異なる教育プロセスに順応するために苦闘してきた。しかしながら、アメリカインディアンの文化に根ざした教育形態にはアメリカの教育全体を活性化しうる新しい教育モデルの種子が含まれているのであり、アメリカインディアンは今日のコンテクストにふさわしい彼らの文化的ルーツに結び付いた教育を発展させることができるのである。アメリカインディアンは部族的教育に根ざした、自分たちが認識するニーズ、価値観、社会的政治的問題を反映する新しい教育活動を始めなければならない。

インディアンの教育者、エバー・ハンプトンが極めて適切な述べ方をしているように、この新しい活動はインディアンの人々が重視する彼らの祖先からの伝統を包含し、スピリットの発現における一人ひとりの独自性を尊重し、歴史的文化的コンテクストに基づく理解を促し、郷土意識とコミュニティーに対する奉仕の意識を高め、インディアンの人々とその文化の本来の強さを認識してそれをさらに増すような教育および社会に転換する努力を約束するものでなければならない(2)。

それを達成するには、インディアンの人々は、彼ら一人ひとりの経験および集合的経験に根ざしたインディアンの教育の現代的な理論の構築に向けて、コミュニケーションの道を開き、思慮深い対話を確立しなければならない。

政治家や関係機関はだいたいのところインディアンの教育を州および連邦レベルの多数の法令に基づいて定めてきた。そのために、何十年にもわたって、インディアンのリーダーや教育者、そしてコミュニティー全体が政府の社会的政治的官僚主義に巻き込まれてきた。

歴史的にみると、今日のインディアンの教育は、部族の理念や社会的価値観に根ざした文化的プロセスよりも、米国政府のインディアン部族に対する利己的な政治的関係に基づいている。インディアンの教育に関する教育カリキュラム開発の実施ないし方向を導くべき明確な理論は現在存在しない。それどころか、いわゆる今日の「インディアン教育」は、「通常、文化的同化という基本的な目的の下に、アメリカの主流の教育のさまざまなところから集めて、アメリカインディアンの状況に合うようにしたモデル、方法論、技法の要約である[3]」。

今こそ、インディアンの人々がインディアンの教育を自らの声で、自らの言葉で定めるべきときである。インディアンの人々が自らの集合的な教育の歴史の豊かさを探究し、表現すべきときである。インディアンの人々にとって、教育とは雄大な物語、意味の探求、魂に欠かせない食べ物だったのであり、いまも引き続きそうなのである。

❖過去の事実を踏まえること

前のものを包むようにピラミッド型の構造物を建築するというマヤの慣習は、先住民の教育の構築という発展プロセスに適切な比喩を提供する。

マヤでは各王朝が末期を迎えると、その後を継ぐ王朝の貴族が新たな現実を象徴するシンボルを建立することで彼らによる新しい体制を記念したのであった。彼らは新しい儀式用のピラミッドを古いものを包むようにして建てたのである。

この新しい構造物は、それによって人々が新しい現実を共有するための目に見える象徴的な表現となった。最近の発掘で明らかになったように、その壁面にはそれぞれ前の構造物に使われた材料が多く再利用されていた。常に過去の現実を土台としてその上に建てるというのが先住民的なプロセスの基本的特徴である。新しい現実は過去の現実と異なるように見えるかもしれないが、その本質と基礎はそれが包んだ過去の現実と結び付いている。ピラミッドは建て替えられ、拡張されるが、しかし古くからの基礎は残っているのである。

ピラミッド型の寺院の多くが各王朝の高貴なエリートの墓として使われたが、ピラミッドの中心に穴を掘って墓石を置くという慣習は、比喩的に、亡くなった貴族を過去と現在という二つの現実に結び付けるものであった。

基本的原則を守りながら、過去の世代の現実を土台として新たな現実を示すというのは、先住民の教育を発展させるのにふさわしいプロセスである。マヤのピラミッドの比喩を今日の先住民の教育の構築に当てはめてみると、私たちは過去の現実の上に築かれた新たな現実に対処すると同時に、今という時代のニーズにも取り組んでいるのである。

教育は常にプロセスであり、過去の建物に使われていた石で、またその基礎の上に築かれていく。先住民の教育には過去の建物、すなわち、それを建て直すための石や基礎がある。以後の章では、そのような先住民の教育の基礎と「石」のいくつかを取り上げ説明する。

❖先住民の教育の基本的特徴

先住民の教育プロセスを特徴づける要素が数多くある。それらの要素は、どこでどのように現れるかにかかわらず、先住民の教育の特徴をなす。それらはラコタ族の言葉で「イニャン」と呼ばれる生きた石に似て、先住民の教育を支え、活き活きとさせる。ここでは、読者の目印となるように、そのような特徴の一部を示しておきたい(4)。

●聖なる自然という観点が教授と学習の基本的なプロセスを貫いている。
●統合と相関性がそのコンテクストとプロセスに共通する特徴である。
●その要素と活動、そして教授と学習の知識基盤は、プロセスと関係性において、同心円的に広がる。
●そのプロセスは人間とその他すべてのものとの相互依存関係という原則に従っている。
●それは輪の中にさらに輪があるという原則を認識し、組み込んでいる（教授・学習プロセスのどの段階においてもさらに深い意味を見出すことができる）。
●それは人生のあらゆる段階でその都度学ぶべきことを全ての人に提示する。
●それは、男性と女性それぞれの成長プロセスにおける成熟レベルと学習に対する準備の状況を把握し、それを先住民の教育を行う際の計画や状況設定に組み込んでいる。
●それは言語を呼吸の聖なる表現と考え、教育の基礎をなすもの全てにそのような理解を組み込んでいる。
●人や文化はそれぞれが自らの福祉と発展に不可欠な種子を持っていると認識されている。
●美術は実用的な手段でもあり、表現の手段でもある。それは魂の表現として、また人々を内なるいのちの源に結び付ける方法として認識されている。
●一連の儀式は、主要なスピリチュアル的・文化的原則や価値観を教えるための仕組みでもありプロセスでもある。
●それは、知識の真の源は各人および自然物のなかに見出されるということを認識している。
●それは、真の学習とは人間のコミュニティーと自然のコミュニティーの両方に参加し、その中の関係性を尊重することを通して行われるものだと認識している。

●それは、個人、コミュニティー、自然、そして宇宙の中を通り抜けていくことに伴う学習の波（変化）を尊重する。

●それは、学習には手放されて成長し、より高次の理解に継続的に再統合されていく必要があることを認識している。

●その目的は、個人とコミュニティーを共に支える生き方を教えることである。

●それは、コミュニティーと自然という確固たるコンテクストのなかで展開する。

●それは、言葉の特別な使い方を通して明らかにされるところのものの見方を根付かせる方法として、物語を用いる。

●物語は、経験、神話、寓話、そしてさまざまな形の比喩を通じて語られるが、それは先住民の学習の基本的手段である。

●それは、思考と言葉の力が私たちの住む世界をつくり上げていることを認識している。

●それは、人生という旅を行く私たちに役立つ地図を用意する。

●それは、故国とコミュニティーという部族的構造を通じて、学習を共鳴させ、成立させる。

●先住民の思考は、人間的学習のもっとも微妙で、しかも深く根づいた普遍的特性と原則に従う。

●それは人間の個体性と共同体のニーズを統合する。

●それは学習の連続的な段階を通じて、つまり見方、感じ方、聞き方、行動の仕方を学ぶことによって築き上げられる。

●それは各人のあり方、やり方、理解の仕方を尊重する。

●それは、私たちが自分のしていることを観察し、行動し、反省し、それから再び行動することによって学習することを認識している。
●それは常に自然界にある生活の基本物資を土台にしている。
●学習は最初から始めて、最後までやり通したときに初めて完了するというのが先住民の考え方である。一つの技能は他の技能を土台にして築き上げられるが、基本原則は常に尊重されなくてはならない。学習は一歩ずつである。
●それは、学習と教授が疑念の克服を求めることを認識している。
●それは、学習が特定の状況や物、あるいは存在に関して真実を知ることを求めるということを尊重する。
●それは、学習とは部分を通して全体を見ることであることを認識している。
●それは、真の学習とは自分が本当は誰であるのかを理解することによって、また自分の可能性を出し切ることによって自信を育むものであるということを尊重する。
●先住民の思考は、物事には常に二つの側面があり、その各側面にもさらに二つの側面があるという事実を尊重する。事実にはそのまた事実がある。それらがどのように相互に作用し合うかを学ぶことが真の理解である。
●それは、ある人が何者であるかを考え、学ぶことは、それが何者でないかを学ぶことによって達成できることを認識している。
●私たちは心を通じて学ぶのと同じように、身体とスピリットを通じて学ぶ。
●先住民の観点からすると、学習と思考の訓練の目的は自分の個人的な力を生み出すことである。

訓練は、注意の集中、反復およびコンテクストを通じて個人的な力を発達させる。

- 先住民の人々は、個人的な力、学習、そして思考は行為を通じて示されると認識している。したがって、本質的にはそれは行為を学ぶプロセスである。
- それは、文化あるいは文化の実体とは世代ごとに新たに投入されるものであることを認識している。
- 学び手の思考を映し出して当人に見せるのが先住民の教え方である。
- 物事を包括的に見ること、つまり物事の本質を何度も繰り返し見抜くことを重視するのが先住民の教え方である。
- 先住民の学習の方向性としては、期待から始まり、意見の交換と学習が行われるコンテクストを経て、経験とビジョンの適用へと向かう。

このような基本的な点は本書で示した先住民の教育のコンテクスト、方法、事例の至るところに反映されている。それはまた現在のインディアンの教育に求められている新たな構造、新たな土台、新たな現実のための建築用資材になり得るものでもある。鍵は、二一世紀の世界におけるインディアンの教育のコンテクストを形成し、その新たな姿を打ち立てる私たちの集合的な能力にある。私たちは自分の未来の建築家なのである！

第1章　顔を見つけ、心を見つけ、基盤を見つける——部族的教育の概要

アメリカインディアンの教育には世界各地の先住民の文化に共通する特徴が見られるが、それは人間のすべての家族が有する部族的ルーツを表すものである。

アメリカインディアンの教育の部族的基盤を探究するうちに、私たちは人間の教授と学習の最古の源を辿ることになる。その基盤が私たちに教えることは、学習とは環境的、社会的、スピリチュアル的に、特定の場所と結びついた主観的経験だということである。部族的な教授と学習は先生と生徒双方の日常生活に結び付いていた。部族的教育はお互い同士および自然との緊密なコミュニケーションのなかで営まれる生活に自然に伴うものであった。

生活の場所、生徒の拡大家族、氏族、そして部族が、教育のコンテクストと教材を提供した。そのようにして、あらゆる状況が学習の潜在的機会となり、基礎教育が日常生活の自然的、社会的、あるいはスピリチュアル的な側面から切り離されることはなかった。生活と学習は完全に統合されていた。

このようなプロセスを重んじる考え方は、当然ながら、自己認識の継続的な発達、創造的な生活のプロセスを理解しそれに参加することを通じて人生を見出すこと、自然環境に対する直接的な認識、

人の役割やコミュニティーに対する責任に関する認識、そして世界のスピリチュアル的本質に対する感受性の育成に基づいていた。そのような考え方に達するためには、共通の文化的比喩に参加することと、部族の長老の理解と経験を通じて継続的に与えられる知識や認識、経験や叡智が必要であった。創造的な探究を通じて、総合的な聞き方、観察の仕方、経験の仕方を学ぶことによって、人々のすべての感覚を養うことが非常に重んじられた。さらに、物語を話すことや雄弁術や歌を通じての言語を使う能力が、教授と学習の第一の手段としてどの部族でも重んじられた。これは、話された言葉や歌われた言葉が話し手のいのちを支える呼吸としてのスピリットを表すものとして、神聖視されたためである。

アメリカインディアンの教授と学習の特徴の大半を占めるのはその非公式性である。それは、伝統的な知識のほとんどが人々の日常生活をコンテクストとするものであったからである。しかし、神聖な知識の伝達には一般的に公的な教授と学習が必要であった。したがって、部族的文化に参加してそれを経験することに基づくさまざまな儀式的慣習が、一連の公的な知識の教授と学習を形成していた。加入儀礼が成長と成熟のさまざまな段階で行われた。重要な加入儀礼とそれに付随する公的教育は、幼年期、思春期、青年期、壮年期、中年期、老年期に生じる生理的、心理的変化と結び付いていた。儀式とは神聖な知識や環境に関する知識を人々にその生涯にわたって提供するもので、生理的、心理的、社会的に学ぶ準備が整い、それが修了すると、人々は次の段階の新たな知識を得たのである。(1)

Hah oh は学習のプロセスを意味するためにときどき使われるテワ語である。(2) それにもっとも近い英語は「息を吸い込む」である。*Hah oh* は部族的教育についての伝統的な理解——吸い込むプロセス——を表す共通の比喩であり、創造的に、また巧みにあらゆる部族が適用してきたものである。伝

統的な部族教育は、総じて経験学習（実際に見たり行うことによって学ぶこと）、物語（聞いて想像することによって学ぶこと）、儀式や祭事（加入儀礼を通じて学ぶこと）、夢見（無意識的なイメージを通じて学ぶこと）、個人指導（徒弟制度を通じて学ぶこと）、芸術的創造（創造的総合を通じて学ぶこと）を中心に展開されてきた。このような方法を通じて、生徒と先生双方の内的および外的現実の統合が完全に達成され、二つの現実からなる相互補完的な教育プロセスがうまくかみ合わされたのである。(3)

アメリカインディアンの伝統的教育形態という遺産は重要である。なぜなら、それは自己の探究、個人およびコミュニティーの存続、そして社会および自然環境というコンテクストにおける全体性（完全性）を具現しているからである。部族的・先住民的教育は、その人自身の存在の内側から活性化し照らしだすことによって、また主要な関係性の学習によって内なる自己を教育するという点において、まさしく内発的な教育である。したがって、部族的・先住民的教育の基盤は、当然ながら、人間の生来の能力に対する認識を高め、その開発を促進することにある。そのような志向に基づき、アメリカインディアンその他の先住民の集団は、儀式や神話、慣習や人生経験を利用して、その社会構造に学習のプロセスと内容の両方を組み込んだのであり、それによって個人や家族やコミュニティーにおける全体性（完全性）が高められたのである。

この教育方法はほとんど全てのアメリカインディアンが用いる言い回しによって比喩的に表されるが、大雑把に翻訳すると、それは〝いのちを求める〟あるいは〝いのちのために〟という意味である。教育の理想的な目標は、世界各地の伝統的な哲学や文化によって認識されているように、知識を獲得し、真実、叡智、完全性、そしていのちを求めることである。(4)

✣花と歌としての教育――部族的な比喩

メキシコのアステカ語を話すナワトル族の伝統では、教育の理想的な目標は、「その人の顔を見つける、その人の心を見つける」ことであり、その人が自分のいのちを表現できるような「基盤」、真実、支え、生き方および働き方を探すことであった。

アステカ族は「カルメカク（Calmecac）」と呼ばれる学校をつくり、そこではアステカ社会の哲学者でもあり詩人でもあるトラマティニミネ（tlamatinimine）が「花と歌」と呼ばれる詩的唱歌を使って教えた。トラマティニミネは公的および非公的な方法を通じて、生徒が自分の顔を見つけること（彼ら本来の特性と能力を伸ばし、示すこと）、彼らの心を見つけること（彼らの内なる情熱を探し出し、示すこと）、また生活と仕事の基盤を探し求めること（生徒が自分自身と真実を十分に示すことができるような職業を見つけること）を奨励した。トラマティニミネは生徒たちを、天文学、建築学、宗教、武術、医学、哲学、そしてさまざまな文化的芸術様式を含む多数の研鑽の道に導いた。(5)

トラマティニミネは生徒と共に死後の世界の神秘を探究した。彼らは生き方を創造する者としての、また教育、倫理、法律、美学に関する諸原則を創造する者としての人間を研究した。また、人の心に非凡なひらめきをもたらし、その人を画家や詩人や賢者に変えた、社会的および個人的理念を探究した。(6)

アステカ族は各生徒の才能がコミュニティーに役立つように発揮されることを目指したが、それによって彼らは神聖な物が作れるようになり、また完全な男ないし女になったのである。これは繰り返し登場する先住民の教育のテーマであり、世界各地の古代文化にはそのさまざまなバリエーションがみられる。

ギリシャ語のパイディア（教育）、アレテー（徳）を教授・学習することによる全体のための教育という概念のように、アステカ族は若者たちを特定の理念に従って形作った。それはアステカ族の思想と伝統によって文化的に規定されたが、一方ではアメリカ大陸各地のインディアンの人々が一般的に行っている教育方法を生み出した。

アステカ族のカルメカクは、部族的・民族的教育の一つの本質を示すよい例であるが、それは現代の教育カリキュラムの設計と開発にとっても一つの理想であり、課題である。その他にも、人間の学習に関する理解の豊かさと深さを示す部族的教育的な言葉がいくつかある。

伝統的なイロコイ、スー、プエブロ、ナバホ、ウイチョルなどの知り方・学び方は、どれをみてもパターンが同じである。つまり、多様性のなかに一貫性がみられる。インディアンの人々は皆つながっているのである。部族的方法は、基本的な原則や基盤の現れ方の自然な多様性を反映している。部族文化の差にかかわらず、アメリカ大陸のインディアンは先住民の知識と教育に関する比喩を共有している。そのような共通の比喩があることによって、今日のインディアンの教育に対する先住民的教育理念を構築することが可能になるのである。共通の基盤と理念に基づく共通の比喩に関する理解を深めることによって、アメリカインディアンの人々の古来の旅に新たな段階をもたらす最初の一歩を印することになる。

❖アメリカ先住民の教育の基盤

アメリカ大陸各地のインディアンは、部族的教育の形而上学的、エコロジー的、文化的構成概念を反映する多くの象徴的表現を取り入れている。例えば、いのちの木、母なる地球、父なる太陽、聖なる双子、獲物ないしトウモロコシの母、老人、トリックスター、聖なる風、いのちのために、私たちは皆つながっている、完成した男・女、大いなる神秘、いのちのやり方、聖なる方角、などがある。このような表現はアメリカインディアンのさまざまな言葉によっていろいろな形で現れるが、それは伝統的な学び方に関する共通の理解と基盤を反映している。

これらの神話的比喩の背後には、アメリカインディアンの認識論の中心に位置する哲学的基盤とさまざま領域の部族的知識がある。例えば、イロコイ族の間では、「いのちの木」とその「平和の白い根」が、単にイロコイの伝統的知識のみならずその他の部族からも認められている真実を示す、相互に関連のある豊かな神話の基盤を形成している。イロコイの「大きな亀」の神話は典型的な「母なる地球」の物語で、その壮大な生命現象を通じてあらゆる生き物を養い育てるところの、生きている、呼吸している、そしてすべてを知っている存在としての地球全体についての理解を具象化している。いのちを支える上で母なる地球の相手方である父なる太陽は、ブラックフット族の「傷顔の男（Scar Face）」やチュマシュ族の「水晶の家」のような神話で重要な役柄として登場する。

〃傷顔の男〃の神話では、太陽は娘（月）が言うことをきかないことへの罰として孫の顔に無残な傷跡をつける。太陽は〃星の世界〃からその子を消し去り、地球で人間と共に暮らさせる。その子は子どものいない親切な夫婦に見つけられ、育てられる。〝傷顔の男〟はやさしく、勇気のある、情け深い、りっぱな若者に成長する。しかし彼は、その傷跡と自分が孤児であることを知っているために他の少年たちとは違って寂しい少年である。

自分の父親がはるか西方の〝星の人々〟の国に住んでいると知るやすぐに彼は勇壮な旅に乗り出し、父親の〝明けの明星〟だけでなく母親の〝月〟も探し出す。祖父の〝太陽〟が彼の勇気ある行動に非常に感銘を受けたことから、彼はスウェットロッジとサンダンスの知識を与えられる。〝傷顔の男〟は地球に戻り、スウェットロッジに関する神聖な知識を部族の人々に教え、妻をめとり、その後〝星の人々〟の国で暮らすために戻っていく(7)。

〝傷顔の男〟の物語は、太陽が宇宙の父であり、命と健康と知識を授けるものだという認識を反映した典型的な英雄神話である。太陽は命の種を植え付け、それを照らし、育て、維持する。〝傷顔の男〟の神話は太陽の中心的な役割を命を授けるものとして擬人化しているが、太陽の力はそれに相応しい尊敬を払わなければ破壊し罰する力にもなるということが踏まえられている。

チュマシュ族の間では、太陽は、あるいは彼らが呼ぶように〝水晶の家〟の〝老人〟は、地球を明るく照らし温めるために松明をもって空を横断する強力な霊的存在であると考えられていた。彼は〝明けの明星〟と〝宵の明星〟という二人の娘と共に水晶の家で東の方角に住んでいたが、娘たちが夜明け前には彼を起こし、夕方には彼に戻るように言っているのを時々みることができた。

太陽はその光と熱で命を保障するけれども、また死をもたらすものであることも知られていた。空を横切る旅の途中で彼は夕食用に人間や植物や動物を集めていた。冬になるたびに太陽はうんざりして、旅するのを止めたいと思うのだった。彼は南へ南へと移動していき、彼が与える光と熱は次第に少なくなった。チュマシュ族の天文学者・司祭たちは人々を集め、翌年再び太陽を引き戻すために、またそれによって世界が正しいオリエンテーションを取り戻すように、複雑な儀式を行った[8]。

以上のような神話やその他の一連の象徴に関するさまざまな神話は、アメリカ大陸における先住民の教育の志向が自然に基づいたものであることを示している。自然界に対する正しいオリエンテーションが、アメリカインディアンにおいては、神聖な方角によって象徴される神話的理解の有する主たるメッセージであり、その目的である。七つの神聖ないし基本的な方角がアメリカインディアンの大半の部族で認識されている。その方角とは、東、西、北、南、天頂、天底、中心、などであり、アメリカインディアンは、このような方角の比喩的な意味を理解し、こうした表現を通じて、宇宙における自分の位置を詳細に規定したのである。

自分をそのような方角の中心に置くことによって、彼らは物質的およびスピリチュアル的世界の現象や多面的な知識領域に適応した。部族はそれぞれ方角ごとに象徴的な名前をつけ、それが彼らの認識と経験を特徴づけていた。自然現象、色、動物、植物、スピリット、聖なる風（思考の種類）などがその象徴として使われた。

このような神聖な方角に内在する環境志向は教育にも及んでおり、先住民の教育には初歩的ではあっても高度に統合された考え方があって、それがその手段および内容を築いている。

そのようなスピリチュアルエコロジーの基盤として、環境、神話、美術・ビジョン、情緒・共同体に係わるものがある。伝統的生活では、それらの基盤はその現れ方のあらゆるレベルで、密接に関係し合い、相対的に作用し合っている。それらはあらゆる意味において互いに包含しあっているので、そのどれか一つを探究すると部族的教育経験の中心部に導かれることになる。

部族的教育における変化

神話的，ビジョン的，美術的基盤が三角形を形成し，環境的，情緒的，共同体的基盤からなる三角形と相互に作用し合う。これら2つの三角形は第7番目のスピリチュアル的/エコロジー的基盤によって統合されている。これらの基盤の変化は環境的コンテクストおよび冬と夏の循環を通して展開する。

そして、それらの基盤の相互作用にはある種のバランスが生まれる。このバランスは、環境分野の経験とスピリチュアル的分野の経験における基盤同士の相互作用として説明することができる。基盤同士の相互作用の特徴は潮の満ち引きのような変化である。上の図はそのような相互作用の構造を示したものである。

❖部族的教育の基盤

部族的教育のスピリチュアルエコロジーは、伝統的なアメリカインディアンの教育が生まれる基本的なプロセスでもあり場でもある。先住民の人々にとっては、自然とそれに含まれるすべてのものが学校の要素であった。部族的教育を構成する基盤はそれぞれが極めて複雑である。教授と学習の独特かつ創造的なプロセスからダイナミックなコンテクストが発展する。

　神話的、ビジョン的、美術的基盤が、教授・学習の手段、手順、方法に関する自然な三角形を形成する。それらは相互作用を通じて、私たちの内なる存在についての深い理解をもたらす第四の側面を形成する。そのような基盤の三角形は、教授・学習および私たちの内なる自己に関する固有の知識に起因する。それは先住民的教育の〝冬の要素〟ないし非常に内面的な側面である。情緒的、共同体的、環境的基盤が、教授・学習の手段、手順、方法の別の三角形に関する理解を補足する。それらの基盤は、部族的教育の〝夏の要素〟ないし外向きで活発に作用し合う外面的な側面である。

伝統的なアメリカインディアンの生活においては、スピリチュアル的基盤が人間的理解の最も重要なコンテクストをなしており、それは先住民の知識とそれを得るプロセスの方向を定める基盤である。宗教的基盤のみならず、その他の基盤を支えるエコロジー的な心理をも形成しているのがスピリチュアル的基盤である。

環境的基盤は、自然界との直接的な相互作用に基づく理解や一連の知識や慣習を観察し統合するためのコンテクストを形成する。この基盤は部族をその場所に結び付け、彼らの頭や心の中に彼らの国や地球との関係を確立する。アメリカインディアンをアメリカで最初の実践的生態学者だったというとすれば、それは深い生態学的認識や存在状態に関する深い自覚の単純化である。部族的教育の環境的基盤が意味しているのは、単に自然界を利用して生活するというのではない、もっと深いレベルの教授と学習である。アメリカインディアンにとっては、その他の世界各地にみられる自然を中心とする先住民文化の場合と同じく、自然環境が基本的現実であり、「存在の場」であった。自然はそのまま、自然の言葉で教えられ、理解された。

部族的教育の環境的基盤に基づいて、部族の人々は環境との間に相互関係を築いた。「自然——例えば、ビーバー、バイソンなど——は生計を立てるために使われたが、その目的は、伝統社会というコンテクストのなかで制御された、上品で、洗練された、適正な物的技術によって達成された[9]。」

神話的基盤は、部族の言葉と文化的比喩によって語られる宇宙についての原型的物語に基づいている。この基盤は指導的な考え方、夢、解釈、世界に対する意識を探究する。それは部族の世界観を提示し、物語を語るプロセスを通して、教え、学び、そして人々を導く物語に参加するための脚本を提示する。結局、教育とはすべて物語ることである。

ビジョン的基盤は、特定の部族の慣習や儀式や祭事につながる、あるいはそれらに起因する各人の心理的およびスピリチュアル的経験に基づいている。そのような慣習やコンテクストは、各人および集団の隠れた心理や集合無意識の探究を通じて、各人および集団が教え学ぶ枠組みを提示する。アメリカインディアンはビジョン的基盤を用いて、彼ら自身および自然界の奥深くに存在する第一情報源にアクセスしたのである。

美術的基盤およびビジョン的基盤には、私たちが到達した視覚的理解を表現する外面的な慣習、媒体、様式が含まれている。美術によって私たちは知識や理解や感情を、イメージを通じて象徴的に示すことができ、それによって有限の時間と文化を超越することが可能になる。美術は学習の内面的プロセスを統合し、記録するので、主要な教材になる。

美術はアメリカインディアンの生活の一部であり、切り離されてそれだけで成り立つ現象だという認識はなかった。その結果、インディアンの言葉には「美術」という訳語にぴったり当てはまる単語はない。通常、英語の表現でもっとも近いのは、「作ること」ないし「仕上げること」である。美術的基盤は、神話的基盤とビジョン的基盤の橋渡しをする・双方の通訳をする基盤としての役割も果たしている。すなわち、美術的基盤は他の二つの基盤を媒介している。

部族的教育の情緒的基盤は、学習や生活や成長についての、また世界や自分自身やお互い同士に関する理解についての、内面の情緒的反応を含む第二のコンテクストを形成する。これは、私たちが学んでいるものとの関係を確立するための、また私たちが学ぶ理由を理解するための基盤である。それは教育プロセスに係わる私たちのあらゆる感情を反映しており、個人的および集団的に、学ぶことの基本的動機や学ぶことの意味を明確にする方法の中心をなすものである。

それは私たちが学ぶことに関する意図や選択力や信頼や責任を育む基盤である。それは美術的基盤と同じように、私たちの自分の場所と自分のコミュニティーに対する感情を仲介する。アメリカインディアンにとって、自分の土地と人々に対する愛情は、常に、学習と自分の部族への奉仕の第一の動機をなしてきた。

共同体的基盤は情緒的基盤と組み合わさって、部族的教育の社会的・共同体的側面を反映した外面的な反応と経験を含む、第三のコンテクストを形成する。コミュニティーとその各構成員の生活が部族的教育の第一の関心事である。コミュニティーは、家族、氏族その他の部族的社会構造を通して教育の基礎的諸側面がすべての人間に対して展開される基本的コンテクストである。人間はすべて社会的動物であり、お互いの生存のみならずアイデンティティーについても直接的に依存し合っている。

共同体的経験は人間文化の中心であり、人間の生活においてそれが影響を及ぼさないものは何もない。共同体的経験は歴史と伝統を通じて、最古の本能的で人間的な教育方法と結び付いている。アメリカインディアンの部族的・共同体的経験に基づく教えと学びの構造やプロセスや内容は、本来的に人間的である。学習と教授はあらゆるときに、あらゆるレベルで、さまざまな状況で行われる。アメリカインディアンの部族的教育にとってコミュニティーは、「一人の人間、集団の中の一人」であることを学ぶための基本的コンテクストである。
インディアンの人々の多くが共有する一つの価値観は、自分たちの物語、言葉、慣習、歌、踊り、考え方・学び方を保存しなければならない、なぜなら個人、家族、コミュニティーをそれらが支えているのだから、というものである。特に物語は人生経験を統合し、自分がスピリチュアル的な存在であるという人々の意識の真髄を表している。文化的なプロセスと経験の台本をなすのが、その集団の神話的物語なのである。

文化は顔であり、神話は心であり、伝統的教育は先住民的生活の基盤である。どの文化も、人生に関するもっとも基本的な物語が生まれる、豊かな神話的土壌に根を下ろしている。

インディアンの長老たちはしばしば次のように述べて、若者たちに神話を生きることを思い出させる。「わしらがお前たちに与えることができる価値あるものは、これらの物語、この言葉、こうしたやり方、そしてこの土地だけだ――しかし、問い方と学び方を知っている者はそれらの中に人生を見出すだろう」と。

そのような探求の仕方のことを、テワ族では *Pin Peyé Obe*「山を見よ！」という慣用句で比喩化している。現代のインディアン教育とその神話的ルーツとの再結合は、私たちの物語がそこから来てそこへと戻る基本的な思想の山々に目を向けることから始まる。

私たちが意識的に参加しようがしまいが、教育に関する新たな物語が登場しつつある。この新たな物語の筋立てを理解することが、二一世紀を文化的に生き延びることを保障することになる、アメリカインディアンの先住民的教育哲学を構築する上で重要である。

第2章　いのちのために――先住民的教育のスピリチュアルエコロジー

❖はじめに

先住民的教育は、その最も奥深いところでは、私たちを動かしているスピリットの本質に関する教育である。スピリチュアリティー（霊性）は、私たち各自の中に入り、私たちを通り抜ける、また私たちの周りでも働いている生きたエネルギーについて探究し、それを知り、経験することによって発達する。

先住民的教育の最終目標は、自分の生来のスピリチュアリティーに関する十分な認識を得ることであった。それは先住民的教育におけるもっとも深い形の完成と考えられた。伝統的なアメリカインディアンの教育のほぼ全ての側面において、学習と教授がスピリチュアル的コンテクストの中で展開されたことは決して偶然ではない。

アメリカインディアンの文化の研究において、そのスピリチュアル的伝統以上に多様性における統一の原理を明確に示すものはない。アメリカインディアンの諸部族のスピリチュアリティーに関する表現は多様であるが、すべての部族に共通する基本的理解がある。現代哲学も含めて一般的にすべての部族がその原理を容認し得るようなインディアンの教育の基盤の構築を可能にするものこそ、そのような共通の理解である。

スピリットについて学ぶための共通の一連の仕組みや手段が、さまざまな部族によって同じような方法で用いられていた。例えば、シャーマニズムの役割と構造、神聖な美術品の制作、スウェットロッジの使用、部族の中心的な儀式構造に反映されている宇宙、ビジョンの探求、儀式、祭事、自然のサイクルと結び付いたダンスなどである。加えて、一群の共通の比喩や概念があり、それらは地域や部族に応じて独特の表現を見出したものの、いのちに関する同じような理解や意識から生じたものであった。

例えば、アメリカインディアンは、すべての生物においてスピリットをもっとも具体的に表現しているのは呼吸だと考えている。言葉はスピリットの表現である。なぜなら、言葉は人々を動かし、人間の考えや感情を表現する力を持っているからである。また、水と思考と並んで、あらゆる生物を直接的な関係によって結び付けるのも呼吸である。水と思考（風）と呼吸との間の関係は、「インディアンの人々が話すあの場所」から、すべてのものが創造される中心たるあの場所から発する基本的関係の具体的現れである。

私は、「あれがインディアンたちの話す場所だ」という言い回しを初めて聞いたときのことを覚えている。それは、インディアンの人々が自分たちの土地や生活の中で感じる特別な場所とのスピリチュアル的結び付きを描いた、アコマプエブロの詩人、サイモン・オルティスの見事な物語の中で繰り返されていた。彼らはそのような特別な場所について話すことで、言葉、思考そして感情を通じてそのスピリットをそのような場所と結び付けたのである。私は、そのシンプルでかつ深い比喩の見事さに打たれたことを覚えている。それは言葉や歌、祈りや思考の中にそれとなく現れることで私たちを導く、スピリットの特性と力を示している。

伝統的教育とは、あらゆる物事が神聖であるという認識に浸透され、受胎の瞬間から死の瞬間を超えて、その人のスピリットの本質を学ぶことであった。この学びは、あらゆる形の呼吸を理解しそれらを使うことによって、人間およびコミュニティーの本質について考えることから始まった。そのような理解には生理的呼吸を超えて、思考を、呼吸の特殊なバリエーションとしての「風」として認識することが含まれた。言葉と歌は、コミュニケーションの全体的な基盤を形成する別の形の呼吸であった。呼吸――言葉、思考、祈り、チャンティング、儀式、ダンス、スポーツ、労働、物語、遊び、美術を通して意識的に形成され、引き起こされる――は部族的教育におけるコミュニケーションのパラメータを構成していた。

スピリチュアルエコロジーについての、またそのためのコミュニケーションの伝統は、人がいのちと完全性を求め、見出す方法として、数千年にわたって発展を続けてきたものである。アメリカインディアンの場合は、集団の変容を反映して、このスピリチュアルエコロジーを教育し表現する伝統がさまざまな形で発達した。アメリカインディアンのスピリチュアル的伝統の多様性と豊かさを考えると、それらを単純に記述することは不可能であり、また誤解を招きかねない。しかしながら、それらは同一の根本的ルーツに基づいて、普遍的な認識と概念を表現し続けているのである。

この章では、すべての部族をスピリチュアルエコロジーのレベルで結び付けているアメリカインディアンのスピリチュアル的伝統の基本的概念をいくつか取り上げ検討する。先に述べたように、アメリカインディアンの伝統は、いのちを求め、人生の旅路で高いレベルの完全性を実現するために、さまざまな形で現れる呼吸によってコミュニケーションをとることを中心に発展してきた。アメリカインディアンにとって、現在、教育と呼ばれているものは、完全な人間になることを学ぶための旅であった。コミュニティーおよび環境と関連付けながらスピリットについて学ぶことが、人生の意味を十分に学ぶ上で要になると考えられていた。

一般的にアメリカインディアンのスピリチュアル的伝統を特徴づける要素が五つある。第一に、宗教的な教義がない。インディアンの言語には「宗教」に当たるものがない。生きる「方法」や人々の伝統を指す言葉が使われた。これは知的構造よりもプロセスを重視するアメリカインディアンのスピリチュアル的伝統の志向を反映している。それは学習し経験するための手段であって、それ自体が目的なのではない。

第二に、語られた言葉は人間の呼吸の一表現であるのでスピリチュアリティーを宿しているという考え方がある。祈りや歌としての言葉には、他のエネルギー体や生命体に影響を及ぼし特定の目標に向かわせることのできる生命エネルギーがある。アメリカインディアンにとって、スピリチュアル的なコンテクストで、あるいはスピリットを呼び起こすような、または情緒的なコンテクストで使われる言葉は神聖であり、責任をもって使われるべきものである。

第三に、スピリチュアル的な意図をもって何かをつくる創造的行為——今日、美術と呼ばれるもの——には理解され、尊重されるべき固有の特性とスピリチュアルパワーがある。アメリカインディアンにとって美術は、伝統的にスピリットの一つの活動ないし表現であるところの創造的プロセスの結果である。美術は神聖なものであった。

第四に、いのちとスピリットという大いなる神秘の二つの顔は、永遠に続く創造と消滅の循環の中を移動する。したがって、儀式様式、いのちの働き、スピリットの変容には周期性がある。それらの周期は自然や宇宙の可視的、不可視的パターンに基づいている。そのような創造原理を受けて、伝統的なネイティブアメリカンの生活という共同体的コンテクストでは、周期的に行われる儀式が神聖なものを構築し、表現するために使われる。

第五は、自然がスピリチュアル的現実の真の舞台であるという共通理解である。自然の形や力はスピリットの表現であり、そのスピリットの特性が人間のスピリチュアル的生活やプロセスを貫いている。アメリカインディアンあるいは先住民の人々全体にとって自然は神聖であり、そのスピリチュアルエコロジーは至るところに表れている[1]。

インディアンの部族のほとんどが、神聖な知識に関する基本的理解を共有している。そのなかには、ある種の宇宙エネルギーが宇宙の全てに浸透し、さまざまな現れ方を通して自己を表現しているという理解がある。また、すべての生物にはスピリットに満ちた驚くべき力があるという認識もある。これが大いなる魂または大いなる神秘あるいは大いなる夢であるが、これは各自のスピリットによってのみ知覚することができるもので、知性では説明することも理解することもできない。

次は、物事と思考はすべてスピリットを通じてつながっているという認識である。祈りと儀式を介して行われるスピリットのあらゆる現れとの個人的で直接的なコミュニケーションによって、個人や家族や氏族やコミュニティーと大いなる神秘の目に見えない力との結びつきが強められる。道徳や倫理に関する知識や理解はスピリチュアル的経験の直接的な結果である。特別な教えを有する長老たちと神聖な伝統が、スピリチュアル的経験への橋渡し役を、またスピリチュアル的なことを学ぶための世話役を務める。長老たちがその知識を人々のために使う限り、それが部族ないしコミュニティーにおける彼らの地位や彼らが受ける尊敬の根拠である。

最後に、人々は常に自分の弱さを認識し、人生を送るに当たって賢くなるように努めなければならない。物語や娯楽や儀式を通じて、人々は自分が誰であるのかを、どこから来たのかを、そしてすべての被造物と分かち合っているスピリットのことを「思い出すことを思い出す」のである。[2]

以上のような特徴に関連して、本章では、先住民の教育のスピリチュアル的側面の特徴を伝えてきた四つの基本的概念を検討する。それは、「いのちを求める」および「完全になる」という相互に関連した概念、「もっとも高次の思考」という概念、「オリエンテーション」という概念、そして「道」という概念である。

特定の部族の一つの側面を取り上げ、それぞれの概念の基本的な特徴を述べるが、それは記述されている事例であって、網羅的なものではない。部族の人々およびアメリカインディアンの伝統を専攻する学者たちは間違いなく、彼ら自身の、あるいは彼らが研究した文化的伝統の中に同じような表現を認めるだろう。それぞれの事例によって、スピリチュアルエコロジー、いのちを求めること、そして「インディアンの人たちが話すあの場所」について学ぶ主たる原動力をざっと見渡すことができるだろう。

✣いのちを求め、完全になること

場所やその他の事物に関する私たちの話し方は、私たちがそれをどのように感じ、どのように見、どのように理解するか、そしてもっとも重要な、どのように考えるか、ということを反映している。言語は私たちがどのように世界を構築し、認識するかの反映である。どの言語にも、世界や自分自身に関する考え方を知る手掛かりとなる単語や言い回しや比喩がある。

インディアンの諸言語には、どのように世界を構築するかという点に関して、非常にさまざまな表現がある。あらゆる言語に当てはまるように、インディアンが用いる比喩は、彼らが見ている現実や文化に根ざした理解と実際の経験を通じて捉えた現実を反映している。インディアンの言葉には、その多様性と現実に関する考え方の無限の可能性にもかかわらず、どれもよく似た考え方を意味するものと解釈し得るいくつかの比喩がある。

いのちを求める、いのちのために、いのちを見出す、完成する、完全になる、善良な、考え方がよい、調和がとれている、といった言い回しやその他多くの同類の言い回しが、どのインディアンの言語にもある。

これらは、インディアンの人々が彼ら自身のことや彼らの土地、あるいは親族について語るときに用いる比喩であり、行事の開始時や終了時に、儀式における祈りで、物語で、修辞法として、挨拶として、会話で、教育のなかで、使われる語句でもある。それらはまた、なぜ物事が個人的に、あるいは共同で行われるかを「思い出すことを思い出す」ための言い回しでもある。

このような共通の比喩は、伝統的なインディアンの教育の目的に深い影響を及ぼす考え方や認識の根本的連続性を示している。それらは、そのあらゆる現れにおいて——特にそのスピリットの現れにおいて——いのちについて知ることを学ぶ旅を含意しており、その旅を通じて完全な状態を経験することを意味している。スピリチュアルエコロジーを求め、見出し、一体となり、祝うことが、「それがインディアンの人々が話す場所だ」という言い回しの本質的な意味である。

指導的概念としての「いのちを求め、完全になること」は、ネイティブアメリカンのスピリチュアリティーの表現として非常に広く行き渡っているので、ほとんど議論や疑問の対象とならない。これは、歴史的に、考え方や行動を導いてきた世界観であった。

この指導的概念が内部化されていたその程度は、資本主義と現代のアメリカ人の消費者心理の広範囲に及ぶ内部化に匹敵する。資本主義と消費者優先主義はアメリカの「現実世界」に非常に深く浸透しているので、人間の生活の基盤として疑問の対象となることはほとんどない。唯物論と客観的な物質的現実という意識がほとんどの現代人の考え方を支配している。多くの現代人にとってこのような志向は金銭の神学と化し、彼らは金銭を神聖なものとして扱い、心からそれを求めて励むに至った。

アメリカインディアンおよびその他の先住民の人々にとっては、スピリットと自然が現実の世界であり、存在の根拠であり、彼らはその上に過去四万年にわたって発展し成長してきた自然の神学を樹立したのである。「いのちを求め、完全になること」に基づく自然の神学が、先住民の教育のスピリチュアルエコロジーに関する今回の調査の範囲を形成している。

❖もっとも高次の思考を思考する

インディアンの伝統にある「よい生活」を送るという先住民的理想について、インディアンの人々は「常にもっとも高次の思考を思考すること」に努めること、という言い方をすることがある。この比喩はコミュニティーに根ざした環境教育にみられる複雑な認識論の枠組みに触れているが、その認識論を通じてコミュニティーと神話によって証明されたその伝統が、エコロジー意識を具現した生き方と思考の質を支えているのである。

もっとも高次の思考を思考するとは、その人の自己、その人のコミュニティー、その人の環境を十分に考えることを意味している。このような、もっとも高次の、もっとも尊敬の念に満ちた、哀れみ深いやり方で考えることは、個人とコミュニティーの双方の活動に組織的な作用を及ぼす。それは「よい生活」、尊敬の念に満ちたスピリチュアル的生活、健全な生活を持続させる方法である。こうして、コミュニティーは教育の中心となり、エコロジー的な生き方を学ぶためのコンテクストとなる。

先住民社会では、エコロジー的に生活するということは「特定の場所」と調和のとれた関係を保ちながら生活するということでもある。この特別な、本質的にエコロジー的な関係は通常、その集団が神聖なものとして大事にしている指導的物語、中心的神話の中に示されている。コミュニティーはその「場所」の本質を具現しているが、それは実際に指導的な神話で述べられているスピリットの場所なのである。先住民のコミュニティーはそれぞれの中心的な神話を通して自身が神聖な場所であり、暮らし、学び、教え、再生の場所、つまり「人々」がそのいのちと思考の呼吸を共有する場所であることを確認する。コミュニティーとは、責任のあるすべての大人に支えられている、生きた、スピリチュアル的存在なのである。

もっとも高次の思考を思考し、「人々」が話しているあの場所に至るべく努めるなかで、大人はそれぞれ教師ともなり生徒ともなる。もっとも高次の思考を思考することを学ぶこと、またあの神話時代の特別な「場所」と再び結び付くことを学ぶことは、誕生に始まる段階的プロセスであり、もっとも幼い者からもっとも年老いた者に至るまで、誰もがそのために果たすべき役割を担っている。

考えることと知ることには、もっとも高次の思考を思考する上で欠かせない一連の段階を形成し、徐々に進歩発展していくタイプのものがある。エコロジー的な理解と関係からなるあの特別な場所に至るには、敬意を払い、学ばなくてはならない一つひとつの段階がある。それは生涯にわたる過程で、一つの段階は時間的にも、知識のレベルにおいても、他の諸段階と重なり合う。それぞれの段階がほかの諸段階を内包し、同心円的な関係の輪を共有する。しかし、段階ごとに学ぶべき独自の教訓がある。

このような観点に基づいて考えたり知ったりする最初の方法は、その人がいる物質的な場所と関係がある。つまり、人は物質的に住んでいる場所との折り合いをつけなければならない。人は自分の家、自分の村、そして自分が住んでいる国土と地球を知らなければならない。それは丘や渓谷や低地であり、森や山、小川や川、平原や砂漠、湖や海である——私たちが暮らす場所、私たちの物質的環境についての認識(3)。

先住民の人々にとって、この最初のタイプの思考は、自然およびコミュニティーの他の人々とのつながりの拡大と統合の発端となる。それは自分を取り囲む身近な場所のエコロジーに彼らを方向づける思考である。知り方、考え方、判断の仕方として、それは同心円状に家族が住んでいる場所から、家族がいる村の一画、村全体、村に隣接する土地へ、そして各先住民集団の領地の地形的境界をなす山々その他へと広がっていく。

先住民の村には通常、中心とさまざまな家族集団ないし氏族集団が住む場所を定めたいくつかの区域がある。それらの集団は各村の基本的な神話的、社会的構成単位である。村落世帯とはその構成員が一つの志向を共有する独自の家族を指す。厳格な意味での氏族と村が、段階的に規模を増していく各集団が示す場所に関する志向と考え方や学び方を作り上げている。身近な自然環境に関する経験や考え方も共有され、それが考え、知るための第一の方法の基本的側面をなす。先住民の人々がスピリチュアルエコロジーに関して考え、知ることを始めるのは、家族や村、そしてそれらがある自然の中においてである。

先住民の第二の思考は他の人々、植物、動物、そして自然の要素や現象との関係において生じる。このタイプの思考や知識の獲得は、他の人々、他の生物、そして自然界との関係を意識的に理解することを中心に展開する。これは感覚や感情に基づいてスピリットを自覚する方法である。それは、私たち自身のいのち、その他の生物のいのち、そして生物以外の自然界の存在のいのちとの間の相違点や類似点を体験し、理解することを可能にする考え方である。

この考え方は物質的感覚に、またスピリットが私たちの周囲にあらゆる形で現れ動いているのを耳で聞き、目で観察し、認識し、情緒的に感じる能力を育てることに基づいている。世界各地の伝統的な先住民にとって、スピリットは現実のことである。それは世界に存在するあらゆるものに物資的に表現されている。

先住民の第三の思考は内省的熟考、話すこと、行動することに関係している。これは物事を考え抜く能力、賢明な選択をする能力、責任をもって上手に話す能力、そしてスピリットを有する有益なものを生み出すべく断固として行動する能力を発揮することと関係がある。この種の思考はまた、尊敬、倫理、道徳、適切な行為——いずれも謙虚さを醸成する——とも関係がある。この種の思考は最高のもっとも望ましい人格をもたらすことによって、自然界について学ぶことや自然界と交流することに係わる倫理的態度の基盤を提供する。

第四番目の思考方法は、人間の生活のあらゆる側面に関する長期的経験から得られるような知識と関係がある。この思考方法が求めるのは、成熟によって初めてもたらされるような学びである。それは、単なる物質的感覚を通して知ることも含むけれども、さらにそれを超えて叡智の獲得に通じるものである。

叡智を得るとは、蓄積された経験に基づいて知識が獲得される複雑な状態のことである。部族的社会では、叡智は長老たちの領域に属している。その長い人生経験によって、彼らにはコミュニティーのスピリチュアル的生活と幸福に不可欠な構造を維持する能力が一番備わっていると考えられてきた。彼らは、物語や儀式に関する部族の記憶、そしてスピリットを通じてコミュニティーの「よい暮らし」を保障する社会構造に関する部族の記憶を保持している。彼らはまた、その年齢ゆえに、「完全な」男や女というあの人々から崇拝される状態にもっとも近いコミュニティーの構成員でもある。

先住民社会の思考を特徴づける第五の側面がある。それは叡智から始まるが、それを超え、スピリットをその人の全ての感覚を使って直接知り、理解するところまで達する。それは複数の感覚が関与する意識状態であり、知り方であって、神秘的指導者ないしスピリチュアルリーダーたちのもっとも完成した存在状態に係わっており、もっとも関係があるのは先住民社会の最長老たちである。

しかし、常にそうとは限らない。なぜなら、この思考方法はビジョンの経験から、人生のより早い段階で、どの年齢でも起こり得るからである。これは神話と夢にもっとも密接に関係している思考レベルであり、「インディアンの人々が話すあの場所」への入り口である。それは、スピリチュアルエコロジーに対する意識が発達する場所であり、思考の中心、もっとも尊敬すべきもっとも神聖な場所、よい暮らしの場所、もっとも高次の思考の場所である。

以上のような五つの思考方法を一つひとつ通り抜けることによって、人はその「スピリチュアルエコロジー」に関する認識を高め、成熟することができる。それは、先住民のさまざまな指導的神話のなかで比喩的に言及されている知識に至る道であり、いのちを求める道である。

❖オリエンテーションの概念

教育とは本質的に、家族、コミュニティー、場所、社会、文化に対する学習によって外部から与えられるオリエンテーションである。教育とはまた自己に対する、形而上学的意味ではスピリットに対する、内的オリエンテーションを学ぶことである。

オリエンテーションとは物質的なコンテクストや位置付け以上のものである。それは、より深い意味では、物の見方、考え方や知り方、コミュニケーションの原点、方向感覚などに関係しており、人間のスピリットが自身を理解する仕方に係わっている。

伝統的なインディアンの教育形態にはオリエンテーションの概念を示す多くの表現があるが、オリエンテーションはときどき「ダイレクション」とも呼ばれる。インディアンの人々にとってオリエンテーションは、関係性と共に、人間のスピリットとスピリットのその他の表現との相互作用を理解する舞台を形成する。

スピリチュアルオリエンテーションと呼吸は、世界各地の先住民の創造・創生神話の中で、しばしば風の起源に関連して説明されている。一部の部族では山や風がオリエンテーションの象徴として登場する。

風と道と狩猟に対するナバホの見方は、先住民のオリエンテーションに関するダイナミックな概念の記録に残るもっとも優雅な事例をいくつか提供する。ジェイムズ・マクネリーが記録を取り、記述している「ナバホの自然哲学」の要素に関する次のような物語風の描写は、アメリカインディアンの他の部族のオリエンテーションも映し出している。ここに、ナバホの「先住民的」な思考方法、知識の獲得方法、および存在の仕方に対する深い尊敬の念をもって紹介しよう。

ナバホの文化的哲学における聖なる風の概念とそれが果たす役割は、オリエンテーションの特徴とそのスピリチュアル的思考との関係を例示している。ナバホの伝統的信仰の真髄を具現しているのがオリエンテーションである。第四世界から現れたばかりの最初の人間が行う仕事は、第四世界にあった土塚を四基再現することであった。この最初の仕事は、形態と境界を欠いたこの第五世界において物に方向を与えることであった。形而上学的に言えば、最初の人間はこの第五世界をつくるためのコンテクストを創造しなければならなかった。それがスピリチュアルオリエンテーションの核心であり、「インディアンの人たちが話すあの場所」なのである。

ナバホの哲学では、最初の風ないし至高の風が世界の創造に重要な役割を果たした。この最初の風はあらゆる生物と無生物の中に顕現している。人間における最初の風の顕現は、*nilch'i bwii' sizinii* あるいは〝内なる風〟ないし〝風の魂〟と呼ばれる。それはいのち——あらゆる風または呼吸の源たる最初の風の一部——の呼吸を表す独特の表現である。各人が誕生するときに有する風の魂ないし呼吸の特徴を受胎時に決めるのが夜明けの女（変身する女）である。思考と行動は風の魂の表現である。[4]

「*Nilch'i* は風、空気ないし大気を意味するが、それにはナバホの人々が考えているような、西洋文化では認められていない力がある。聖なる風は自然のすべてを満たし、あらゆる生物にいのち、思考、言葉、動く力を与え、生物界のあらゆる要素同士のコミュニケーションの手段となっている。そのようなものとして、それはナバホの哲学と世界観の中心をなすものであり……この概念によってナバホの魂は宇宙に内在する力と結び付いている。[5]」

最初の風は宇宙の誕生以来ずっと存在してきたもので、あらゆる存在にいのちと運動を与える力がある。ナバホの風の道はナバホが尊重する諸儀式の重要な要素である。それは健康と完全性の維持と回復に尽くし、最初の風に関する知識を最初の聖なる人々に伝えた。ナバホの地球創造神話の中には、基本的な方位が光の諸性質と結び付いているものがある。そのような光は基本的な四方向の地平線からおぼろに現れ、さもなければ暗黒の宇宙を照らし出した。これらの基本的方位はインディアンのすべての部族が物質的オリエンテーションの基本構造とみなすものであるが、それはまたそれぞれに内なる姿を蔵する四基の土塚（山）によっても示された。

これら四つの霞んだ光は各土塚の風の魂ないし内なる姿の呼吸と考えられた。ナバホはこれらのおぼろな光と基本的方位を呼吸する生きた存在と考えた。ナバホの創造神話およびその他の多数の先住民の哲学は、風、光、内なる姿・外なる姿、そして基本的方位を形而上学的に結び付けている。この結び付きが、先住民の社会において理解され表現されてきたように、スピリットの性質や活動に関する精緻な認識の基盤を形成している。

ナバホの場合、「内なる風」が「調和の道」を生きることを追求するに当たって、スピリチュアル的次元に至るためのオリエンテーションに関する、またスピリチュアル的次元との関係やそれに対する責任に関する伝統的な学習を導いている。「内なる風」はディィネ（人々）と同じように、彼らの指導的神話とビジョンに基づく伝統的概念である。

ナバホの考え方の次に取り上げるような側面においては、風は、いのちやスピリチュアル的光の源として、思考や叡智の源として、言語の内部を形づくるものや物事を知る手段として、また指導と創造の源として、考えられている。
先住民の教育のスピリチュアル的基盤は驚くべき方法で示される。

✣いのち及びスピリチュアル的光の源としての風

ナバホの神話では、風は最も聖なる風という形で最初の聖なる存在を創造したとされている。それは最初の男、最初の女、黒い神、語る神、コヨーテ、呼ぶ神などである。最も聖なる風は夜明けの女に導かれ、次の引用に示されているように、宇宙のすべての存在を照らし出し、いのちを吹き込んだのである。

「力を待っているとき、彼らは上がったり下がったりしている光に満ちた雲をみた。……彼らが注意して見ていると、それは黒色に変わり、その黒いものから黒い風が出て来るのが見えた。その後、光に満ちた雲が青色に変わると、青い風が出て来るのが見えた。次に、それが黄色に変わると、黄色い風が現れた。さらにそれが白色に変わると、白い風が出て来た。最後に、光が全ての色を示すと、いろいろな色の混じった風が出て来た……。この光に満ちた雲は地上の虹も創造し、光の色が変わるにしたがい、*hayolkaal*、白い黎明、*Nahodeetl'izh*、真昼の青空と夜明け後に訪れる青色、*nahootsoi*、日没の黄色、*chahalheel*、夜の闇を創った。それらはまた地上の人々のためにも創られたもので、それぞれがある種の力をもたらす一日のうちの聖なる時間帯である。

それらの風が現れていのちに入ると、それは人間やその他の生物の身体を通り抜け、人間の手足の指や頭の線、そしてさまざまな動物の身体の線を形作った。風はそれ以来、人間やその他の生物に力を与え続けてきた。風が膨らますまで、最初のうちそれらはすぼみ、しおれていたのである。また、風は創造物の最初の食べ物であり、自然に動きと変化をもたらし、山や水も含めて全てにいのちをもたらしたのである[6]。」

光は照明であり、風は動かすものである。ナバホはそれらを結び付けて西洋の伝統のなかでスピリットと呼ばれるものの基本的特徴を示すのである。スピリットは、私たちが最高レベルの思考、行為、そして人間らしさと結びつけて考える、存在の特性を示している。

ナバホは「光の霧」や「聖なる風」を、彼らが捉えたスピリットの特性について、考え、説明し、認識させ、互いに教え合うための比喩として使う。時間が始まったとき、風と黎明の光が重なり合い、変身する女といのちを生んだといわれている。それらはまったく同一のものであったが、その後、道を照らし、風のさまざまな呼吸であらゆるものを動かすために別れたのである。

❖思考と叡智の源としての風

ナバホの伝統では、思考とは風によっていのちを与えられるプロセスである。風は、下界の最初の存在たちを保護し導くほかに、呼吸して生存する方法をもたらした。それを風は人々にその耳元を通り抜けながら助言を与え、その行動を導き、出来事を知らせることによって行った。風はこの重要なことを最初の存在たちに、それらがこの世界に現れる前に行った。風が来るまでは、方向感覚も思考もまったくないままに人々はあちこち動きまわっていた。人々はどこかに向かうという感覚がなく、混沌の中にいた。風は下界において、それとして現れる前に、叡智と知識を共有して人々を適切な行動に導く一人の人物として現れた。

「あらゆることを知っている人の姿をした風に出会うまで、さまざまな人々が言葉をもたず計画もなく羊のようにただ当てもなくさまよっていた。その人の姿をした風は人々にそれ以降（耳元を通り抜けながら）彼らに語りかけた。風はその後、人々にリーダーシップとそれを発揮するための言葉、自らを導くための知識と手段を与えた。しかし、風はその場合でも、一人のリーダーが〝自分の意のままに〟好き勝手に振る舞うことがないよう、人々の生活を統治することに制限を設けた。むしろ風は、リーダーとして必要な脅し文句も含めて、特殊な言葉を使えるようにした。」(7)

風は「見ることのできない耳元」を通って、それら最初の存在たち、最初のリーダーたちに賢明な助言を行い、彼らに方向を示し、彼らの創造計画を助け、彼らの行動を正しく導いた。したがって、ナバホの聖なる男女は、今日でも、その教えや助言やリーダーシップにおいて、考えを導き、叡智を伝えるためのコンテクストをもたらすそのような風の特性を踏まえている。

❖言語の起源および知識を得る手段としての風

ナバホその他の部族集団では、言葉は神聖である。なぜなら、それは各人のいのちの呼吸として存在する聖なる風の表れだからである。変身する女は、方位をもたらすために、また最初の人々の新しい世界での営みを助けるために、基本的な方向に風を置いた。

ナバホの創造神話に関する報告の中に、次のようなくだりがある。

「風は地球の内側から、重なり合うことによって人々に語りかけていたが、地上の人々のために地上に置かれた。東に置かれた最初のものは非常に神聖で、女であり、いのちに方向を与える。第二の言葉は男で、南にある。もう一つの女の言葉が西に付け加えられ、もう一つの男の言葉は北に……

四つの方向に置かれたこれら四つの言葉は、人間がそれによって、いのちの、運動の、思考の、そして計画を実施するための活動の方向を与えられる風だと考えられている。これらは〝再生プロセスに入る……〟〝我々の内なる風〟と同じものである。

これらの基本的な方向に置かれた風が〝我々の内なる風〟として人々の中に入る一方、地上には人間の生活や行動に影響を及ぼし得る別の風がつくられた――二つの風が大地から、二つが水から、別の二つが雲から現れた――それらが出合うと、上の方に六つ、下のほうに六つの風がつくられた。我々はそれらの間に暮らしており、それら全ての影響を受けているが、その中には問

題や病気を引き起こすものもある……」(8)

教育は主として言葉とオーラルコミュニケーションに基づいて行われる。ナバホにとって言葉とその口頭による伝達は、呼吸を通じて、彼らを互いに、また他の生物と、彼らの神々と、広大な美しい世界と結び付ける神聖な伝統の基盤である。

言葉は、「内なる風」について知らせる、それを表し、方向付ける(オリエンテーションする)、風の一種である。オリエンテーションは、自分が何処にいるのかや自分の立場、あるいは相対的な自分の成長段階について学び理解する方法である。言葉あるいは象徴的な単語を使うことには責任が伴う。なぜなら、物事を引き起こすからである。それらは呼び起こし、指示するのである。

ナバホの伝統では、それらは、使い方を学び、多大な敬意を払って適用しなくてはならない。なぜなら、それらは基本的な方向にある山々の内なる姿に結び付いているからである。そのような山々の内なる姿はそれぞれが、独自の風による、言葉や歌や言語を有している。また、それぞれの姿に関連した植物や動物も有している。これが、そのような山々が、その陰で暮らす人間に影響を及ぼす理由である。

風は、そのあらゆる形態を通じて、四つの基本的な風を導くその山々の内なる姿を知り、それとコミュニケートする方法を提供する。また風は、ナバホの世界の四つの聖なる山々がつくる境界の中の生物と交流し合う。ナバホによれば、思考には常に特定のタイプの風が伴っており、それが思考の源である。風は思考、活動、あるいは言葉の背後にあるスピリットである。思考は、風が各人あるいは各人の「内なる風」に作用した結果である。

私たちは誕生から死に至るまでの間に多数の風の影響を受ける。善い風もあれば、悪い風もある。しかし、多くは中立であり、必要な情報と知識をもたらす。このような中立の風は「メッセンジャー風」と呼ばれ、しばしば私たちの行動や決断を導くために慈悲深いスピリットから送られてくる。もっとも強力なメッセンジャー風のなかには、四つの基本的な方向にある神々の住む山々の内なる姿が送ってくるものもある。

それらの風は、私たちを守り、私たちに助言を与えてくれるので、守護スピリットのようなものである。そのためナバホは、それらを「傍らにいる風」と呼ぶ。この種の風は私たちに、遠くの出来事、他の人の意図、植物や動物や自然現象――例えば、主要な山々に係わる稲光や虹など――の動向について語ってくれる。

❖指導と創造の源としての風

ナバホの信仰によると、神々は母親の子宮内の胎児にさまざまな風を送る。特殊な風が父母の風を結び付け、各人特有の「内なる風」をつくる。これは複数の風が一つになることによって生まれる創造性である。子どもが生まれたとき、その子が呼吸し、生存することができるのはこの特有の「内なる風」のためである。生まれる前の風の組み合わせに恵まれた場合は、強い丈夫な子どもになる。その子ども特有の風の組み合わせがその子の人生、個性、運勢を決定する。

子どもは成長するにつれ、他の人々や自然界、そして超自然界から来る多くの風に晒される。それらは「内なる風」の性質や相対的な強さに応じて影響を及ぼす。子どもの行動や生き方にもっとも大きな影響を及ぼすのが、それぞれの子ども特有の風である。それがその人の第一の風であり、それは学び、関係付け、創造する風である。この風は、人々が人生の道を求め、見出すための基礎として理解され、尊重されなければならない。

風の子はあらゆる所に存在する。それと同じ風の子が私たちの中にも、私たちの組織の中にも存在する。私たちはそれによって生き、それによって考える。傍らにいる風が私たちに危険や私たちの行為の影響について警告してくれる。その声に耳を傾けないと、不運に見舞われる!(9) 「内なる風」には双子の兄弟がおり、それをナバホは「傍らにいる風」と呼ぶ。これは直観に相当する風であり、各人の導き手および良心として働く。メッセンジャー風を受け取ったり送ったりするのはこの風である。それは夢を通じて守り、導き、コミュニケートする。私たちの行動の動機となり、それを形成するこれらの風は、人間のスピリットの二重性を示している。

✣道の概念

道の概念は先住民の教育のなかでさまざまな形で明らかにされるが、それは山や風やオリエンテーションに関係している。学ぶことには、時間と空間を通じて展開される変容が伴う。道というのは構造的な比喩であるが、スピリットについて学ぶための積極的なコンテクストを形成する旅のプロセスと結び付いている。

道という比喩は適切である。なぜなら、私たちは学習過程で、比喩的に言えば、必ず一度は内部の風景を通り過ぎ、外部の風景については幾度も通り過ぎるからである。道を旅するなかで、私たちはときどき休憩し、障害に出遭ってそれを乗り越え、標識に気づいてそれを解釈し、答えを探し、何か学ぶべきものがあるものの跡を追う。私たちは自分をつくり変える。道（Pathway）の Path は構造を示すが、Way には過程が含意されている。

先住民のスピリチュアル的伝統には、「道」と呼ばれるさまざまな構造がある。ナバホのチャントウェイ（Chantway）はスピリチュアル的な知識を得るための特別な道の一例である。その他の部族にも同じような事例がたくさんある。これらのスピリチュアル的な学びや教えに係わる道は、スピリットや意識を変える探求やビジョンの追求という観点をもたらす。このような一様性は、あらゆるスピリチュアル的な教えのエッセンスを反映しており、今日的な教育経験を構築するための基礎を提供し得るものである。

スピリットについて学ぶ道は、人が以前から旅をしてきた道である。それらの道をかつて旅した人々は、同じ道をいま旅する人々を導く。私たちは祖先の跡を辿りながら、個人的および集合的に、スピリットへの旅をする。

道の一般的な例として、先住民の追跡の過程を紹介してみよう。また、神話的な次元の道の例として善良な猟師という先住民の理想像を紹介し、ビジョンが獲得され共有されるためのスピリチュアル的な旅の例として、想像上の英雄、ブラックフット族の傷顔の男を紹介し、最後に、先住民の教育に関する今日的な道がどのように展開されるかを示す、「物語の追跡」という教育のプロセスモデルを紹介することにしよう。

✣先住民の追跡

動物を追跡するという実践的な技術は、部族的狩猟採集民としての人間の歴史を通じて発達したものである。それは自然に関する直接的で個人的な経験に基づく、高度に発達した生存技術であった。動物や植物や地形、そして自然のスピリットが、自然界と関連付けながら、先住民に人生の意味を教えた。部族民は狩猟採集民として自然に、物質的環境を、教え、学び、スピリットを鍛錬する場として使った。彼らにとって、地球はライフサイクルや絶え間ない変化に関する偉大な本であり、そこには彼ら自身も含めてあらゆるものの中を流れるスピリットの物語が描かれていた。

あらゆるものが足跡を残す、そして足跡には物語がある――ものはそれぞれその他すべてのものとの相互関係において存在する。先住民は動物と植物のことを、最初の先生であり、人類と共に地上のいのちの発展に関与するものと考えた。先住民はそのような観点に基づき、動物や植物その他の自然の存在やその特性についての経験に、スピリットの領域を組み込んだ。部族民の目には、自然もスピリットも同じであった。自然と超自然は側面が異なるだけで、同じスピリットの運動であった。

先住民の追跡は、自然に対する直接的な経験と部族民のスピリチュアル的な伝統の発展との関係を理解する上で、単純ではあるが奥深い方法を提供する。追跡は、学習プロセスとして一見平凡に見えるかもしれないが、スピリットに対するレベルの高い自覚も含め、人間の複雑な認識能力や直観能力のすべてが係わってくる。

比喩的に言えば、追跡は叡智やビジョンを求め、スピリットの源に達するプロセスに密接に係わっている。そのような道を辿り、オーストラリアのアボリジニーが語り伝えるように「夢の時代（ドリームタイム）に先祖たちが残した足跡」の読み解き方を学ぶと、自然を直接観察することを通じて、物事の相互関係が明らかになる。

追跡の過程で、諸々の活動と関係が同心円状に示される。それと同じ活動と関係のパターンが、自然のあらゆる面に絶え間なく繰り返し現れる。活動の同心円は自然の創造プロセスの基本構造である。自然においては、活動の同心円同士が結び付き、「動物たちがその生を歩む」物語を足跡や印を通じて明らかにする道を形成する。足跡とそれらが示す生活の同心円は、特定の場所で長年にわたって蓄積された経験を記す手書き原稿のようなものである。

科学者はわずか一〇〇万分の一秒しか存在しない素粒子の痕跡を研究する。彼らは、観察する人間が素粒子のエネルギーのみならず存在そのものにまで影響を及ぼすことを発見した。人間は、このレベルの自然おいても自分以外のあらゆるものと関係しているのである。

先住民の人々はこのような人間の活動の関係性を、スピリットの領域まで広がる同心円として理解する。オーストラリアのウルンジェリ族のバーナム・バーナムはこのような関係性に対するアボリジニーの観点を次のように説明している。

「我々の根源的な文化のもっとも深く本質的な側面は *Tjukurpa* と呼ばれる。この言葉を「夢を見る」ないし「夢の時間」と訳すと不十分である。Tjukurpa（チュクルパ）とは睡眠中に物事を心に描くという、通常の西洋的な意味で夢を見ることを意味するものではない。それはまた、イソップ物語やグリム童話のような魅力的な物語を集めたものでもない。それは遠い過去のことを言っているのではない。チュクルパとは、過去、現在、未来にわたる存在そのものである。それはまた、存在の説明でもあり、行動を律する法律でもある。

チュクルパは存在に関する二つの事実のなかに表現されている。それは、陸地、小川、丘、粘土質の窪地、ロックホールズ、湿地、山など、自然界の特徴である。そして、それはまた、集団をなす人々であり、狩猟、結婚、儀式、そして日常生活という彼らの活動である。チュクルパはこれまでも常に……そして今もなお出来事と共に現れ続けているのであり、また、今日でも特定のアボリジニーの人々によって再生され、称え続けられているのである。

我々の国はチュクルパの最中につくられたと我々は言っている。それは、存在たちが人間や植物や動物の姿をして陸を渡り、創造と破壊の驚くべき芸当を演じていたときだった……。チュクルパの創造物は旅人である。アボリジニーの人々は彼らの旅を物語や歌や踊りで語る。その道は陸の上や下を横切り、道沿いには名前をつけられ特に大事にされている場所がところどころにある……

旅物語は大陸の特定の場所や土地や人々に結び付いている。土地を耕して暮らしを立てながらチュクルパを学ぶことで、我々は人々と土地とチュクルパの間の同一性を経験する……人が社会的に信頼される人間になるためには、彼ないし彼女は自分のチュクルパの指定された足跡または「ソングライン」を学ばなくてはならない……歌や道についての知識は、我々がどこに向かっているかを地図やコンパスなしに教えてくれる……

チュクルパの時間と日常生活とのつながりは死に際しても維持される。なぜなら、我々がチュクルパそのものの一部に、自分自身の創造の一部になるのはその時だからである。(10)」

最初の先祖の神話的およびスピリチュアル的な道に対するアボリジニーのオリエンテーションに関するバーナム・バーナムの説明は、追跡という技術特有の教育プロセスを明らかにしている。アボリジニーの観点からすると、追跡は人々を、彼ら自身のスピリットおよび彼らの土地の諸々のスピリット、動物や植物やその他の存在のスピリットと結び付ける。彼らのチュクルパは、彼ら自身のスピリットについて学び、その意味を彼らの現在の生活および土地のその他の諸々のスピリットとの関係において理解することに基づいている。本質的に、それは、彼らの現実をあらゆるレベルにおいて尊重する、完全な生活の営み方を学ぶことである。

✣善良な猟師

北アメリカの狩猟文化においては、善良な猟師が、完全を目指す旅の本質を示す比喩的理想像である。その目的は、動物との直接的関係を通じて、また我々のもっとも奥深くにあるスピリットに通じる道を追うことによって達成される。

猟師は、男女を問わず私たち一人ひとりのなかに住んでいる原型である。猟師は私たちの一部であり、それが各人のやり方で私たちが見つけ出そうと努力している完全さを探し求めているのである。

ウイチョルインディアンは彼らの年長の兄弟であり神聖なペヨーテのスピリットである五本の枝角をもつ鹿を追跡する。狩猟という行為は私たちのいのちを見出そうとするものだと彼らは言う。そのような観点からすると、狩猟は私たちの狩猟採集民としての最初の出発点につながる神聖な行為となる。これは私たちが狩ろうとする動物になるという観点であり、そのとき人間と動物は互いに言葉を交わし、人間は人間的であること、集団をなす人々であることを学び始めるのである。

人間は空腹を満たすために常に狩猟をしてきた。それは人間の活動のなかで最も基本的なものの一つである。それは食べたり、食べられたりという、あらゆる生物のもっとも基本的な相互関係である。狩猟とそれに係わるもの全てが、人間の学習と教授の第一の基盤をなしている。

人間の肉体と感情と認識に係わるあらゆる能力が狩猟活動に活かされる。狩猟は完全な、また完全になるための人間活動である。それは生まれ、生き、死んでいくというドラマの核心に触れる。狩猟は私たちの種の特徴をよく表しており、現代社会においても、生活のために動物を狩猟することから遠ざかっている男女が、満ち足り、完全になるために、なお比喩的に「狩をする」ほどである。

狩猟は、肉体的、社会的、スピリチュアル的レベルの基本的関係において、折り合いがつくことと関係がある。狩猟は、もっともスピリチュアル的な意味で、自分が狩ろうとしているものの物質的姿のなかに現れた、自分自身のスピリットの道を辿ることに根ざしている。現代社会では、人々はもはや動物を狩ることはしない。しかし、彼らは切望するようになったものを、私たちの祖先が狩猟や儀式を通じて触れることができた魂を追っているのであり、それが「インディアンたちが話すあの場所」なのである。したがって、この時代においても私たちはなお、家族の中に、コミュニティーの中に、職業の中に、学校の中に、組織の中に、そして関係性の中に、引き続き自分自身を追い求めているのである。

善良な猟師は、人間の意味を知る道を表す古来の比喩である。それは、あらゆる古い文化においてさまざまな言い方がされてきた、スピリチュアルエコロジーの道である。戦士が登場する前に猟師がいた。その最初の人々の世界で戦争が起きたとすれば、それはおそらく狩猟の条件を巡るものであっ

ミンブレス族の善良な猟師

たろう。先住民の戦争の技術は、狩猟の戦略や狩猟にひたすら打ち込むことに固く根ざしたものである。それはスピリチュアル的な行為であり、生死の問題であるとともにスピリットについて学ぶことでもある。

善良な猟師とは、猟師の全存在に係わる教育プロセスを通じて到達した完全な状態のことである。その頂点は猟師のスピリットが動物や世界との交感状態に入ることである。このプロセスは猟師と彼が属する人々にいのちをもたらす。猟の責任は、個人だけでなく、コミュニティー全体が担うべきものである。猟師は家族や氏族やコミュニティーの生活を持続させるために猟をする。猟師は、動物とスピリットの世界に対してコミュニティーを代表する。したがって、彼の行動を通じて、彼自身だけでなく、コミュニティーも評価される。猟師と共に、妻、子どもたち、両親、親類、そしてコミュニティー全体が、祈り、狩猟の技術、儀式、美術、供犠、祝いをもって、いのちとスピリットの循環に参加する。それは、プレーンズインディアンの人々の言う「メディシンサークル」である。

メディシンサークルのコンテクストで言うと、狩猟行為とはいのちの中心的基盤に基づく神話的行為であり、いのちを保つためにいのちを奪う行為である。いのちはいのちを栄養源とし、生きて、死んで、生まれ変わるという終わることのない循環を通して、いのちとスピリットの物質的部分を継続的に変換している。

肉食動物が捕食しているときにそのもっとも主要な特性を露呈するように、人間も自分の行動を十分に意識しながら狩りをするときに目覚める。この狩猟における高次のコンテクストによって、狩猟のスピリチュアル的な意味を十分に認識し、それを理解し、尊重することが可能になる。

猟師は「大いなるいのちのダンス」――人間の歴史の黎明期以来行われてきた聖なる共同体のダンス――に参加する。アルティミラやラスコーの猟師・シャーマンの絵、ブッシュマンのエランドダンスその他、世界各地の先住民の美術様式は、猟師の動物のいのちやコミュニティーのいのちとの特別な契約を証明している。

それは内と外との交わりであり、猟師は自身のスピリットを、彼が狩る獲物のスピリットを通して知るに至る。この一見矛盾する結合において、スピリットの真実への窓が開かれ、そこには、もっとも捕らえがたい獲物――人の真の、また完全な自己――がいる。

狩猟は、各参加者が一連の普遍的な理解を得る、スピリチュアル的な真実に通じる道である。すなわち、深い関係性、変わらぬ尊敬、満足感、いのちに対する愛が一つに融合する。それがエコロジー的な関係性を教え、学ぶためのスピリチュアル的基盤になる。猟師が内部化する基本的資質には、完璧な一瞬の集中力、行為と存在と思考の統合、関係性の同心円に関する感覚、謙虚さなどが含まれる。

先住民の猟師の物語は、このようなスピリチュアル的学習の道ないし方法の本質をもっとも雄弁に語っている。ナバホの鹿狩りの物語は、すべての善良な猟師への助言である。次に、「ディネ」の先住民的な在り方に深い敬意を払いつつ、それを紹介することにしたい。

✣ナバホの鹿狩り

ナバホでは、儀式尊重主義が彼らをとりまくあらゆるものとの調和のとれたバランスを確立し、維持する基盤である。鹿狩りは、儀式構造を形成する道の一つである。それらの儀式によって、ナバホがその繁栄に不可欠と考えている調和とバランスが確立される。

その領土の中に鹿が棲んでいた部族のすべてに該当するように、ナバホは食べ物といのちの源として鹿を崇拝した。鹿は、尊敬され、丁寧に扱われるべきスピリチュアル的存在と考えられていた。鹿は、最初の人々、聖なる人々に由来する、いのちの源やスピリットに関する知識を教える先生であった。しかし、彼らは狩られねばならない。

猟師には、自身の幸福と成功のために、鹿を狩る技術だけでなく、スピリチュアル的な準備も求められた。猟師は鹿の起源を知らねばならなかった。また、自身のいのち、家族や氏族のいのちのために鹿のいのちを取るときの振る舞い方や上手な方法を知らねばならなかった。その物語を尊敬の念をもって引用してみよう。

「待ち伏せしている猟師がいた。彼に風が話しかけた、「ここに足跡があります。鹿たちが一列縦隊で通り過ぎるでしょう。」猟師は矢を四本持っていた。一本は幕状の稲光で、もう一本はジグザグの稲光で、もう一本は日光の根（日の出・日の入り時に地上を照らす日の光）で、そしてもう一本は虹でできていた。

やがて最初の鹿、たくさんの枝角をつけた大きな牡鹿がやって来た。猟師はその牡鹿を射る準備を整え、矢は放たれるのを待つばかりであった。しかし、彼が矢を放とうとしたちょうどその時、その鹿はマウンテン・マホガニーの低木、*tse esdaazii* に姿を変えてしまった。しばらくすると、その低木の背後から成人の男が姿を現した。彼は立ち上がって言った、「射ないでください！　私たちはあなたがたの隣人です。これらは、将来、人類が存在するようになる時に必要となることです。これが、あなた方が私たちを食べる方法です。」そして彼は猟師に鹿の殺し方と食べ方を教えた。そこで猟師は教えてくれたお礼として大人の鹿男を見逃してやり、鹿男は立ち去っていった。

その後、大きな牝鹿、内気な牝鹿が、立ち去っていった鹿の後ろに現れた。猟師は再びその牝鹿の心臓をめがけて射る準備を整えた。しかし、牝鹿は岩薔薇の低木、*aweets aal* に姿を変えてしまった。しばらくすると、若い女がその低木から立ち上がり、そして言った、「射ないでください！　私たちはあなたがたの隣人です。将来、人間が創造されたとき、人間は私たちのお陰で生きることができるでしょう。人間は私たちを使って暮らしを立てることでしょう。」そこで猟師は教えてくれた見返りに鹿女を見逃してやり、彼女は立ち去っていった。

それから、二本の枝角をもつ若い牡鹿がやって来た。猟師は射る準備を整えた。しかし、鹿は枯れ木、*tsin bisga* に姿を変えてしまった。しばらくすると、枯れ木の背後から少年が立ち上がって言った、「将来、人間が創造されたとき、あなたがもし私たちついて誤ったことを言うなら、私たちはあなたが排尿するときに困らせ、目にも問題を起こします。また、あなたが私たちについて言うことを認めることができない場合は、私たちはあなたの耳にも問題を起こします。」そこで猟師は、それを教えてくれたお礼にその若い鹿男を見逃してやった。

それから、小さな子鹿が現れた。猟師はその子鹿を射る準備を整えたが、彼女は地衣類の点々と生えた岩、*tse dlaad* に姿を変えてしまった。しばらくすると、岩から少女が立ち上がって話した、「将来、私たちが認めればこれらのことがすべて起こります。そして、私たちが認めるかどうかは、すべて私次第です。私はほかの鹿人の責任者です。もしあなたが私たちの悪口を言うなら、また私たちがあなたの言うことを認めないときには、自分の権限であなたを殺すことによって応じるのは私です。私の叫び声を聞くとき、あなたは問題が待ち受けていることを知るでしょう。もしあなたが私たちを正しく利用しないと、私たちがたくさんいる時でも、あなたはもはや二度と私たちを見ることはないでしょう。私たちは、別々の物に姿を変えた四頭の鹿です。私たちはこの四種類の物に姿を変えることができます。さらに、私たちはあらゆる種類の植物の姿をとることができます。その時には、見ようとしてもあなたには私たちが見えないでしょう。将来、私たちが認めた者たちだけが大きな鹿を食べることができるでしょう。あなたが猟をするときに四頭の鹿に出会ったら、全部を殺してはなりません。三頭殺しても一頭は見逃してやりなさい。そうではなく、もし私たち全員を殺すとすれば、それはよいことではありません。

このようにすればあなたに幸福がもたらされるでしょう。鹿を殺したら、頭部をあなたの家の方に向けて横たえなさい。草や木の枝を、先端を鹿の頭部ないしあなたの家の方に向け、縦に並べて土を覆いなさい。それから、私たちをあなたの家に運び、食べなさい。私たちの骨は、私たちがその姿をとることのできる物の下に置きなさい。そのような私たちの骨を置こうと思う場所に黄色い花粉を撒きなさい。一回、二回。それから、骨を置きなさい。次に骨の上に黄色い花粉を撒きなさい。これは野生動物の保護のためです。こうすれば、彼らは生き続けるでしょう。彼らの骨が生き返り、永遠のいのちを生きることができるでしょう。[11]」

この物語では、鹿人を代表して話している子鹿が、最初の猟師に鹿のスピリットの敬い方について助言する。子鹿はまた、人間を支えるために鹿人がそのいのちを、いつ、どのように与えるかを決定する、聖なる存在としての語る神にも触れている。猟師と鹿人との適切な関係はこのようにスピリットの領域で決定される。その後それはナバホの指導的神話に根ざす儀式や理解を通じて伝えられる。

この物語は、狩猟行為に対するスピリチュアル的なオリエンテーションを行うための基礎を提供している。このような狩猟の方法における最初のステップは、猟師の心を成長させ、旅の準備をさせることである。それは自然のスピリットと風景を通じての教育であり、また深いレベルのエコロジー的な理解と責任に基づく教育である。このような教育が確立されると、それは猟師を変え、完全になることに向けての旅の準備をしっかりと整えさせる。このように、自分に至る道は深い理解と責任を通して見出される。

スピリチュアルエコロジーを先住民的なコンテクストにおいて教えることとは、実はパーソナルパワーを教えるということである。プレーンズインディアンの伝統が伝えるように、パーソナルメディシンの獲得が学習の道の真の目的である。パーソナルパワーの獲得は、尊敬のコンテクストを確立することから始まる。パーソナルパワーと深い尊敬の念、それが「エンパワメント」の真に意味するものである！

先住民の猟師は獲物をおびき出す方法を学ぶだけでなく、猟師として成長する過程で、自然のスピリットの好意を獲得することによって幸運を得る方法も学んだのである。そうして獲得された力は、肉体的レベル、心理的レベル、社会的レベル、スピリチュアル的レベルにおける猟師の姿を表し、またそれを変えたのである。

世界各地にみられる先住民の狩猟行為は、さまざまな表現をとるけれども、次のような基本的プロセスを要素とする一定のパターンを辿る。先住民の狩猟の最初の段階は、祈りを込めた問いを通して目的を定めることから始まり、清めのプロセスがそれに続く。これらの準備は尊敬および適切な関係性の方向づけをすることを意味する。

第二段階には、猟の成功という目標を目指して、技術と人を引き付けるような行為を集中的に探求し適用することが含まれる。第三段階には、獲物に対する敬意に満ちた取り扱い、祝いや感謝祭といったコミュニティーレベルのプロセスが含まれる。

先住民の狩猟の輪を形成するこのようなプロセスのすべてにおいて、それらを結び付けている糸は、寛大な地球と動物たちとのスピリチュアル的な関係に対する敬意である。このような伝統的な狩猟のコンテクストにおいては、猟師と獲物は結び付いて一つの親族関係に、いのちの流れの意識的かつ敬意に満ちた共有関係になる。

猟師の訓練は、スピリチュアル的な関係性と変容に関する深い理解を得るために行われる。彼および彼が代表するコミュニティーは、相互性のエコロジー的な深い意味に対する理解を強固にしたのである。猟師とそのコミュニティーは、スピリチュアル的な交流に、歴史の黎明期以来、人間存在の意味の基盤を形成してきた学びと教えの創造的プロセスに入ったのである。

このような動物との関係は早い時代と比べると大きく変化したとはいえ、今でもなお、実際の生活レベルにおいてではなくても、スピリットのレベルにおいては変わっていない。今日の私たちの時代の危機が、祖先と彼らが知っていた動物たちの足跡を辿ることを私たちに促している。私たちは、自然界との関係において人生の意味を理解しなければならない。善良な猟師は私たちにスピリチュアリティーを、また私たち自身がスピリチュアル的存在であることを示す。それは私たちが自分のいのちを見出そうとするなら取り戻さねばならない、私たちの人間性の一つの側面である。そのような最初の猟師たちによってなされた契約はスピリットによる契約であり、無期限のものであり、変わることのない尊敬関係に基づくものであった。

動物についての現代人の認識には、自分とは異なる別のものに対する態度といったものがみられる。現代人はもはや動物との日常的で直接的な関係を経験することはない。彼らはメディアから情報を得るが、メディアは動物のイメージを歪めている。それが、恐怖からロマンチック化やあからさまな残虐行為に至る、さまざまな反応を引き起こしてきた。

現代社会の動物に対する偏ったオリエンテーションは、他の民族、とりわけアメリカインディアンのようにその数が少なくなった民族に対する誤解を映し出している。動物を本当に理解することは、他の人々を本当に理解することでもある。

✣スカーフェイスの旅

ブラックフット族のスカーフェイス（傷顔の男）の伝説は、原型的な英雄のスピリットの旅の物語である。スカーフェイスの物語は、宇宙の均衡に対する障害の克服における個人の勇気のことを述べた教育的物語である。それは、先住民が、他の人々、動物、大地、空など、あらゆる物との関係をどのように見ていたかを示している。

この物語は「顔」、つまり人格のスピリチュアル性に関するものであり、真の自己をどのように育むかということに関するものである。この物語はまた、中心への、「インディアンの人々が話すあの場所」への旅に関するものである。それは、私たちの内部の、また世界全体における、スピリットのありかである。スピリットに関する知識と能力が得られるのは、「あの場所」においてである。それは、私たちが探し求める方法を知らねばならないビジョンの場所である。それ本来のメッセージは、私たちの魂の風景とこの素晴らしい世界の風景の中に見出すことができる。

＊　＊　＊

「土着の」存在としてのブラックフット族の在り方に対する深い敬意をもって、スカーフェイスの物語の一つを紹介しておきたい。

スカーフェイスは祖母と暮らしていた。というのは、彼が生まれて間もなく、両親が亡くなってしまったからである。彼の顔には、独特のあざがあり、それがあざけりと恥ずかしさの原因となった。他の人たちと違っていたために、彼は同じ部族の子供たちに罵られ、大人たちに陰口をたたかれた。スカーフェイスは成長するにつれて引きこもるようになり、多くの時間を独り森の中で過ごし、出会った動物と友達になり、そのやり方を学んだ。彼は動物たちと話しができるようになったと言われている。そして彼は、動物たちを通じて、あらゆる物と結び付いていることを学んだのであった。

スカーフェイスは大きくなるにつれ、人生のあらゆることを謙虚に、また深い畏敬の念をもって経験した。彼もまた、ある年齢に達して自分の顔のその側面が表れるようになると、どの少年も経験するように恋をした。スカーフェイスが好きになったのはある若い女、歌う雨、チーフの娘であった。歌う雨もまた特別な人物で、優しく、洞察力に恵まれていた。若者の誰もが彼女の愛情を獲得しようと競い合ったが、彼女はその誠実さと勇敢さゆえにスカーフェイスを尊敬し、愛するようになった。しかし、スカーフェイスが彼女に結婚を申し込んだところ、彼女は太陽に結婚しないと誓ったことを打ち明けた。これはブラックフット族のやり方による彼女のスピリチュアル的な忠誠の誓いであった。彼女が結婚できる唯一の方法は、太陽が彼女を誓いから解放することであった。このことを聞いたスカーフェイスは、太陽が住んでいるところに行き、歌う雨を誓いから解放するようお願いすることにした。そのようにして、スカーフェイスは星の人々の国に向けてビジョンの旅を始めたといわれている。

スカーフェイスは、太陽が毎夕、大海を越えて沈んでいく西の方角に住んでいるに違いないということ以外、星の人々が住んでいる場所を知らなかった。スカーフェイスは祖母の助けを借りて準備を整え、用意ができたところで旅に、スピリットの国を目指す旅に出発した。彼はまず馴染みのある地域を通り、それからいよいよ彼ばかりでなく部族の誰も見たことのない国々に向けて進んで行った。

冬の雪が降り出すころ、彼の前に一〇〇の道が現れ、彼は迷った。どの道を行くべきか分からなかった。彼はそのうちの一つの道の上にいたオオカミに会い、非常に謙虚に助けと道案内を求めた。彼の心根の善いことを知ったオオカミは、彼と言葉を交わし、彼を正しい道に案内した。その道を遠くまで進んで行くと、やがて別の分かれ道に出遭い、再び彼は迷った。

彼は立ち止まり、キャンプを張り、祈った。間もなく、子どもたちを連れた一頭の母熊が彼の前の道の上に現れた。彼は再び、非常に謙虚に母熊に案内を求めた。母熊はとても親切に彼と言葉を交わし、彼に正しい道を指し示した。スカーフェイスは熊の教えてくれた道を幾日も歩いたが、やがてその道は終わっていた。いまや彼の前には行くべき道は一本もなく、ただ大きな森が広がっているだけだった。

森の前に立ち止まり思案にくれていると、一頭のクズリが近づいて来た。彼は「親切なクズリよ、我が友よ、助けてください」と呼びかけた。彼は再びこの友達に案内と助けを求めた。その心根とその冒険の旅の気高さを知ったクズリは、非常に親切に応対し、森を抜けて大海のほとりまで彼を案内した。疲れた彼はそこでキャンプを張った。彼はクズリに礼を言い、彼を助けてくれた動物たちそれぞれに、礼として歌と煙草の贈り物をした。彼は大海の向こう側に明りがきらめいているのを見て、それが星の人々の国であることがわかった。

スカーフェイスは、海を渡って「彼の部族の人々が話していたあの場所」に行く方法を知らなかった。しかし、彼は何か手段を見つけることにした。すると、二羽の白雁が泳いできて、大海を渡る道案内を申し出てくれた。反対側に着くと、彼は二羽の雁とその家族に親切にしてくれたことと世話になったことへの礼を述べた。

彼はキャンプを張り、それから三日三晩断食をして祈った。そして、四日目に、「あの場所」に至る太陽の光の道が彼の前に姿を現し始めた。彼はその道に飛び乗り、それを辿って空の中をどんどん高く昇っていった。その太陽の光の道の端まで来ると、彼は美しい森ともう一つの道、無数の人々が古くから長い間その上を通ってきたかのような非常に広い道に出遭った。

その道を進んでいくと、一本の木に立てかけてある豊かな装飾を施した矢筒に出くわした。彼はそれが誰のものかと不思議に思い、それを確かめることにした。間もなく、その道の反対方向から、豊かな装飾を施した白色のバックスキンを身にまとったただならぬ風貌の戦士がやってきた。戦士が近づくと、スカーフェイスは彼が完全な姿をしていることが分かった。彼はスカーフェイスに矢筒を見たかどうか尋ねた。それに応えてスカーフェイスは矢のあった場所を教えた。するとその見知らぬ男は、感謝して、また興味深そうに、「私は明けの明星」だと自己紹介し、スカーフェイスに名前とどこへ行くのかを尋ねた。「私はスカーフェイスと呼ばれている者で、太陽のロッジを探しています。」「それなら私と一緒に来なさい、太陽は私の父で、私は彼のロッジで母の月と一緒に住んでいます。」

太陽のロッジに到着すると、その壁に世界のすべての人々の歴史が描かれているのをスカーフェイスは見た。明けの明星はスカーフェイスを母の月に紹介した。彼の父、太陽がロッジに入ってくると、眩しい光が一緒に入ってきた。明けの明星は父親の太陽に、もっとも偉大なチーフにスカーフェイスを紹介した。スカーフェイスは圧倒されてしまい、勇気を出して自分が星の人々の国まで来た理由を明かすことができなかった。太陽と月はスカーフェイスをとても手厚くもてなし、彼が望むならいつまでも彼らの元に留まるようにと言った。それから数日にわたって、明けの明星はスカーフェイスに美しい星の人々の国にある多くの道を教えた。太陽が明けの明星とスカーフェイスに決して行かないように注意した、ある遠くの山に続く道があった。それは、その頂に星の人々が非常に恐れる巨大な七羽の鳥の群れが住んでいる山であった。

ある朝、スカーフェイスが目を覚ますと、明けの明星はすでに出かけていなかった。スカーフェイスは起き上がると静かに太陽のロッジを離れ、散歩をしながら、どのように太陽に歌う虹を彼女の誓いから解放するように頼んだらよいかを考えた。彼は明けの明星に会って助言を求めようと考えた。歩きながら、彼は何か変だと感じ始めた。彼が巨大な鳥たちの住む山に近づくにつれ、その思いはさらに強まった。明けの明星がその禁じられた山に向かったのには何か訳があることを彼は知っていた。

スカーフェイスは明けの明星を探し始めた。巨大な鳥たちのいる山の頂に登ると、明けの明星がその鳥たちと闘っていた。鳥たちは実に獰猛で、非常に大きかった。スカーフェイスが闘いに加わったのは、明けの明星が鳥たちに打ち負かされる寸前であった。スカーフェイスは勇敢に闘い、間もなく闘いの流れが変わった。スカーフェイスと明けの明星は巨大な鳥たちを一羽また一羽と殺し始め、やがて七羽すべてを殺してその尾羽を持ち帰った。

スカーフェイスと明けの明星は、疲れてはいたものの偉業に気分をよくして山を下り、太陽のロッジに戻って太陽と月に星の人々がもっとも恐れていた敵を打ち負かしたことを報告した。太陽と月は二人の若者が示した勇気に非常に感銘を受けたが、とりわけ明けの明星の命を救ってくれたスカーフェイスに感謝した。スカーフェイスの勇気を称え、太陽は彼の望みを何でも叶えてやろうと言った。しかし、スカーフェイスは彼の最大の望みについて話すことができなかった。彼が黙ったままなので、その気持ちを知っている月が彼の歌う雨への愛と二人の結婚を妨げている彼女の太陽に対する誓いのことを話した。太陽はそれに直ちに応えて、彼女を誓いから解放するとスカーフェイスに言った。太陽がスカーフェイスの顔に手を触れると、生まれたときからずっとあった傷跡が消えてしまった。

次に今度は明けの明星が、お礼に特別の個人的な贈り物をしてから彼がスカーフェイスの霊父であることを明らかにし、スカーフェイスがずっと抱いていた印象が正しかったことを認めたのだった。それから、太陽と月はスカーフェイスに、豪華な布や特別なシャツなど多くの贈り物を与えた。さらに、太陽はスカーフェイスに「明けの明星と見違えられる者」という新しい名前を与えた。なぜなら、顔に傷跡がない今は明けの明星のように見えるからである。太陽は明けの明星と見違えられる者に彼の特別なダンス、サンダンスを教えた。彼は言った、もし地球の人々が彼を称え、彼らの部族に健康と幸福をもたらそうと願うなら、毎年彼が空の最も高いところに達したときにサンダンスを踊らねばならない、と。それから、明けの明星は地球の息子を狼の道（天の川）と呼ばれる道まで連れていき、その頭にビャクシンの冠を載せた。するとたちまち、明けの明星と見違えられる者は地球の、彼の村に続く道の上に戻っていた。

明けの明星と見違えられる者が村に近づくと最初に出迎えたのは歌う雨であった。彼は彼女に太陽が彼女を誓いから解放したことを告げ、彼女は彼の素晴らしさを見かつ実感して、これからは二人いつも一緒にいることができるのだとひそかに知ったのであった。

明けの明星と見違えられる者は人々を呼び集め、サンダンスの儀式を教えた。彼は女たちにサンダンス・ロッジの建て方を示し、男たちにスウェットロッジ・セレモニーの行い方とサンダンス・ポールの立て方を教えた。彼はまた各自のスピリットの神聖さと聖なるビジョニングについても彼らに教えた。彼は「インディアンたちが話すあの場所」から彼らに教えた(12)。

スカーフェイスのような物語には学ぶべき深い教訓がある。伝統的な形でネイティブ言語によって語られる物語には、翻訳できない豊かで深い意味がある。そのような豊かさと深さは、世界各地の先住民にみられる同じような物語についても当てはまる。それらは、神話のスピリットの鹿のように、私たちが興味を持ちさえすれば、その足跡を残し私たちを招くのである。

＊　＊　＊

❖ビジョンと教育のための比喩の道、物語を辿る

スカーフェイスの旅と探求は、スピリチュアル的な学習の道の神話的原型である。それは人生のもっとも深い面についての学習である。「生き方」という言葉が、この物語が比喩的に描いている深い学習によりふさわしいかもしれない。またスカーフェイスの物語は、今日の教育にも関係のあるプロセスと成果に関する先住民の理想も表している。

追跡、狩猟、冒険の旅、巡礼、ビジョニング、オリエンティング、道、といった比喩とプロセスはあらゆる文化の神話的物語に使われている。それらは、人間が学ぶということをこなし組織化する基本的な方法を示している。認識プロセスに関する研究は、物語および口承文学にみられる比喩的構造や固有のプロセスに関する調査を現在ちょうど始めたところである。そのような研究は、学習の準備として脳が現実を脈絡化する方法に関するヒントを見つけようとするものである。

人間は物語を語る唯一の動物である。物語を通して私たちは自身を説明し、また理解するようにな

る。物語——出会い、経験、イメージづくり、儀式、遊戯、想像、夢、造形などと創造的に組み合わされ——は、人間の学びと教えのすべての基礎を形成する。学びと教えは時間と空間と場所を通して展開し、人生を通じて道を形成する。それは単純な事実であり、人間の基本であるけれども、その表れ方はすばらしく複雑である。二一世紀の教育の課題は基本に目を向けることである。先住民の教育は私たちが辿るべき道標や道を示す。唯一の制約は、私たちの集合的ビジョンの限界である。

先住民の教育様式に固有の観点は、現在の教育に役立つ非常に創造的な可能性を含んでいる。先住民の観点は、教育されるべき普遍的な事柄を検討する場合の基礎を築くことができる。鍵は、私たち自身が力をつけ、思考と行動において創造的飛躍を遂げることである。私たちは自らを活性化させ、人類が直面する重要課題に立ち向かうために必要な勇気と自覚を生みださねばならない。

私たちは子どもたちと自分自身を助け、励まし、自分の顔を見つけるための(自分の本性を理解し認めるための)、自分の心を見つけるための(自分の人生に活力を与え、それを動かしている感情を理解し認めるための)、基盤(自分の能力と自分の最高の満足感を余すところなく表現することを可能にする仕事)を見つけるための、そして完全な男ないし女になるための(自分のいのちを見つけ、自分を動かすスピリットを認めるための)、あの古くからの旅をしなければならない。

私たちは、偉大な人間を生み出すような教育を再びつくり出さねばならない。インディアンの人々の教育のインディアン化は大革命となる。今日の西洋的教育をインディアン化するためには、未曾有の地球規模の大変革が必要になるだろう。そのような壮大なビジョンは、私たちが個人的かつ集合的に達成する多数の小さなビジョンから発展する。私たちは最初に自分自身を動かすことによって山々を動かす。また、私たちの教育の仕方が天地の差をもたらす。その選択は私たちの手にかかっている。

私たちがその差をもたらす。自分のビジョンを生きるも生きないも、それを決めるのは私たち自身である。私たちは自分が住んでいる世界と現実の創造者であり、学習の道は自分で選ばなくてはならないのである。

私は本章で、インディアンの人々のスピリチュアルエコロジーの特徴を示す多くの物語を紹介した。インディアンの人々にとって、伝統的な学習はスピリットで始まりスピリットで終わる。先住民が教育とみなすものにコンテクストを与えるのは古い格言である。そのような観点が、道やオリエンテーションや狩猟の比喩を、いのちと完全の追求という比喩を、教育のシステムやそのための記号言語に組み込む。そのような比喩は、アメリカインディアンその他、世界のさまざまな先住民のグループによって、無数の方法で表現され、翻訳されてきた。

それらは学習のためのモデルを提供してきたのであり、引き続き根本的に重要な視座を提供している。それは既に現在のことであり、現在の先住民グループが存続のためにそれらを引き続き適用しているのである。それらに大きな可能性をもたらす鍵は、本来の部族的コンテクストにおける再生を支援しながら、その価値や意味やプロセスを現代の教育の中に移すことである。これは創造的飛躍を遂げ、先住民の教育で得た教訓を別の文化的コンテクストの中で表象し、適用することである。

次に挙げたのは、先住民の考え方を現代の教育カリキュラム設計に適用したものである。カリキュラム設計は、哲学的観点に基づいて学習経験をデザインする、体系的プロセスの最初の一歩である。しかし、それは多くの創造的可能性の一つにすぎない。

❖エコロジー的なビジョンのための今日の道

プレーンズインディアンおよびアボリジニーにみられる部族的伝統の多くにおいて、ビジョンの道を学ぶことは、さまざまな側面を通じて展開するプロセスを具体化することである。先に述べたように、伝統的なネイティブアメリカンの観点では、学習はスピリットで始まりスピリットで終わる。この学習の道は、適切なオリエンテーション、関係性の認識、目的の設定、そして中心の場所に関するビジョンを求め、創造し、理解し、共有し、祝うこと、から始まる。

一つの軸を中心に互いに結び付いているさまざまな色の七つの輪からなるアボリジニーの砂絵を想像してみよう。それは七番目の輪まで一つの道によって互いにつながっている。八番目の輪は中心の場所であり、開始と完成の場所、「インディアンの人々が話すあの場所」である。それぞれの輪がそれ独自の中心をもち、さまざまな色の他の輪を含んでいる。輪と輪を結ぶ道は白色だが黒色で縁取りされている。砂絵は半分が赤色で半分が青色の地の上に置かれる。このような想像上の砂絵は、ビジョニングの創造的諸段階とその本質を学ぶための、構造とプロセスと場を象徴している（図参照）。

中心の場所とはビジョンの魂と目的が形成されるところである。これは「夢の魂が尊ばれる」場所である。目的は人の最奥の意識的および無意識的な思考と感情によって活力を得、導かれる。何を学ぶにしても、どのような方法で学ぶにしても、常に自分の本性と人格が正直に表れる。これが、学ぼうと努めるときに私たちが常に自分自身について何事かを学ぶ理由である。

求めることは祈りであり、また道の最初の輪である。人の全存在に係わる旅は常に明かりを求める

先住民のビジョニングの輪

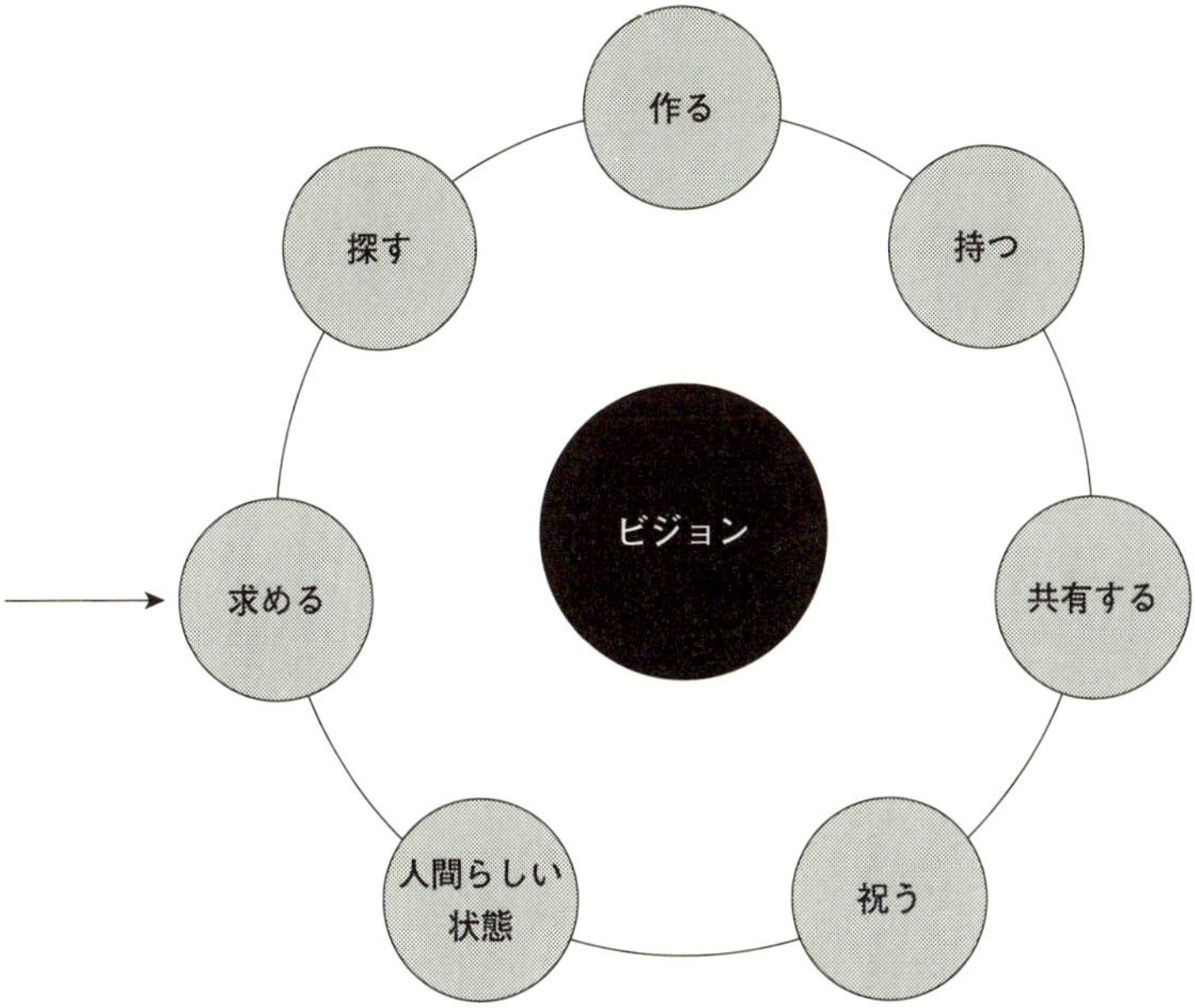

ビジョニングの各プロセスには，関連のある特定の輪のプロセスに影響を及ぼす副次的な出来事がある。

ことから始まる。求めることが冒険の旅に名を与え、そのもっとも重要な目標を示す。その目標は、人の内的存在が真に望むものを探し出すことに狙いを絞る。

真の学習は深い動機、全身全霊をもって骨の髄から大事にするものを得たいという願いから生まれる。そのような願いが準備を整え、地固めをするプロセスを稼動させるのである。肉体的、精神的、心理的準備がこの輪の基本的課題である。関係性を検討してこの輪の課題を達成するのに、何時間、何日、何カ月、あるいは何年もかかるかもしれない。

人がこの最初の輪で学ぶこと

は、人が探し出そうとしているビジョンにすべて関連している。問題は、各人がそれぞれの目標をどれほど望んでいるかということである。人間の学習の要は動機であり、それがあらゆる教育システムの基礎である。

知識の求め方およびそのための準備の仕方を知ること、それは特別なオリエンテーションである。必要な技術、専門知識、焦点、そして道の歩き方を学ぶことはすべて、自分自身の特徴、自分の顔について学ぶことの一部である。

求めることは創造的な思考の流れの出発点である。それは最初の洞察、直観、出会い、そして経験の場所である。求めるという行為は、土地を耕し、種子を播き、それから世界の諸々のスピリットに対して「私は自分のとても大切な種子を植えましたので、順調に育つように助けてやってください、活力を与えてやってください」というようなものである。

それは、単純ではあるが複雑で、確かだけれども流動的で、感情においては内向きだけれども表現においては外向きな――すべてが一つになる――作業である。それは、方向感覚を得るために、自分の中心に向かうために、なくてはならない作業である。それは、いのちを求めることであり、自分の魂のいのちに目覚めることである。

道の第二の輪は探すである。探すというのは、実際の探求の旅のプロセスである。それは、不思議に懐かしく思うもの、自分の一部として必要なのに欠けているものを探すことである。

私たちはそれが何であるかを知らないかもしれない。それは贈り物かもしれないし、特別な歌、動物、植物、人、感情、場所、叡智、夢かもしれない。それはすべてビジョンの、高次の意味を探し求めるというあの人間特有の衝動の表現である。その特別な物を見つけるためには、自分の世界の境界を調べ、それを越えなければならない。意識を拡げなくてはならない。また皮肉なことに、自分の内部に何か特別なものを見出すためには自分の外に出て行かねばならない。

私たちがヒーローないしヒロインの旅に出て、自分が最も望んでいるものを探すとき、私たちはみなスカーフェイスになるのである。この輪において、私たちは自分の勇気と忍耐の限界を試し、無数の相矛盾する要求に対処し、障害を克服する。

私たちは自分が知っていることから探すことを始めるが、それがそれほど多くないことを知ることになる。そこで私たちは、あっちに行ったりこっちに行ったりとさまよいだすが、手放し、心を開き、不確かさの扱い方を学ぶ。私たちは実験を行い、聞き方、観察の仕方、謙虚になる方法、助けを求める方法も学ぶ。

探すこと、それは常にいのちの真実や基本原則や意味を探し求めることである。私たちは探す過程で、自分のためだけでなく、すべての人々のために探し求めることを学ぶ。世話をすることや自己犠牲や謙虚さについての教訓を学ぶ。

次にくるのが作るという輪である。作るというのは人のビジョニングの結果として何か新しいものを創造する行為である。作ることは、人が自分や世界について学んだことを象徴的に含む、非常に重要な作業、あるいは一連の作業である。私たちはビジョニングのプロセスを通じて、普遍的な創造の中心にコンタクトし、人生を新たなものにする。

作るというのは、私たちがそうありたいと望む人物を創造すること、本当にそのように生きたいと願う人生を創造することを学ぶ輪である。創造性という能力に恵まれ、ビジョンによる力を得て私たちが創造することには、他の人の人生や考えに影響を及ぼす力がある。歌、踊り、工芸品、塑像など、私たちが自分のビジョンに基づいて創造する物はすべて、私たちの人生だけでなく、他の人の人生も変える。これが関係性の輪の働きを特徴づける波及効果である。

これはまた――何かを創造することを通して――私たちが学んだことを推敲し微調整する段階でもある。それはさらなる発見と理解につながる。

次の輪は持つである。私たちは、私たちのビジョンと創造が何を意味するか、それらに関する私たちに固有の責任とは何かを学ぶ。理解のこの側面は基本的に最初の輪から始まるが、自分のビジョンから何かを作った後のほうが焦点が明確になる。

私たちは、ビジョニングを通じて学んだ自分の一部を容認し尊重することを学ぶ。私たちは自分の魂とより緊密に一体化する。環境によってつくられることと自分の環境をつくることとの違いを理解することによって、私たちはより高い段階の自己受容と成熟に至る。ビジョンに基づいて作るプロセスを通じて、私たちは成熟し、世界の創造に意識的に参加する者となる。私たちは、世界の共同創造者となる責任を引き受ける勇気を養う。

ビジョニングのプロセス全体を通じて、私たちは自分特有の能力を認識し、発揮することを学ぶ。私たちは、ビジョンに基づいて作ることを通じて、自分の個人的な力を用いる方法、あらゆる意味で自分に力を与える方法を見出す。持つ段階では、自分のビジョンおよび作品を引き受ける。それは、反省の時、決断の時、ビジョンを現実のなかで実践するための戦略を育む時である。

共有は、私たちのビジョンがそれを通じてコミュニティーのいのちとスピリットの一部になる輪である。私たちは、他の人たちと一緒に探し、見つけたいのちを共有している。共有には形態や大きさの多様性も含まれるかもしれない。この段階の共有とは、基本的に、ちょうどスカーフェイスがサンダンスの知識を同じ部族の人々と分かち合ったように、学んだことを他の人々に教えることである。私たちはみな教師であり、それは人間であることの基本的特徴である。意識していようがいまいが、私たちは常にそれを行っている。

昔の教育は、歌、踊り、物語、儀式、宗教美術などの形で行われたが、今日では、その他にも多くの形がある。教育と共有は、より完全になること、およびスピリチュアル的成熟へのプロセスの一部をなしている。

祝うことはスピリチュアル的共有の自然な結果であるが、それもまたさまざまな形をとる可能性がある。それは、いのちの神秘と私たちがそれぞれに行う旅を祝う、個人的かつ社会的プロセスである。祝うというのは、光を広める一つの方法である。

ビジョニングのプロセスの第七番目は人間らしい状態である。喜びに満ち、感謝し、いのちとビジョンの贈り物について深く省みること、それは重要な精神状態である。それは中心の場所、私たちの魂とスピリットが存在するところ、「インディアンの人たちが話すあの場所」の明かりに私たちの心を開かせるものである。

この章では、ネイティブアメリカンのスピリチュアリティーに固有の先住民の教育に関する見方を外観した。ネイティブアメリカンの伝統主義者は、学習はすべてスピリットに関係していると主張するだろう。ネイティブアメリカンの進歩主義者は、それはそうかもしれないが、インディアンの人々が現代の競争社会で生きていけるように訓練することも大事である、ということに同意するだろう。

スピリチュアリティーについては、多くの人が、現代教育のどの側面であれ、不愉快に思っているが、それは今日の社会ではスピリチュアリティーが誤解され、誤用されているためである。人間に関するあらゆることに該当するが、それは観点と意識の問題である。

私の関心は、自分自身のビジョニングに基づいて、アメリカインディアン、イメージメーカー、教育専門家としての経験を通じて鍛えられた観点を提供することであった。中心に至る道はたくさんある。その中心、「インディアンたちが話すあの場所」について語り、イメージする方法は無数にある。私たちは無数の道を歩み、かの中心に至る方法について日常的に際限なく語る。これは、最初の言葉が話され、最初のイメージがつくられた時から、人類のあらゆる文化、あらゆる世代を通じてずっと続いてきたことである。それは人間の長い長い探求の旅なのである。

第3章　歌う水——先住民の教育における環境的基盤

❖概観

自然はアメリカインディアンにとって聖なる現実である。自然界との関係は彼らの伝統教育の基礎をなしていた。歴史的にいえば、自然の循環——生、死、闘争、生存——の特別な重要性に関する直接的理解が、インディアンの人々の生存に長く変わることなく結び付いていた。そうした現実のなかで、アメリカインディアンの人々はさまざまな形の環境教育を行っていた。彼らがもっとも深くかつ詳細な文化的表現を確立したのはこの点においてであった。

環境理解と環境教育は部族生活における諸々の宇宙論と直接結び付いていた。部族の宇宙論は、地上と宇宙におけるいのちの神聖で基本的な表現を反映していた。それぞれの宇宙論が取り上げた主な問題は、部族コミュニティーが彼らの住む場所にどのようにエコロジー的に統合されるのか、個人とコミュニティーと自然界との直接的関係がどのように確立、維持されるのか、等々であった。

インディアンの人々は、彼らが暮らすあらゆる場所において、多様で、しかも調和のとれた方法で、このような生存と持続可能性の問題に取り組んだ。彼らは自然環境に関する豊かな理解を有し、自分がまさしく自然界と結びついて生きていると考えた。

「私たちは皆つながっている」は、ラコタ族が祈りに使う比喩である。この比喩の意味は、他のインディアンの人々にもすべて共有されている。それは、どの部族の自然観にもみられる、インディアンのスピリチュアルエコロジーの指導原理である。それは、スピリチュアル的、エコロジー的、認識論的に根本的に重要な深い原理である。

この形而上学的原理に導かれて、インディアンの人々は、自然界の生物ならびに無生物が人間の生というコンテクストの中でそれぞれに重要な固有の意味を有していることを認識していた。こうした理解に基づき、アメリカインディアンは、草花、動物、石、木、山、川、湖、小川など多くの生きた物と自分との関係を象徴的に認識していた。このような自然との関係を探し求め、作り上げ、共有し、祝うことを通じて、彼らは自分が関係性の海に住んでいることを理解した。彼らはそれぞれが住む場所で、自然との関係の意味を表す、容易に捉え難い非常に重要な言葉を学んだ。

インディアンの人々は、このような認識をもって、一千世代以上にわたってさまざまな環境との密接な関係に鍛えられ、エコロジーに関する知識を蓄え、応用してきたのである。

相対的に一元論的還元主義者であるニュートン・デカルト的な自然観に対して、インディアンは自然の中に多くの現実を認識する――五感で経験する自然は多くの可能性のうちの一つにすぎない。そのように捉えられた「多元的宇宙（multiverse）」では、知識は動物、植物、その他の生物、および無生物から直接得ることができる。彼らは、動物と植物には互いに影響を及ぼし合う習慣的な行動様式があると理解した。あらゆる生物や自然は「個性」を、多くの方法で常に表現されている一種の目的意識と固有の意味を有しているのである。

過去五〇〇年の間に起こったアメリカの環境の変化は劇的であった。かつてアメリカは地球上でもっとも手つかずの豊かな自然環境に恵まれていたのかもしれない。初期のヨーロッパ人はアメリカを〝荒野〟と、定住し、生物資源や無生物資源を使って克服すべき障害とみた。彼らは土地を基本的に物質と、経済的に入手できる商品と考えた。ほとんどの場合、彼らが出遭ったインディアンについても、物質的利益という課題に従って利用ないし酷使してよい、そのような資源の一つと考えた[1]。

しかし、インディアンの人々にとっては、彼らが住む土地や場所は完全な状態のものであった。彼らにとって、生きる上での本当の試練は、それが自然というものであったそのような完全な状態と調和のとれた関係を樹立すること——自然を理解し、それを人のいのちと生活の源、なくてはならない幸福の源とみることであった。

多くのヨーロッパ人の気持ちとしては、インディアンは別世界の人々であった——野蛮人、未開人、高貴な人、善人、悪人などとみられた。彼らが何ものであったか、またあるのか——彼らがさまざまな方法で、また全身全霊をもって、自然のいのちのエッセンスと直接的な関係を築き上げようとしてきた人々であることを、決して理解しなかった。彼らは自然を、いのちを導きそれをあらゆる物に吹き込む大いなる神秘のエッセンスだと理解していた。インディアンの人々にとって、土地はスピリットに満ち、いのちのエネルギーに満ちていた。あらゆる物——岩、木、草花、山、動物、鳥、昆虫など——はそれぞれがいのちの独特の表現であり、スピリットの独特の在り方であった。先住民の人々はこのような理解を教育のプロセスに組み込んだ。こうした自然に基づいたオリエンテーションは、個々人が環境と折り合いをつけ、ホリスティックな生き方をするのに役立った[2]。

オレン・ライアンズはこのような理解を踏まえ、ネイティブアメリカンのエコロジー的思想を現代風に、次のように述べている。

「そして、世代ごとにそれぞれチーフを養い、将来の第七番目の世代の幸福に配慮することになっていた。私たちは共に暮らすという原則を理解することになっていた。私たちは周囲の生き物を保護し、持っている物を年寄りや子どもに与えることになっていた。男は家族を養い、女は家族の面倒をみて家庭の中心となることになっていた。したがって、私たちの国はスピリチュアル的な家族の上に築かれており、私たちは氏族を与えられ……

亀、鷲、ビーバー、狼、熊、鴫《しぎ》、鷹、それらは全て自由のシンボルであった。私たちの兄弟、熊、狼、鷲はインディアンであり、私たちと同じようなネイティブである。私たちはジュネーブに、六つの国々、偉大なラコタの国に、西半球の先住民を代表して行ったが、私たちの伝えたメッセージは何だったのか？〝人権〟を求めて叫ぶ声があった。彼らは、〝あらゆる人々のために〟と言った。そこで、先住民の人々はいった、〝自然界の権利はどうなのか〟と。バッファローや鷲の場所はどこにあるのか？　この会議では、誰が彼らを代表しているのか？　だれが地球の水を代弁しているのか？　だれが木や森を代弁しているのか？　だれが魚を、クジラを、ビーバーを、私たちの子どもを代弁しているのか？

私たちはこの土地の先住民である。私たちはいわば良心のようなものであり、少数ではあってもマイノリティーではない。私たちが土地保有者であり、土地を守る者である。私たちはマイノリティーではない、なぜなら自然界の全てが私たちの兄弟であり、私たちは圧倒的にマジョリティーであるからである。ためらっている時ではない。恐れている暇はない。今こそ強くなくてはならない時、今こそ将来について考え、あなた方の孫の絶滅の危機に立ち向かうべき時である。(3)」

オレン・ライアンズは、先住民の自然界に対する理解の特徴の核心をついている。それは、インディアンのコミュニティーの伝統的コンテクストを継続的に発展させてきたエコロジー的感受性から生まれる思考態度である。環境教育は、どこで行われるにしても、本質的に倫理的、宗教的問題を中心に展開する。環境教育は、人間がその個人的、共同体的「インスケイプ（本質）」を自然の景観と共鳴させることのできる基盤を提供する。これは、現代教育に浸透しているオリエンテーション、世俗性と物質主義を極端に強調するオリエンテーションとはまったく逆であり、そちらの方は、個人的、スピリチュアル的、共同体的、環境的レベルにおいて、存在の根本的破壊を引き起こすような条件付けにつながるものである。

対照的に、先住民の教育は伝統的に、他のものをあるがままに、固有な存在として認めることに基づく、エコロジー的敬虔さを育ててきた。

ネイティブアメリカンの人々は、その環境教育のプロセスを通じて、他のもの——他の存在、自然界——に対する自然な対応の仕方を発達させ、前もって考えた知的な意味をそれらに当てはめるのではなく、それをそれら自身に示させた。その結果、インディアンの人々は、その土地の自然環境への影響がもっとも小さくなるような暮らし方をした。彼らは土地に手を加えることをせず、自分たちの生存に必要な資源だけを取り、それが彼らに与えられた贈り物であるということを忘れることはなかった。

ネイティブアメリカンの人々が自然環境との関係において受け入れなければならなかった変化について よく考えてみることが大事である。彼らにその基本的な関係の確立を可能にさせたもの、それが教育プロセスであった。

ヨーロッパ人の到着が長期にわたる戦争と迫害、社会的・文化的・個人的抑圧と剝奪の時代を招いたが、インディアンと白人との関係において、その影響は少なくても精神的には現在にまで及んでいる。今日では、私たちの伝統的統治システムの大半が連邦政府に規定された構造に置き換えられている。その第一の目的は、アメリカインディアンの社会的コンテクストの中に、連邦政府が意志を伝えることのできる行政システムを構築することであった。この規定された統治構造が先住民の統治形態が有する力を大幅に減少させたが、先住民の統治形態とは自然環境との関係をコンテクストの基軸とする、エコロジー的枠組みの中で統治しようとするものであった。

指揮管理による行動修正という心理学的領域に基づいた制度が優先されたために、教育の伝統的表現はほとんど完全に排除されてしまった。そのような制度は人間の生に関していまも引き続きヨーロッパ中心のオリエンテーションに固執しており、文化の多様性を通してもたらされる理解を統合しようとする試みをことごとく妨害している。

ほとんどのネイティブアメリカンは、生き残るために、伝統的な暮らしを諦め、技術主義的経済システムの中で働くことを余儀なくされてきた。彼らの伝統的社会構造のなごりは、世代を経るごとに急速に失われつつある。拡大家族は核家族ないし片親家庭に取って代わられ、近年の寸断された家族にみられるあらゆる悪弊やジレンマを招いている。

拡大家族と氏族的共同体システムの消滅に伴い、疎外による惨状——アルコール中毒、薬物の乱用、子どもの虐待、等々に現れている――が今日のインディアン社会において、余りにも顕著になりつつある。伝統的なネイティブアメリカンの思考とスピリットは、あらゆる領域で悲惨な目に遭ってきた。ネイティブアメリカンの社会の悲惨な歴史と今に及ぶその非常に明白な影響にもかかわらず、ネイティブアメリカンの考え方は、新しい社会のモデルとなるエコロジー的オリエンテーションを引き続き反映している。そのような考え方は、均質化を進めるテクノソーシャルパラダイムに対抗するものが必要であるという、ディープエコロジー的な哲学や自然界との関係に対する理解を提示するものである。

そのテクノソーシャルパラダイムは、自然の制御という西洋の機械論的哲学と均質化が自由の増大を可能にするという考え方に基づいている。それは、現代社会が前提とする現実を支えている広く認められた一連の説に基づいている。それは、その現実が唯一の現実だと考える。これが「現実の世界」、確かな答えが可能となる唯一の基盤である。これは現代教育の隠れたカリキュラムが伝えるものである。このパラダイムがアメリカの主流の教育意識を導き、思考、研究、教育の特徴を形成し、教育の結果としての観点や方法や解決策を左右している。

このように条件付けされたオリエンテーションは、ほとんど言葉で表すことができないほどの影響を伴う、認識の植民地化をもたらしたのである。人は、文化の違いに基づく別の現実が存在することに気づき、その存在を尊重することができれば、そのような植民地化が認識できるようになる。機械論的な知識だけが正当な知識なのではない。そのようなオリエンテーションは、今まさに始まろうとしているエコロジー的危機を生き延びるために確立しなくてはならないような類の関係性について、私たちが自覚するのを妨害する可能性がある。

❖ 先住民とその環境知識

世界各地に残っている先住民の集団に蓄積されてきた知識は、環境に係わる叡智の宝庫として尊重され、保存されるべき一連の古来の考え方、経験、行動を象徴している。その環境理解によって、現在切望されている宇宙論的方向転換を遂げるための基礎を築くことができる。現代社会は、長期にわたり心理的、社会的、スピリチュアル的に意識から抜け落ちていた、エコロジー的に持続可能なオリエンテーションを取り戻さねばならない。

先住民の人々はエコロジーに基づく暮らし方を守ってきたが、それは過去四万年にわたって特定の環境との継続的な関係から発展してきたものである。土地との関係についての彼らの理解とその適用は、現代の教育を通じて再び教えられなくてはならない関係性のアートのモデルとなる。土地との先住民的関係に対する現代的な理解とその適用が、現代社会の存続を可能にするかもしれない社会的経済的構造を築き上げる鍵である。

しかし、先住民文化は、地球規模のヒューマンエコロジーの活力に対するその重要性が認識されつつあるなかで、皮肉にも危険に晒されている。部族社会は、文明化や西洋流の経済発展の圧力の影響で荒廃しつつある。その結果、先住民の文化の多くは存続がもはや難しくなり、次の世代には文字通り存在しなくなるものが少なくないであろう。彼らの代替不可能な部族的知識と集合的なエコロジー的叡智が非常に急速に失われつつある(4)。

ヒューマンエコロジーの領域では、文化の多様性は種の多様性を意味する。このことは、特に、それぞれ特定の自然環境と共に発展してきた原始的諸文化に当てはまる。そのような原始的文化の一つが、進歩と称してその土地から奪われ、引きずり出されるたびに、その地域で生活する人間の活力が直接影響を受ける。特定の移行帯に関する先住民の知識や配慮に代えて西洋流の技術的アプローチをとっても、それはほとんど成功しない。西洋流の方法は常に、先住民の人々が環境との間に築いた密接で根本的に重要な関係を尊重しないからである。西洋流の経済開発計画や資源開発計画の後に人間的および環境的な荒れ地が残されることが非常に多い[5]。

世界各地の先住民が発達させてきたアプローチは想像力を要求する。先住民の知識基盤は、数千年にわたって、数百もの世代を経て発達してきたものである。そのような知識を失えば、私たちが二一世紀に足を踏み入れるときに、いのちを救うものとなり得る方法や技術にアクセスできなくなる。それらは、私たちが環境的、社会的、文化的に巨大な問題――それは近代人が一九世紀に発達させた思考態度の、特に自然界との持続可能な関係を築くことをないがしろにしたことの結果であるが――に対処しようとするときに必要となるであろう[6]。

先住民の自分たちの環境に関する知識は、自然と調和して存在する方法を学び、教える人々の、利発さや創造性、処理能力の高さや才能の証明である。航海術から、動植物の薬効成分の利用、伝統的な農業技術、そして特定の生態系の特性に関する理解に至るまで、もう一度取り戻して今日の状況に適合させなくてはならない――それらの文化のためだけでなく、人類全体のために――知る方法と関係づける方法を先住民は示してきたのである。

時間の猛攻や自然のさまざまな攻撃を耐え凌いできた世界各地の先住民文化ではあるが、西洋化に対しては防御手段をほとんど持っていない。アメリカインディアンの諸集団を含め、世界各地に残存する先住民部族のうち、文化の絶滅を免れる可能性が実際に少しでもあるものは限られている。伝統知識を取り戻して、このような試練のときを生き延びることが可能なコンテクストにそれらを再統合するための道を、教育プロセスを通じて見つけ出す必要がある。このことが特に当てはまるのは、地球規模で結び付いた私たちの社会が直面している、とてつもなく大きな環境問題に取り組むための枠組みを、私たちが一体となってつくりあげようとする時である(7)。

いまもなお部分的に部族文化を保っている先住民に闘う機会を与える要素が二つある。すでに長老と知識は失われているけれども、部族的なやり方を再生する意欲がまだ残っている場合は、次のような要素が彼らの以前の生活や完全な状態を部分的に復活させる希望をもたらす。

第一の要素は、彼らのコミュニティーのコンテクストの中に先住民的教育を再導入すること、そして先住民の伝統的生活様式に固有の社会的経済的可能性を理解することである。これは、西洋流の経済発展を通じた破壊的な文化的同化政策からの根本的な転換を要求するだろう。彼らの知識と環境との関係を理解し、尊重することによって、先住民のコミュニティーに直接的に力を与える方向に転換することを要求するだろう。それはまた、先住民文化に対する現実的な認識を要求し、それによって部族民に対する、その生活様式と知識に対する西洋からの横柄な軽蔑を改めさせようとするだろう。それは、先住民の教育の基盤を尊重する一方、人間と環境との相互関係に関する私たちの知見を組み入れる、新しい種類の教育を通じて実現するだろう。

第二の要素は、先住民があらゆる人々からどのように見られているかを誠実に再評価することである――それは、彼らおよびその土地の資源を搾取する人々、あるいはキリスト教のために彼らの魂を刈り取る人々、あるいは、先住民が彼ら自身の個性観をもち、彼ら自身のやり方で彼らに合った条件で生き延びる必要があるということを忘れて、「自分たちのために彼らを発展させる」人々に限らない。

先住民と彼らの生活様式の人間らしさに対するゆるぎない尊敬の念を回復したり育成したりして初めて、「私たちは皆つながっている」とラコタの慣用句が詩情豊かに告げている現実を、私たちは自分のこととして表現することができる。植物、動物、地球、および私たちを取り巻く自然の力はすべて私たちの一部である。そのような力を理解することによってのみ、私たちは真に人間的になることができる。なぜなら、人間は自然界と係わり合いながら生きるというだけでなく、私たち自身が自然界そのものだからである。

今日の教育システム、生活様式、他の人々や文化との係わり合い方は、いのちではなく近代技術に役立つパラダイムから発達したものである。私たちはさまざまな仕方で、私たちの環境を形成しているそのような技術的な道具に結び付けられている。それらの道具は、私たちが地球との持続可能な直接的関係を築くこと、あるいは私たちが地球との根本的関係に気づくことを妨げる。なぜなら、それらは主に、古いニュートン・デカルト的パラダイムに基づいてつくり上げられたものだからである。

文化の多様性はヒューマンエコロジーにとって、生物の多様性と同じように重要である。私たちの種としての成功の基礎をなしてきたのは、あらゆる地球環境に対する人間的な解決策の多様性である。この文化の多様性――また、自然界の中で生き残るために独特の、独創的、創造的な方法を発達させた諸文化――がないと、標準化された解決策、実用的な考え方、地球の生物との関係の欠如を特徴とする現在の地球規模の経済秩序は、最終的には確実に消滅してしまう。その過度の専門化、共同体レベルの活動ができないこと、そして人工環境の恐ろしいほどの発達が、現代社会の自然およびその生命維持作用からの乖離の継続を確実にしてしまっている。

最後の要素はインディアンの人々自身に関係し、インディアンの教育の中心的問題を巡って展開する。問題は、今日のような形の先住民的教育を通じて、インディアンの人々が環境とのエコロジー的な関係や環境に対するスピリチュアル的な力や態度をどのように復活させるかである。これは、二一世紀におけるインディアン教育の発展に対してもっとも重要な創造的課題の一つをなす、本質的な難しい問題である。私たちは、いまだ先住民的教育の基本的なメッセージ――私たちは皆つながっており、それには自然も含まれている――の価値を評価することを学んでいない世界において、人間の経験のこの重要な側面のための場所を用意しなければならない。

この問題の幅広さを理解するためには、随伴する問題にも取り組まねばならない。何が先住民の教育の特性やコンテクストだったのか、またそれとアメリカインディアンの人々の場所の心理学との関係はどうだったのか？　このような伝統的な先住民の教育の環境的基盤は、インディアンの人々の美術、物語、祈り、儀式、セルフ・アイデンティティーにどのように反映しているのか？　環境的基盤はネイティブアメリカンの人々の神学や倫理の特徴にどのように反映しているのか？　これらは、先住民の教育の環境的基盤に関する考察の根底にある基本的な問題である。私たちの考察は、「インディアンの人々が話すあの場所」から始まる。

✣インディアンの人々が話すあの場所

指導的思想家たちは、科学技術による地球の急激な変化や明らかになり始めたエコロジー的危機に直面して、別の宇宙論やパラダイムや哲学を求めている。彼らは自然を破壊するのではなく、それを支えるモデルを探している。そのような思想家の多くが見出したこと、それはインディアンの宇宙論が場所との持続的関係と自然に関するスピリチュアル的な統合的理解を育む上で、根本的な洞察を提供しているということである。エコロジー的関係性の世界的危機に取り組むためにはそのような洞察が必要である。

アメリカインディアンの人々に固有の場所との同一化が、自然界との関係を築く上でもっとも実行性のある別のパラダイムの一つを提供する。アメリカインディアンは、とてつもなく大きな同化政策の圧力に直面しながらも一貫して、土地との調和のとれた関係を維持しようと努めてきた。伝統的に、インディアンの人々は、彼らの土地およびそのエコロジー的な完全性の維持が彼らの物質的・文化的存続の鍵を握っていることを多様な方法で示してきた。アメリカインディアンは伝統的に土地との結び付きを重視するが、それは時代遅れのロマンチックな考え方などではない。それはむしろ私たちの時代にとって本質的な意味を持つエコロジー的要請である！

自然界とつながることの重要性とそれを行うための先住民のモデルがあるにもかかわらず、インディアンの人々が提供すべき多くのことが無視ないし矮小化されてきた。西洋文化は、独特の歴史劇を通じて、自然界を征服するために自らを自然界から切り離してしまった。そうすることによって、西洋文化はスピリチュアルエコロジーと深く内部化された場所感に対する、無意識の古来の原初的オリエンテーションの泉からも切り離されてしまった。

合理的なニュートン・デカルト的科学的パラダイムが根付くためには、人間の魂の内的側面と外的側面の象徴的な統一が否定されなければならなかった。そのような否定を通じて、自然界は経済的利益と西洋的エゴの栄光を増すために制御され、最終的に搾取されるために客観化された。啓蒙主義の時代の間に、西洋文化は自然との関係の基礎としての古来の人間的な「参加の奥義」を捨ててしまった。それは宇宙を純粋な唯物論的観点からみる科学的・合理的思考に基づく関係に置き換えられた。自然は操作と物質的利益の対象として機の熟した無機物の塊と化した。動物は間抜けものとなり、先住民は野蛮な未開人となった。すべて、彼らのために、西洋社会のために制御され、開発されねばならなかった(8)。

現代の政府や企業、マスメディア、各種の団体や組織はその大部分がなお、利益、経済発展、標準化、指揮統制などを重視する機械論的ニュートン・デカルト的パラダイムに動かされている。それらの多くは、引き続き、他の生物、自然資源、土地、さらには先住民でさえ、その物質的価値や政治的影響力によってのみ重要とされるような観点で営まれている。先住民はその土地と同じように危険に晒されている。しかしそれにもかかわらず、先住民にとってはいまもなお、土地との調和はスピリチュアル的、心理的、文化的な生き残りに係わる問題である。それが、彼らが先祖代々の土地をあくまで手放そうとしない、あるいは取り戻そうとする理由である。

調和するということは、ダイナミックで複雑な一連の活動を通じて、心と身体とスピリットを統合することである。土地と調和のとれた持続可能な関係を保って暮らすことはインディアンとしての神聖な責任であった。それは、その責任を無視すると地球が恐ろしい結果や報復をもたらすという認識を伴うものであった。この神聖な生存志向の責任を世代から世代へ継承すること、それは神話、儀式、美術、伝統教育、場所の心理学などの尊重を通じて成し遂げられていた。

✣場所の心理学

インディアンの人々は、「魂を吹き込む」としか言いようのないような自然界との関係について語った。自然に魂を吹き込むことは、人間の心理のもっとも古い基盤の一つである。これは人間の魂観やそのなかに含まれている諸々の原型を投影することであり、「参加の奥義」と呼ばれてきた(9)。インディアンの人々にとって参加の奥義は、土地とのもっとも深い心理的関係を意味し、ある意味で、彼らの魂の地図を反映するものであった。インディアンの行動心理とスピリチュアル性はその象徴的表現に表れているが、それは参加の奥義の深さと力によって、また地球を生きた魂として認識することによって完全に「吹き込まれた」。インディアンの人々が土地とすべての生き物に対して責任があると考えたのはこのオリエンテーションによる。その責任は、彼らのお互い同士の責任と似たものであった。インディアンの人々にとって、スピリットと物質は別のものではなく、それらは同じものであった。

インディアンの人々は、自分の中に認識した原型を自然環境の一部をなす物や現象や場所に投影した。インディアンの人々は伝統を通じて人間の魂を理解し、彼らが自然の中に認識したのと同じ秩序に根ざすものとして人間存在の意味のルーツを理解していた。彼らは自然を自分の一部として、また自分を自然の一部として経験した。彼らは文字通り、彼らの土地の土から生まれたと理解していた。

子どもたちは土のスピリットが直接参加することによって母親とそのコミュニティーに授けられる、また子どもたちは生まれるまで、地球にはめ込まれた泉や湖や山にスピリットとして存在し、そこからやって来る、というのが広く行き渡ったインディアンの認識だった。これは先住民であることと場所との究極の同一化であり、完全に内部化された場所との結合の土台をなしている。このような認識のバリエーションが、ヨーロッパの古い民間伝承も含め、世界各地の先住民の伝統のなかに何らかの形で見出される。

原型——その土地の土から、土のスピリットが人間の認識に加わることから生まれる——は先住民の集団に共通している。この認識は先住民の神話、儀式、美術、スピリチュアル的伝統にあまねく反映されている。なぜなら、実際、私たちの発展は住んでいる場所の土壌、空気、気候、植物、動物などとの相互関係の上に成り立っているからである。

この内部の原型の場所への投影が、正しい持続可能な関係の構築と維持に重点をおく、スピリットを基準としたエコロジー的な考え方を形成した。このようなオリエンテーションは、人々の集団が特定の場所に長期にわたって住むときにしばしば生じる「地霊」の肉体的な模倣ないし反映によって強化された。人々の内的現実と外的現実の間には、特定の場所に長期間住むと働き始める相互作用がある。私たちの肉体構造と魂の性質は、その場所独特の気候や土壌、地形や生物の直接的な影響を受ける。人間が数世代かけて場所に適応する間に、ある種の肉体的、心理学的特徴が自主的に選択され始める。砂漠民族とも、平原民族とも異なる山岳民族が発達し始める。現在では昔ほど明らかではないが、それでも北西部、南西部、プレーンズ、五大湖地方、南東部のアメリカインディアンは、それぞれの地域の地形や生態系との幾世代にもわたる相互作用の結果として、肉体的、心理学的にそれぞれ独自の特徴を示している。

しかし、場所が人々をつくるのと同じように人々が場所をつくる。インディアンの人々は、景観が彼らの魂を映すようになるほど、長く住んだ場所と相互に作用を及ぼしあった。ホピ族の土地、スー族の土地、イロコイ族の土地などといった言葉には文字通りの側面がある。なぜなら、インディアンの人々と彼らの土地との間には共創的関係があったからである。多くのインディアンの集団が生態学的に生存可能な方法で領地を管理した。土地の生態系に関する長い経験とそのような経験がもたらす実践的な知識に基づいて、彼らは生物の多様性と活力が最適レベルになるように、動植物の永続化や生息地の形成に関わった。

カリフォルニア北部のインディアンの諸集団は、何世紀にも及ぶ狩猟採集活動を通じて、一種の「環境的盆栽」作りを長期間実践してきた。カリフォルニアインディアンが先祖代々の所定の領地で行ってきた選択的採集が、実質的にその地域の動植物層を形成してきたのである。彼らが野生のジャガイモ、どんぐり、松の実、トチの実、バンチグラスなど、野生の主要食物を収穫した結果、それらの種が受け継がれ、人間だけでなく他の動物にも確実に手に入るようになった[10]。

結局のところ、人間と環境との間に隔たりはない。人間が環境に作用し、環境が人間に作用する。先住民の慣行はこの明白な現実に基づいて、持続可能な相互依存関係を永続化しようとしたものである。

インディアンの人々が行ったこと、それは「普遍的であり、かつまさしくこの半球に固有の非常に洗練された、極めて優れた土地管理であった[11]。」

異文化と接触する前のアメリカの景観は、美術や儀式と同じように、インディアン文化の表現であった。今では、インディアン文化の所産はほぼ保護されているが、そうした文化的表現が湧き出る源泉――土地、植物、動物、水――は、主流の社会から、文化保護の対象外とみなされている。

「インディアンたちが彼らの文化の復興や保護について話すとき、彼らは同時に土地の返還についても話しているのである。」(12)

インディアンとその環境との関係には極めて深いものがある。したがって、前世紀の強制移住による故郷からの分離によって、その世代全体が、文字通り、魂の一部を失ったのである。インディアンの人々は非常に深く土地と結び付いていたので、保留地に強制的に住まわされた人の多くが一種の魂の死に苦しんだ。その主たる結果は、あらゆる精神的、肉体的病気を伴う、故郷の喪失感と深いホームシックの発現であった。彼らは、母なる土壌から引き抜かれた山の花のように萎えてしまったのである。

伝統的に、インディアンの人々の土地との結びつきは、彼らといのちそのもののスピリットとの結びつきの象徴であった。そのような根本的な象徴の喪失は、インディアン部族に意味とアイデンティティーの甚だしい喪失を招いたのであり、その回復が始まったのはようやくつい最近の世代になってからのことである。

インディアンが故郷を失うことでそのような犠牲を強いられたのは、世界との内面的な親族関係が古代から続く人間の魂の自然な在り方だからである。その関係の分断は、個人と集団の内部に対する意識と外部に対する意識の間に深い亀裂をもたらす。それはまた、それと共に、一連の社会的、心理的問題をもたらすが、それらは失われた土地との意味のあるつながりを再生することによって初めて癒やされる。古来の自然とのつながりとそれに本来備わっている意味の再生は、インディアンの人々にとって不可欠な治癒と変化のプロセスなのである。

✣再び、神聖な契約について

アメリカインディアンにみられる場所感、そして調和の重要性はあらゆる文化的伝統に具現化されている。土地に関する私たちの集合的経験は、神話と儀式に組み込まれ、社会構造と美術によって表現され、環境倫理とスピリチュアルエコロジーの洗練されたシステムと結び付けられて、場所との本当の結び付きとエコロジー的意識の完璧な表現を生み出す。

アメリカインディアンには伝統的な環境教育という重要な遺産があり、それは私たち自身のためにも、これからの世代のためにも再生されねばならない。私たちは、神聖な契約を形づくる、記憶、感覚、土地との関係という重要なパッケージを委ねられてきた。土地との神聖な契約は、伝統的な環境に基づく教育形態について学ぶことを私たちに要求する。この契約は、私たちに、調和のとれた、持続可能な関係性のなかで暮らすという遺産を取り戻し、それによってこの契約の古い部分をなす土地に対する神聖な信頼を回復することを要求する。

今日では、インディアンの人々が、祖先がしたのと同じように土地とそこに生息する動植物にかかわる機会はますます減っている。しかし、土地に関する経験は伝統的教育の礎石であった。それはまさにインディアンの教育の媒体でもあり、伝えるべき内容でもあった。インディアンの人々の観点に基づく環境教育が再び現代のインディアンの教育の集合的優先事項の一つにならねばならない。

西洋社会が、新たな神話と科学技術の新たな適用をもって完成する、エコロジーに基づく宇宙論を築く必要があると気づき始めたからには、インディアンの人々は環境教育において主導的役割を果たさねばならない。西洋社会が、これからの数十年間に求められている、いのちに奉仕する、エコロジー的に持続可能な社会への転換を遂げようとするなら、自然に重点を置かねばならない。

インディアンの人々は歴史を通じて、必要な教育モデルを開発する土台となり得るエコロジー的に持続可能なモデルを示してきた。しかしながら、土地との神聖な契約について再び主張しなければならないのは私たちインディアンのほうである。アメリカは私たちの集合的な部族的心理の延長線上にある。私たちの集合的記憶を留めているのはこの場所である。私たちに意味をもたらし、私たちを独特な場所の人々として特徴づけるのも、固有の自然のスピリットを有するこの場所である。

✣自然の神学に基づく伝統的教育

エコロジー的な意味での関係性が、伝統的なアメリカインディアンの生活のあらゆる側面を網羅していた。アメリカインディアンは、自然との密接な関係こそ集団としての存続とアイデンティフィケーションの要諦であると理解していた。アメリカインディアンは、ヨーロッパ人が新世界と呼んだ土地のあらゆるところに住んでおり、どこにおいても自然環境と直接的で持続的な関係を築いていた。彼らは多くの独特なやり方で発展させてきた学習・教授プロセスを通じて、その関係に関する理解を伝達した。彼らのエコロジー的な関係に関する理解は、生活のあらゆる側面に、言葉、美術、音楽、踊り、社会組織、儀式、そして人としてのアイデンティティーに反映されていた。

先住民の伝統的教育は常にエコロジー教育であった。エコロジーに基づいて、考えと心情と行動が一つになった。各部族は独特のやり方で特定の環境に適応し、それが文化的表現の多様性をもたらした。しかし、そのような多様性にもかかわらず、共通の一連のいのちの原理が守られていた。彼らは、自然界がいのちと神聖さに浸透されていると理解していた。

アメリカ先住民の場所への適応は、さまざまな形をとって行われた。北東部の森林地帯に住むインディアンは木を崇拝し、自分たちの環境のその面の現実を生活のあらゆる側面に組み込んだ。プレーンズに住むインディアンはバッファローを追い、世界各地の非定住狩猟民と同じように、移動した。彼らは、その生存を依存する土地と動物との関係において自分を理解し、表現した。南西部の砂漠地帯では、プエブロインディアンが乾いた土地を耕す農民となり、水、土、風、火の循環を崇拝したが、それらはすべて彼らのその場所における集団としての生活と存続に不可欠な環境要素であった。北西部太平洋岸で漁をしながら森に住む人々は、生活を依存するサケ、遭遇した海洋哺乳類、そして彼らの環境を特徴づける広大な多雨林との間に密接な関係を築き上げた。同様にして、グレートベースンのパイウーテ族、エバーグレイドのセミノル族、極北地方各地のイヌイットなど、その他の全ての集団もまた場所との関係を築き上げた。

ネイティブアメリカンは、それぞれの場所で積極的にそれぞれの環境に係わり、その係わりにおいてその場所のあらゆることへの参加者となった。彼らは彼らの場所に影響を及ぼしたが、それは謙虚さと、その場所およびその場所に住む全ての生き物の神聖さに対する理解と尊敬をもってなされねばならないことを理解していた。彼らが示したのは自然の神学であった。それは、特に自分の場所に焦点をあてつつも、あらゆる自然を含むものであった。環境が異なってもこの神学が根拠とするものは同じであった。「indigenous」という言葉の語源はラテン語の *indu* ないし *endo* であるが、これはギリシャ語の *endina* と関係があり、それは〝entrails（内臓、内部、中身）〟という意味である。

indigenous とは、場所と極めて完璧に同一化しているので、あなたはまさしくその中身を、その魂を映し出しているという意味なのである。[13]

世界各地の先住民にとって、自然についての教育は生活そのものである。アメリカ大陸各地のネイティブの人々の、思考や行動や労働のパラダイムは、確立された自然との関係を通じて発達したものである。先住民の教育の基礎や表現やコンテクストは環境に基づいている。美術、コミュニティー、神話、または人間的、社会的あるいは部族的表現のあらゆる側面を通じて、自然の神学が響きわたった。すべてが、物質的環境という現実のなかで営まれる生活に組み込まれている関係性を通じて引き起こされた。

環境は彼らの生活から切り離されたものではなく、すべてを結び付けるコンテクストであり、一連の関係性であった。エコロジーについての理解は、彼ら自身から切り離されたもの、あるいは彼らの知的現実の外にあるものではなく、自己理解の中心であり、発生源であった。環境に基づく教育プロセスは、そのような中心として、彼らが自分自身および彼らの神聖観を表現するための基本的メカニズムとなった。

どの部族でも、環境理解、環境保護、宗教的表現、経済活動は完全に統合されていた。一歩一歩が祈りであり、目覚めている間の一瞬一瞬が仲間と一体化した時間であった。自然界は神聖な知識の道、真に人間的であるとは、真に生きているとはどういうことかを教え学ぶ、神聖な道であった。

それは、完全さを目指して、人の能力、可能性、人間らしさを育てる継続的なプロセスであった。完全さを求めて努力することを通じて、一人ひとりが人生における本当の関係性と目的を理解したのである。人が世界を神聖な場所とみるとき、人間的な経験を超えた、生きたプロセスや在り方を反映している場所とみるとき、人は自然を非常に異なる方法で扱っているのであり、それはいのち――そして呼吸――に満たされた経験となる。

いのちは、環境や親戚、部族、コミュニティーとの関連においては、「生き方」という言葉によってもっとも直接的に表すことができる。生き方とは、人々が互いにまた自然界と一体となって行う活動のことである。それは、人が関係性の中で調和のとれた完全な仕方で生きているとは、生きるとはどういうことか、という重大問題に取り組む。

生き方は、自然界に対するゆるぎない尊敬を直接反映する、自然を中心とする視座を提供する。生き方は、人間が確かに自然界の一部であり、それから分離されているのではないということを人々が理解するのを助ける。人間は、単に互い同士が浸透し合っているだけでなく、周囲のいのち――木、草、土、水、岩、動物、自然現象などの呼吸や生き方――とも浸透し合っているのである。このように生物が浸透し合っていることを尊重し、理解することは、同じいのちの呼吸を分かち合っている人間と動物と植物からなるコミュニティーにおいて、人が適切な関係性の中で生きるにはどうしたらよいかに関して深い教訓を与える。

生き方が互いにどのように関連しあっているのか、それらが特定の仕方で互いにどのように作用しあっているのかをみるとき、人はエコロジーに対する真の信心を獲得する。スー族は、「私たちは皆つながっている、私たちは皆つながっている」という。なぜなら、それこそがインディアンの自然界に対する経験の基礎をなしているからである！

アメリカインディアンの先住民教育においては、その人の自己と自然環境との調和を維持すること、あるいはそれを得るために努力することに積極的に取り組むことが、知識を適用する上でもっとも基本的な原則であった。このようなオリエンテーションの結果として、インディアンの人々は、自然界に近づき、理解するための正しい目的、正しい行為、正しい方法があるという判断に至った。そのような行動基準とインディアンの人々が自然界との相互関係の中で身を処す方法は同じものであった。自然界から何かが取り去られた、あるいは動物が殺された場合、関係性に関して正しいバランスや姿勢が維持されるように儀式ないし象徴的な儀式的行為が執り行われた。

相互依存関係は、ネイティブアメリカンの人々が、自然環境というコンテクストの中で参加し、影響を及ぼすあらゆる活動に発生した。儀式や祭事は、自然のプロセスとの調和を維持する、あるいは回復するための社会的、スピリチュアル的な仕組みであった。それらはまた、インディアンの人々が彼らの場所で見出した、自然界の生活資源との関係を維持する方法を学ぶ道でもあった。鹿、アンテロープ、バッファローなどの動物のいのちを奪ったあとにタバコを捧げたが、それは、このような理解の、インディアンの人々が日常生活のなかで実践していた環境に基づく教育で培われた存在感覚の反映であった。

インディアンの人々にとって、地球は生きており、それ自身の存在感覚と意識を有するものであった。自然環境はスピリチュアル的な現実であり、地球に存在する物や生物が、無計画に、あるいは大して敬意も払われずに使われるということはなかった。自然界との深いスピリチュアル的な共鳴の上に築かれたスピリチュアルエコロジー観が、インディアンの人々の環境教育のプロセスと考え方の特徴であった。

以上のような、自然界とつながっているという感覚の源は、知的理解よりもはるかに深いところにあった。それは、人間が生存するために依存している物との意識的関係を維持することへのスピリチュアル的なオリエンテーションと責任に由来している。このような関係感覚は、人々を場所に、また相互に結び付けるスピリチュアルエコロジーを反映した「自然コミュニティー」が永続的に維持されたことによって現れたものである。

あらゆるものが相互に依存し合っているのだから自然の中で完全に自足しているものは何もない、そしてそのことは特に人間に該当すると考えられた。人間だけでなくあらゆる種を含むコミュニティーという考え方が、先住民の環境教育を表すのに不可欠な基盤およびコンテクストとなった。自然のコミュニティーという理解が、「自然民主主義」という社会構造概念につながった。この自然民主主義というコンテクストの中には、人間という部族のメンバーがすべてそうであるように、自然界の植物や動物やその他の物はそれぞれが固有の権利を持っており、尊重されなければならないという考え方がある。

現在では自然民主主義は革命的概念と考えられるかもしれないが、かつてはインディアンの人々と物質的環境との相互関係のプロセスを導く第一の原理であった。自然コミュニティーの保護や保全はインディアンの人々の慣行と一体化していた。

この基本的な環境倫理は、いのちはいのちのために保存されるべきであるという認識を前提としていた。この倫理観は、すべての人間が依存しているいのちの網を維持するために、すべてのいのちが――それは神聖なものであり、人間の呼吸と同じ呼吸を直接示しているものであるから――尊ばれ、守られるようにするのが人間の責務であるという考え方を支持するものであった。

自然の神学の根底には、世界との適切な関係を維持するには世界の生命エネルギーを理解しなければならないという考え方があった。生命エネルギーを理解する方法は直接観察することであった。自然の生命プロセスを反映するエネルギーを観察することが、インディアンの環境理解にとって基本的なことであった。したがって、エコロジー的という感覚、あるいは地球およびそのあらゆる生命プロセスを構成する自然エネルギーとの共鳴が、アメリカインディアンの宗教的表現の生まれる背景をなしていた。自然界はアメリカインディアンの教会であった。いのちが自然のコンテクストの中で持続することを保障する諸々の物の生命プロセスが、崇拝および理解しようとする試みの的となった。これは、自然や人間を通して働いているスピリットを理解するための一種の形而上学、エコロジーの哲学であった。

インディアンの人々は、自然の観察を通して、一瞬一瞬現れる創造的な生命プロセスを構成する二つの相互補完的な力を認識した。自然の原理に関するこのような認識は、プエブロインディアンが天地創造の参加者および地球の自然の女性的創造過程の代表者とみなした、コーンマザーのような存在に象徴された。ズーニー族はこれらの力を、両性具有で、生命の発現の仕方をすべて決定するグレートスピリットの出現と捉える。

自然界の観察を通じて、インディアンの人々は、生命の複雑さや矛盾、そして生命のダイナミックで神秘的な表現を統合する自然の偉大な叡智について考えを巡らせた。口承による神話が、生命と自然の原理を比喩的ないし具体的に示すための主要な手段になった。儀式はもっとも重要な諸原則を人間の生活に適用するプロセスとなった。

双子のヒーロー、コヨーテ／トリックスターなどの多くの神話が、インディアンの人々の周囲の環境との何世代にもわたる経験に基づく、深いエコロジー的教訓を語っていた。

例えば、伝統美術は、周囲の環境で手に入る自然の材料を使い、自然界との関係についての理解を反映しながら、美的な物を創造した。部族的集団がつくり上げたそれぞれの伝統的美術様式は、彼らの自然環境への参加の仕方を示すものであった。絵画に使われた植物などの天然の材料、陶芸用の天然粘土、彫り物に使われた木材、美術作品に使われた皮革その他の動物製品、などはすべて部族民が自然界のスピリットとエネルギーに結び付いていたことを直接的に示すものであった。

　インディアンの人々は、口承伝統や祭事や儀式を広く用いることによって自然界へのダイナミックな参加を成し遂げ、それを維持したが、それによって彼らが特別な人々であることを理解しその意味を深く知ったのである。そのような関係性は、環境を中心とする伝統的教育というコンテクストの中で一つになり、先住民が示した教育はすべて、この中心をなす場所に、この人間の教育の、人間の学習と教授の中心的でもっとも基本的な側面に統合された。

　重要な儀式の結びとして多くのインディアンが使う一般的な言葉があるが、それを英語に翻訳すると、「私たちはこれをいのちのためにする！」となる。この言い回しは、先住民がコミュニティーおよび自然界における行為を通じて、常に自然界やいのち全体との関係を維持しようと努めている、ということを示している。彼らはもっとも純粋な自己意識に関してもそれと同じようにする。このように彼らはまた、いのちや関係性や自然を理解しようとするもっとも根本的な人間の企ての一つたる自然の神学も踏まえている。

✣神聖な風景を旅すること

ビジョンとビジョニングが現実のことであるという点に、アメリカインディアンの伝統を基礎づけているものの核心がある。その、アメリカインディアンのあらゆる部族がさまざまに表現しているところのビジョンとは、「私たちはこの土地からできており、この土地が自分である」というものである。

神聖な風景を旅すること、それは伝統的なインディアンの教育における中心的な比喩であり、その基礎をなすものであった。どのインディアンの部族でも、一連の神話のなかに、人々が時間と空間の中を旅したり移動したりする物語がある。

各部族は生活のために留まるそれぞれの場所で、土地とそこにあるすべての物との間にゆるぎない関係を築いた。そのような滞在場所は人々との間にエコロジー的関係と学習関係を築き、それが物語や歌や儀式を通じて伝えられた。風景を旅する、その各滞在場所で、彼らは彼ら自身について、また環境との関係における基本原則について何事かを学んだ。このような意味で、風景とは、伝統的な物語と部族の活動を通じて解釈された、エコロジー的理解の教科書のようなものであった。

インディアンの人々のアメリカ大陸を横断する長い旅は共通の視座を形成したが、それは彼らの基本理念を支える神話を通じて経験することができる。各部族の指導的神話は多様かつ独特であるが、それぞれの神話体系は環境との関係の理解という点で、同じような原則や基盤を踏まえている。そのような共通の糸として、自然は神聖である、人間はいのちの呼吸を他の生物と分かち合っている、私たちは自然コミュニティーの相互関係の網の中でその作用を受けている、動植物その他の自然現象や物には力が浸透している、自然界は対極にあるけれども相互補完的な原初的エネルギーの相互作用を通じて創造される、自然にはあらゆる物に作用を及ぼす指導的創造力が存在する、といった理解が含まれている。

このような基本的理解を伝えるために、さまざまな比喩や構造物、シンボルや物語が使われてきた。そのような理解の例を挙げてみよう。

「山を見よ」は先住民の教育のエコロジー的ビジョンの一面を捉えた比喩である。山のような比喩的イメージは、先住民の最初のビジョンから受け継がれてきたエコロジー的シンボルである。「山を見よ」は、高い場所への、これまでどこにいたのか、今どこにいるのか、またこれからどこに行こうとしているのか、それが見える場所への旅に焦点を当てた祈りである。テワでは、*pin peyeobe*……「山に目を向けよ」といわれる。

山があるところではどこでも、山はビジョンとオリエンテーションの場所として崇拝されてきた。多くの部族民にとって、山々は最も高いところに存在する地球の諸々のスピリットの故郷であり、神聖な宇宙との境界線であった。山は、エコロジー的な比喩として、また高い思想や学識のシンボルとして、しばしば神聖な空間との境界をなすものとして、道や巡礼や基本的オリエンテーションといった比喩に組み込まれている。

ナバホ族には、インディアンの他の部族同様、神聖な空間の基礎を象徴する彼らが *hogan*（ホーガン）と呼ぶ原始的な構造物がある。

「最初のホーガンは四つの神聖な山とその間の空間からつくられた。最初の男と最初の女は、前の世界を破滅させた洪水を逃れて中空の葦の先端まで登り着くと、辺りを見回して、将来の世代のためにこの第五世界に留まり土地を美しく飾る決心をした。最初の男は下の第四世界から運び上げた一塊の山の土を持って、ナバホの文化と意識の基盤をなす山々をつくるために進んでいった。

ディネ（ナバホ）であるためには究極の真実との関係を最高に意識しなければならないが、その究極の真実とはこれら四つの神聖な山に囲まれた場所のことである。ナバホと、この場所の自然のあらゆる特徴の内的形態を体現した神聖な人々が、共に地球の幸福の永続化に携わっている。祈りや歌や儀式においてこれらの神聖な山々に行くのは、調和を促し地球を活性化する手段を獲得するためである。[14]」

山への「道」は先住民の教育の経験とプロセスのなかで具体化される。そのような比喩的なオリエンテーションの山々に登り、それぞれの山に特有の観点を得ると、先住民の教育の古くからのプロセスが具体化される。それは、いのちのニーズの充足を確実にするエコロジー的な理解および関係を築く道である。

そのような神聖な山の頂まで旅をすると、自分の自己とコミュニティーだけでなく自然界との関係についても心に描くことが徐々にできるようになる。それこそ、アメリカ大陸の部族民が土地や動植物などの自然物との間にゆるぎない共鳴関係を築くことのできた基本的感受性であり、それを通じて彼らは自分たちを集団として捉えるようになったのである。私たちは、その山頂の見晴らしのきく地点に登ると、文化的オリエンテーションの如何にかかわらず、私たちにとってもっとも基本的な環境との一体感を心に描くことができる。

部族民は、その最初の山頂から、渓谷に定住するために湖や小川や川などが見事な風景をおりなすアメリカ大陸の美しい土地を下りてくることによって、自分たちが創造者であること、自然界の大きな秩序の参加者であることを知った。

ホワイトマウンテンアパッチ族は、彼ら自身および全ての生物の世話の仕方を教えるために「いのちを与えるもの」が送ってよこした山のスピリットを崇拝している。彼らはそれらの山のスピリットを「ガアン」と呼ぶ。ガアンは、彼らに狩りの仕方、作物の育て方、病人の治し方、統治の仕方、そして共に平和に暮らす方法を教えた。それは自然と関係性とスピリットを教える先生であった。遠い昔のそのころは、ガアンはアパッチと共に暮らしており、彼らにいのちを支えている山々に対するゆるぎない尊敬の気持ちを植えつけた。しばらくすると、ガアンは山の中の神聖な洞穴に戻り、以来、現在に至るまでそこに住み続けている[15]。

ホワイトマウンテンアパッチ族のマウンテンスピリットダンスはそのような教えを、ガアンが故郷の山から持ってきてくれた贈り物を再活性化する。「山をみよ」は、他の多くのインディアン部族と同様、アパッチ族にとっても、もっとも基本的なエコロジー的関係性の一つを思い出すことを思い出させる方法である。

南西部では、ニューメキシコ、アリゾナ、ユタ、およびメキシコにかけて各地でみられる岩面彫刻にしばしば描かれている比喩的人物がいる。この人物には多くの名前があるが、その一つがココペリである。それは神話的人物で、創造のプロセスや人間の学習本能、私たち自身および自然界における生殖のエネルギーや力を象徴している。また、私たち自身と周囲の環境との間に適切な関係を構築し維持することとも関係があり、私たちが考えを広げる上で有益なシンボルでもある。

ココペリは、ネイティブアメリカンの神話的人物すべてに当てはまるように、エコロジー的シンボルである。ココペリはときどき蟻男あるいはせむしの笛吹きとも呼ばれるが、南西部のプエブロインディアンの村々を旅した神話的人物で、平和な音楽をかなで、その合間に関係性を教える物語を語ったのであった。

ココペリは、自然の生殖力、いのちを与える力、育てる力の視覚的シンボルで、長く伝えられてきたものである。ココペリというシンボルはおそらく、メキシコおよび中南米各地の部族によって古代から認識されてきた繁殖のスピリットの一つを表すものとして、メキシコに起源をもつと思われる。北のカリフォルニア州やオレゴン州からはるか南のペルーまで、さまざまなココペリの物語や描写がみられる。

ココペリは、遠くの村々まで広く旅しながらニュースを伝え、種子その他の品物の交易を行っていた商人階級を反映しているという証拠がある。その特徴的な曲がった背中は実際に身体の病気だったのかもしれない。しかし、彼が品物を背中に背負って運んだことを表していたのではなかろうか。彼の笛は村人たちに平和的な意図を知らせるのに役立ったのかもしれない。現代のココペリに当たるのが「コバネロ」と呼ばれる人々で、今でもベリーズとグアテマラの山道を越え、交易を行い、笛を吹きながら村々を旅している。古代のココペリはまた、ヒーラーでもあり、教師、魔術師、ストーリーテラーでもあった[16]。

神話的事実としても歴史的事実としてもココペリは、自然の中に無数の形で具体的に現れている繁殖力、神聖な種子、創造的スピリットのみならず、コミュニケーション、学習、考えや物語の伝播を活性化し促進した。ここにココペリが今日、関心を呼ぶ理由がある。ココペリは、自然のプロセスと、周囲の環境ともまたお互い同士でも影響を及ぼし合う人間活動とを反映した、変化と創造的学習という普遍的な真実を象徴している。

ココペリは、私たちがネイティブアメリカンの時間と空間を旅して、インディアンと土地や場所との関係がどのように発達してきたかを調べようとする場合に、私たちの案内役となる創造的探究のシンボルである。ココペリはアメリカインディアンの環境知識に関する物語の比喩的な案内役である。

✣身内としての動物

鹿やバイソンやマストドンを追うアメリカの部族の猟師には長い歴史がある。自分たちはずっとここにいたとインディアンの長老たちはいう。私たちが今日エコロジーおよびエコロジー哲学と呼ぶ思想は、彼らと彼らが狩る動物との関係性から生まれたものである。

初期の猟師たちは狩る動物との間に非常に親密な関係を築き上げたので、彼らは動物のいのちのスピリットや真髄と共鳴するようになった。初期の狩猟文化における人間と動物との関係性は、スペインやフランスの石器時代の洞窟壁画に描かれている。彼らは、フランスのラスコーで発見された洞窟のような地球の子宮の最も深い所でさまざまなイニシエーションの儀式を行っていた。彼らはこれらの洞窟の内部に、自然の中における彼らの生という関係性と理解のシンボルをつくった。生活と幸せを依存している動物を祭る神社をつくり、もっとも重要と考えた、野生動物を存在させているものの姿を彫刻した。それは野生動物の母親たちであったが、原型的には、地母神、つまり地球の繁殖力の真髄を象徴する初期の母親たちを示していた。

それら古代の猟師たちは、大事だと感じた、彼らと、彼らが狩りをする動物と、彼らが住む環境との間の関係のバランスと調和を築き、維持しようと、今日「シャーマン」と呼ばれる役割を生み出したが、それは最初の教師であり、最初の美術家であり、最初の医者、最初の聖職者、最初の心理学者であった。原型的なシャーマン像に投影されていたそのような役割がすべて十分に果たされるようになったのは狩猟文化の時代である。初期のシャーマンたちは、人間とその周囲に生息していた動植物との間に直接的な関係を築き、維持する基本的枠組みを定めたのであった。

このスピリチュアル的な関係性を巡る旅は、人間の宗教の始まりであった。これら最初の宗教は完全に自然に基づいていた。それらは、自然物へのゆるぎない尊敬を通して、自然物にはすべてスピリットがあり、人間と呼吸を共有しているという理解を通して発達した。

美術は初期のシャーマンや猟師たちが経験した言葉にならないものやもっとも深い夢の回想、あるいは自然界との関係にかかわる理解を表す手段であった。初期のシャーマンたちの美術の起源は、自然界との関係を表そうとした猟師たちの試みにある。コミュニティーの定住が進むに従い、このような美術の伝統およびこのような自然界との関係の仕方が発展して、今日私たちが世界各地に見出す宗教美術という表現方法が形成された。

そのような最初の部族が周囲にある自然の材料を使って住居を建てる方法を学んだ。彼らは動物の習性を理解することを学び、試行錯誤しながら、周囲の環境の一部をなすさまざまな物について、使い方や生活を向上させるための利用方法を学んだ。

彼らには、自然界の物はすべてが相互に関連し合っており、実にそれらは地球の一部であると共に地球はそれらの一部でもあるという、ゆるぎない理解があった。そこで、彼らは、南西部におけるように、泥と石と木で住居を建てた。彼らは狩りで得た動物から衣類をこしらえた。彼らはトウモロコシその他の穀物、スカッシュ、カボチャ、マメなどの品種を開発し、それらは彼らとその家族の頼もしい生活資源となった。

彼らは自然の植物性物質や染料で装飾を施した籠や陶器や布を含め、周囲の自然の材料を使った美術様式をつくり上げた。そのプロセスを通じて、自然を中心とするネイティブアメリカンの部族美術を特徴づける儀式が完全な発達を遂げた。そのような部族美術は、彼らと自然のコミュニティーとの相互依存関係、および他の生物や地球に対する彼らの責任を示す力強い表現方法として、現在も残っている。

時代が進むと、社会は複雑さを増し、人々が暮らすコミュニティーは次第に人口密度が高くなっていった。彼らは町や市をつくり、より複雑な社会を発展させていったが、すべてが自然から来ていること、また自然こそ実は彼らの存在の場であることを忘れはしなかった。

アメリカインディアンの社会が複雑になるにつれ、その儀式、概念構成、適正技術の適用もそうなっていった。そのような自然のコミュニティーの発展を導いた形而上学的概念は、自然のオリエンテーションという考え方に重点を置いていた。自然のオリエンテーションは象徴的な中心を起点として、そこから放射状に広がり、宇宙全体を、動植物、山、川、小川、湖などコミュニティーの現実を形成するすべての自然物を含んでいた。

オリエンテーションの概念は、彼らが発達させた美術様式を通して解釈され、表現された。それは、陶芸、籠細工、実用具の作り方（例えば、北西部インディアンが使った樺皮の舟や大きなヒマラヤスギの丸太舟）、トーテムポール、宝石、建築などに表れていた。

どの部族も、伝統的な美術様式に神聖な自然という感覚を組み込んだ。彼らは、神聖さについて理解したところを、関係性を示すために使ったシンボルに反映させた。その最も初期のシンボルの一つが善良な猟師であり、それは一連の原則を、猟師と彼らが狩る動物との間の根本的関係から発達した、動物に共感し、それを理解する方法を含む、比喩的なシンボルであった。善良な猟師はおそらく現存する最古の教育的比喩の一つであり、世界各地の狩猟文化に見出すことができる。南西部のプエブロインディアンの間でも、善良な猟師は、生き方、係わり方、倫理の道、適切な振舞い方を示したが、それらは彼らが生活のために依存していた動物との関係を教え学ぶうえで基礎をなすものであった。

例えば南西部のアナサジやミンブレスの人々が生み出した美術様式には、陶器にみられる様々なデザインモチーフのなかに、人間と動物との密接な結び付きを描いているものがある。そのようなデザインモチーフは南西部各地に見られる岩面彫刻にも描かれている。それらの岩面彫刻は猟師と狩られる動物との関係性を組み込み、伝えている。それらは、狩りをして、狩る動物との間に神聖な関係を維持した個人に完全さを教えもたらす力、自然の力やスピリチュアル的な力を表している。

例えば、鹿は生きた存在である以外に、それを通じてインディンの人々がさまざまな思想や環境や自然保護に関する考え方を表明した比喩的偶像でもある。鹿は伝統的なネイティブアメリカンの美術のなかでさまざまな形で描かれている。ウイチョルインディアンの間では、五本の枝角をもつ鹿は自然のスピリチュアルエネルギーの象徴である。それは伝統的な糸絵という美術様式に使われる偶像で、神聖な物、ペヨーテのスピリットの真髄を象徴している。鹿は、生息場所を問わず、そのスピリチュアル性によっても、また重要な食料源としても崇拝された。鹿の追跡もまた、猟師とその自己意識にとって一つの比喩であり、鹿はいのちの源を示すものであり、いのちそのものの意味深い表現であった。

アメリカの先住部族の間の四万年におよぶ狩猟の伝統を通じて、歌、儀式、祭事、美術様式などが発達したが、それらは猟師の成功と彼らが属すコミュニティーや家族の存続を確実にすることに重点を置くものであった。特別な踊りや歌、入会儀礼、狩猟行為にふさわしいスピリチュアル性の育成など、諸々の儀式が猟師の間に発達した。

そのような儀式は、彼らが狩る動物の行動についての詳しい理解、その生活ニーズに対する変わらぬ尊重、それらの動物の利用の仕方と適切な扱い方に関する認識、に基づいていた。そのような深い理解が環境倫理の基礎を形成したが、それは非常に深く詳細なもので、今日の先住民に対しても引き続き深い影響を及ぼしているほどである。

善良な猟師は、率直な文字通りの意味で、口承伝統および先住民の教えの代表的なものであった。それは、子供時代に始まり老齢期にまで及ぶ複雑で深い教育プロセスの土台をなした。

成功したプエブロインディアンの猟師が拡大家族を集めて狩りの話をするとき、彼は人々に一カ所に集まって世代から世代へと伝えられてきた物語に耳を傾ける機会を提供した。それらはまた伝統的美術様式のなかでコード化された。例えば、プエブロインディアンの粘土でつくられたハンターズキャンティーンには、スピリットの矢が口から心臓に突き刺さっている鹿があしらわれている。

そのようなシンボリックアートを通して、ネイティブアメリカンの人々は指導的神話が示す原則に注意を向けた。そのような伝統的シンボルは、周囲の環境に生息する動植物との深い関係性およびそれらに関する深い理解を反映しており、その関係性とは何かを思い出すことを思い出すコンテクストを提供した。

プエブロインディアンの間で行われている鹿ダンスのような一連の儀式の踊りを通じて、鹿が踊り、コミュニティーの人々は狩る動物を誰もが尊重しなければならないという責任に関する物語を見るために儀式や祭事に参集した。鹿の踊りはリオグランデプエブロの間だけでなく、カリフォルニア、北西部、南東部でも、世界各地の先住民の間でも発生した。

狩猟が行われたところでは常に、また狩猟はあらゆるところで行われたが、狩猟は個人やコミュニティーと動物の不思議な実態や自然のいのちとの直接的な接触をもたらした。牡鹿を持ち帰り祖父母と分け合うシャイエン族の猟師であれ、メインの森でムースを狩り、それを村まで運ぶ手助けと皆で分け合うために拡大家族を呼ぶアブナキ族の猟師であれ、本人と家族の生活のためにホッキョクグマの母熊と二人で組んで闘うイヌイット族の猟師であれ、ネイティブアメリカンの狩猟の教訓は似ていた。狩猟は常に、氏族や部族や社会を生と死に直接触れさせ、猟師自身やコミュニティーが生存するためには環境と正しい関係を構築し維持する必要があるということを実感させた。

狩猟に基づく教えはすべて、狩る動物に対するゆるぎない尊敬と関係性という原則が前提になっていた。いずれの部族も綿密な行動基準を守ったが、そのような行動基準は、動物たちに、動物のスピリットたち、集合的な動物の種のスピリットたち、さらにはその種のスピリットたちの霊母と霊父に捧げる祈りや歌や物で装飾された。

狩猟の儀式および狩猟行為は一人ひとりを人生の重要な事柄に備えさせた。それらは各人に勇気と犠牲の本質や分かち合うことの重要性について、またビジョンやスピリチュアル的探求から得られる特別な力について教えた。私たちが自分の中に動物のスピリットをもっていること、狩猟を通じてそのスピリットを理解することが最も重要な自己認識の一つだということを各人が学んだ。狩猟の準備をするということは人生の準備をすることでもあり、それは身体と心とスピリットにとってもっとも重要な準備であることを猟師は学んだ。それは、環境保全のスピリチュアル的な倫理と狩られる動物種の生命を維持するエコロジー的に適切な方法に関するものであった。

各動物には戻るべきスピリットの村があり、動物たちはそこで人間から受けた扱いについて報告するものと広く信じられていた。その報告は、その動物種が将来人間のためにいのちを犠牲にするかどうかに直接影響した。そのような信仰は、アメリカインディアンが彼らを取り巻く環境とそこにいる動物との係わり方の一部をなしていた。その他の儀式行為、例えば狩る動物に捧げ物をしたり感謝の祈りを捧げたりすることは、主として先住民の教育プロセスを通じて得られる、大きなまたよく発達したスピリチュアル的な関係性の網の一部であった。

先住民の狩猟の儀式は、猟師と獲物との契約の永続化を表していた。この契約は、しばしば、獲物となる動物やオオカミ、オオヤマネコ、シャチのような狩猟動物の特色を具象化したお守りを儀式に使うことによって象徴的に表された。アレウト族の猟師の場合は、お守りが彼らと彼らが狩る動物とをスピリチュアル的に結びつけた。

「狩りを成功させるために、男は肉体的にも精神的にも準備を整えた。狩猟用具には動物を引き付け、そのスピリットを鎮めるお守りも含まれていた。それをこしらえたこととその保管場所は秘密であった。さもなければお守りの力が失われてしまうからである。お守りを湿気から守る必要もある。もしそれが湿ると、持ち主が腐ってしまうからである。」[17]

狩猟の儀式および狩猟行為は、個々の人たちだけでなく所属するコミュニティーにも力を与えた。狩猟の前、最中、そして後の儀式は、人間の狩猟能力を高める技術や道具を正しく使うためのコンテクストを提供した。例えば槍、投槍器、罠、落とし穴、弓矢のような道具でさえ、使うときには清められたのであり、狩猟に関連して発達した技術と、人間と動物および自然界との相互作用との間には神聖な関係があった。

狩猟のコンテクストは、実際の狩猟行為や漁獲行為をはるかに超えて広がり、動物たちが人々と分かち合ったいのちを称え、共有し、記念することで、コミュニティー全体に及んだ。

狩猟のために催された儀式は、動物を引き付ける一方、正しい態度と尊敬の念を育む働きをしたが、さらには人間が動植物といまよりはるかに密接な相互関係を築いていた神話時代に再び結び付くことができるようにもした。

伝統的部族社会が各人を教育した環境は、完全な存在になるプロセスを中心に築き上げられた。動物や所属するコミュニティーや環境との関係に係わる知識の道の各段階が、完全性の概念の基礎を築いていった。

そのような先住民の教育によって、また儀式や祭事を通じて示される環境倫理がさまざまな部族によって保たれてきた。そのような倫理は、エコロジー的関係という伝統的信条と先住民の教育のエコロジー的基盤を踏まえながら、現在も引き続き実践されている。

狩猟のプロセスを通じて、猟師は控えめな態度ということや謙虚ということを理解する。狩猟は猟師に、動物を正しく扱うことが、彼もまたその一員であるところの動物一族を敬うことが、なぜ重要なのか、そのわけを教えた。踊ること、感謝の祈りを捧げること、家族やコミュニティーのためにいのちを求めること、それらはすべて各猟師が人間性を完璧に表現すべく成長するために役立った。

多くの部族的コンテクストにおいては、猟師の個人名が動物の経歴や表情に由来するほど、人間と動物は同一視されていた。また、氏族や結社はすべてその血統や、力と社会的立場の源を族霊の動物にまで辿ることができた。彼らは狩った動物を、自然という大きなコミュニティーの中で特定の集団をなす彼らの自己意識の化身であると考えた。したがって、動物が、また動物との関係についての先住民の見方が、社会組織の基盤を形成した。

このような動物との関係が、動物の保護と動物を倫理的に扱うコンテクストを形成した。狩猟部族はいずれも、コミュニティーのエコ（環境）・スピリチュアル的倫理を前提とする野生動物管理システムを発達させてきた。特定の定められた期間には一種類の動物だけを捕らえ、その他の動物には手をつけないといった現代的な保護システムが、インディアンの猟師の間でも広く行われていた。

インディアンの狩猟に広く採用されるようになったもう一つの基本的な狩猟場の維持管理システムは、特定の集団に一定の地域の利用権と居住権を与え、維持管理させるという神聖で実際的なものであった。部族の中の特定の結社が一定の領域内の狩猟を厳格にコントロールする場合もあった。例えば、シャイエンの戦士結社にはコミュニティーを警備する役目があったが、彼らはまた、部族の構成員全員が慣行を遵守し、狩猟場とそこに棲む動物に敬意を払う状態を維持する役目も担っていた。

インディアンの猟師は常に、狩る動物との直接的で親密な共鳴関係を打ち立てようとした。彼らは彼らの生存にとって重要だと判断した特定の動物にだけ注意を向けた。それらの動物は特別なスピリチュアル性を体現しており、その習性や性格や生き方によって、人間の行動のモデルとなった。クマ、イヌ、サケ、シカ、コヨーテ、オオカミ、オオヤマネコ、カメ、オオワシ、カラス、ウサギ、キツネ、アナグマ、ハチドリ、ヘラジカ、ムースなどやそのほかの多くの小型の動物や鳥には、その行動を通して、あるいは環境の全体的な構造の中で彼らが象徴しているものを通じて教える能力があることが知られていた。

動物界との関係のこのような現れ方は、先住民が現実的に、また哲学的に理解した、経験と学習プロセスに係わる豊かな多元的宇宙をもたらした。彼らはそのような理解を、各人が十分に人間らしくなるのを助けるプロセス、完全な男ないし女になることを目指して進むのを助けるプロセスに直接適用した。

狩猟は先住民の教育のための精緻なコンテクストを形成した。それは、インディアンの教育のモデルとなり得る自然環境に関するほかの諸経験と統合された。例えば、動物は、伝統的なネイティブアメリカンの美術様式の大きな部分を占める、創造的インスピレーションとデザインモチーフを提供した。動物は、動物界に対するオリエンテーションとして使われたインディアンの神話のなかでもさまざまな役割を担った。伝統的な美術様式や伝統的な物語の中に見出される活き活きとした力強さは、部分的には、人間と動物界との関係に関する理解や考え方を比喩的に豊富に適用していることによる。

変身の概念は、先住民の儀式、神話、踊り、パフォーマンスなど至るところにみられる。それは、動物界との関係における豊かな相互作用を反映している。人間が何かに、あるいは何かが人間になり、相互に密接に交流し合うという物語がたくさんある。例えば、強力な霊性をもつ動物という考え方は、北アメリカやシベリアといった北半球に広くみられるシャーマニズム的慣習に示されている。人間と動物との間に共鳴関係が存在していたときには、真に緊密に結び付いたスピリチュアルエコロジーがみられた。

このような動物との関係は、宇宙の秩序との結び付きおよび人間を宇宙秩序に結び付ける能力を重視する祭りの儀式を通じて示された。すべての部族で行われていた世界と動物を再生する儀式は、すべての生物を保存し、保護し、永続させるべき人間の責任を表していた。北西部では、鮭祭りがこの責任を示している。

「鮭祭りは北西部沿岸のあちこちでみられた。ユロック族その他にとって、それは天地創造の更新を象徴するものであった。また、魚その他の最初の獲物や収穫——最初の鹿、最初のイチゴ、南部地域では最初のドングリも——を祝う祭りを行う集団も多かった。

鮭（ないし最初の四尾の鮭）は最も複雑な儀式を受けた。ただし、それは場所によってまちまちであった。通常、鮭は新しく編まれたマットないしヒマラヤスギの板の上に頭を上流に向けて横たえられたが、それはしばしば特別な小屋の下で、鳥の羽で散水された。形式に則った歓迎の挨拶ないし祈りが次の例のように唱えられた。

古き友よ、生きてあなたに会えたことに感謝します。我々は、あなたが来てくれた今年のこの時まで生きてきました。いま、我々は、神秘なるものよ、あなたに祈りを捧げます、我々があなたを食べても不吉なことが何も起こらないよう、どうか我々を守ってくださいますように、神秘なるものよ、なぜならそれこそあなたがここに来た理由であり、我々があなたを捕らえて食べることができるためなのですから。我々は知っています、ここに死んでいるのはあなたの肉体だけであることを、いまあなたが食べるようにと与えてくれたものを我々が食べるときあなたの魂が我々を見張っていることを。

塩辛い海を渡る長い旅路を終えた鮭に象徴的に淡水が与えられた。最初の鮭はそれから料理され、聖餐式に集まった人全員に少しずつ配られた。祝いの行事はしばしば七日間続き、宴会、贈答、たいまつ行進、踊り、歌などが行われた。歓迎の式典の間は無数の鮭が産卵場所に向けて流れを遡ることを許されたので、この儀式は実際に鮭の遡行の継続を確かなものにするのに役立っていた。(18)」

動物との分かち合い、結び付き、自分の生活と動物との関連といった概念が先住民の教育の基本的前提になっていた。しかし、ネイティブアメリカンが居住する自然環境の中で、動物界だけが思考や崇拝の唯一の対象ということではなかった。植物や星や宇宙の諸天体が、ネイティブアメリカンの環境教育に動物以外の対象と表現をもたらした。インディアンは周囲の植物を、動物を観察するときと同じように注意深く観察した。彼らは植物との間に（動物との間で行ったように）、相互関係、共鳴関係、深い理解を築こうとした。

✣植物、母なる地球の髪の毛

インディアンの植物専門家の間には植物は母なる地球の「髪の毛」であるという認識がある。私たちが一本の植物を土から引き抜くたびに、地球はそれを感じているのであり、必ずタバコや祈りといったふさわしい捧げ物をしなくてはならない。それによって母なる地球の髪の毛を一本引き抜いても彼女をそれほど傷つけずにすむことが保証される。私たちが自分と彼女との関係を把握していること、彼女が私たちに与えてくれるものが彼女の身体の一部であることを知っていることを、彼女は理解するに違いない。このことを尊重し、理解することによって、私たちはまた自分とあらゆる生物や自然との相互関係を尊重し、理解する。

植物は常に世界各地の先住民の生活と生存に密接な役割を果たしてきた。実際、人間社会の主要形態は、初期の狩猟採集民という生活スタイルから農耕民への移行の直接的な結果として生じたものである。植物は、食料、薬、衣類用の線維、装飾用の絵の具、住居の材料、寒い冬のあいだ暖をとるための火、などを提供した。尊敬を受けた動物の場合と同じように、植物も儀式的、祭事的コンテクストのなかで扱われた。あるナバホの長老は次のように述べている。

「植物の許しを得なければならない。さもなければ、薬が効き目を表さない。植物は生きている。彼らに上手に話をしなければならない。」[19]

植物の世界にはスピリットキーパーがいた。それは、特定の環境における主要種の木であったり、部族にとって重要とされる薬草であったりした。インディアンは、植物も動物同様、部族の生存を確実にするために使うことのできるスピリットの特性を共有していることを理解していた。したがって、北米各地のインディアン部族が行っていた儀式には、植物や植物界を象徴するその代表が組み込まれていた。コーンミール、タバコ、スイートグラスなどの儀式用の植物は、スピリット界への捧げ物として使われると共に、食料と薬の両方の原料ともなった。また、地球の神聖な繁殖力を表す植物のシンボルもアメリカインディアンの考え方のなかに豊富に登場する。

宇宙秩序の基盤を示す比喩としてのいのちの木は、北アメリカ各地の部族の儀式や考え方のなかにさまざまな形で表現されていた。例えば、南西部のプエブロインディアンの間では、常緑樹が、それはほとんどの場合モミかトウヒであるが、永遠のいのちのシンボルであり、母なる地球とあらゆる生物との結びつきを表すシンボルである。したがって、それはそのような重要なシンボルとして、プエブロインディアンが行うあらゆる儀式に使われる。

常緑樹は普遍的ないのちの木および感覚を持つ生物としての植物全体を表している。植物が最初の生物であったこと、また人間も動物も共にその生存を植物に依存していることはよく理解されていた。植物は、最初の生物として、母なる地球という存在の直接的な表現であるところの満ち溢れるいのちとの間の最も基本的な関係をもたらした。

一つの集団の生存と維持はさまざまな形で諸々の特定の植物に依存していた。プエブロインディアンの場合は、トウモロコシ、スカッシュ、カボチャ、マメが基本的な主食となり、それがプエブロ社会の社会的ないしコミュニティー的表現をもたらした。

プエブロ農民のトウモロコシとの関係は特に注目に値する。プエブロインディアンにとって、トウモロコシは母なる地球のいのちの源の象徴であり、表現であり、具象化である。トウモロコシは食料を提供しただけでなく、プエブロインディアンの魂全体およびスピリチュアルオリエンテーションを育んだ象徴的存在でもあった。プエブロ農民はトウモロコシのいのちについて詳細な理解を発展させ、その理解を通じて、南西部のさまざまな生育条件に適応した方法や技術、そして品種を開発した。彼らは、実践的技術のほか、基礎遺伝学や植物の行動や植物の習性に関する理解、そしてトウモロコシとの特別な関係に基づくコミュニティーに関する理解を発展させた。これは、彼らが植物の進化および自然淘汰の本質を理解するのに役立った。

ホピ農民は、トウモロコシの生長やいのちに関する長い経験と深い理解を通じて、それぞれ異なる土壌や環境条件でよく育つさまざまな品種を開発した。トウモロコシのいのちと呼吸に関する理解を通じて、彼らはこの象徴的な植物との間に基本的なスピリチュアル的関係を築いたが、その関係は、トウモロコシの栽培技術のみならず、人間と植物界との不変の関係を反映する、コミュニティー的、美術的、哲学的表現へと拡大していった。

先住民は、生活を依存している動植物との関係を表す儀式や祭事を発達させた。プエブロインディアンの場合は、その生長サイクルに合わせて行われるさまざまなコーンダンスがそのような社会的表現を反映している。そのような象徴的植物とコミュニティーおよび個々人とのつながりを祝い、それを思い出すことを思い出すために、老いも若きも、男も女も、コミュニティーの構成員全員が集うのである。

このような基本的スピリチュアルエコロジーは、彼らと自然界との関係を表現することのできるさまざまな機会をもたらした。そのような表現のなかには、植物界と動物界の雄大な儀式的描写も含まれていた。それらはまた、南西部インディアンの農業と結び付いた工学その他の実践的技術のなかにもみられた。その一例はトゥーソンの渓谷にホホカム族が築いた用水路である。鍵となる植物を中心に発展した、このような生活様式を維持するという実際的な必要性と技術との統合については、南部コロラド州のアナサジ族の間にも多くの事例が生まれた。それぞれの機会（トウモロコシに関連した大きな儀式ないし共同作業）が、共同生活をするということ、および互いに依存し合って生存しているということを祝い、学ぶために一緒に集うという経験をもたらした。

この自然との共同体的相互関係は、特定の環境において、人間以外の存在やエネルギーと共に、彼らのいのちおよび地球のいのちのダイナミックな表現に積極的に参加する者としての人間が暮らす自然のコミュニティーを反映している。

この自然のコミュニティー観は、植物の生長に不可欠な自然の要素に関係した、伝統的美術様式のデザインモチーフに表れている。伝統的なジア族の陶器のデザインによくみられるジアプエブロ・サン、伝統的な黒色のサンタクララ陶器にみられる段をなした雲のデザイン、あるいは風や雨や稲光の描写、またはカエルや水鳥、トンボ、オタマジャクシ、蝶のような動物の像は、プエブロインディアンが周囲の環境との間に感じていたつながりや農民としての生活を明らかにしている。

自然物に触発されたそのようなデザインモチーフが、プエブロインディアンの美術表現や美学の基礎を形成した。共通して用いられたモチーフのコーンマザーや彼女のコーンチルドレン（これはコーンマザーを共通の祖先とする点でつながっている、二本の色違いの完璧な雌穂によって表される）は、植物と人間と動物との間の、さらにはあらゆる生物の間のつながりがプエブロ陶器を通じて表現されるもう一つの事例である。

各プエブロコミュニティーで行われる先住民教育は、陶芸を通じて、プエブロエコロジーの基本的観点を明らかにする。それは、自然コミュニティーとの関係を、自然コミュニティーの中の位置付けを、儀式や思想や言いまわし、あるいは伝統的美術作品の制作を通じて理解しようとするインディアンの人々の試みを表している。この伝統的美術作品の制作は、その形においても、プロセスにおいても、基本的な共鳴関係と、それを確立し、再確認し、継続することの重要性に関する理解を具体化する。植物と動物は、人間のいのちを養い、持続させる食べ物である。したがって、陶器の制作と自然の恵みによって生活することとの間には象徴的な関連がある。

伝統的に、プエブロインディアンにとって陶器の制作は儀式的行為、つまり信仰に基づく行為であり関係性の重要さを理解する行為である。その関係性とは、大地を、つまり陶器の材料となる粘土を掘ることによって形成されるものである。それはまた、本来誰もが有する大地との基本的関係を改めて築き、再確認することを学ぶプロセスの比喩でもある。プエブロ陶器を作り、デザインし、使うこと、それはどんなものを作ろうとも、それがどんな形をしていようとも、最終的にはすべて世界や母なる地球がもたらしてくれる自然物からできているという理解の反映である。

このような感情は、食料を自然環境から集め、調理し、食べることへとつながっていく。人間の食べ物はまたいのちの食べ物であり、私たちにいのちをもたらすこれらの物の本質を理解することによって、先住民が「正しい関係」と呼んだコンテクストがもたらされる。プエブロインディアンにとって、粘土を集めること、その粘土で陶器を作ること、その陶器を装飾するのに使われるデザインモチーフ、それらすべてが象徴していることは、私たちにいのちを与える物――この場合は食べ物や水を入れる陶器――は正しい関係を理解する手段であるということである。

したがって、プエブロの陶器は外側も内側も、食べる物を尊重しなければならない、それは神聖であり、私たちにいのちを与えるもののシンボルである、という認識を表している。それは、私たちの自然界との関係と自然界への依存の比喩である。

❖先住民の健康と完全性のエコロジー的基盤

世界各地の先住民にとって、生きるための食べ物はまた薬でもある。両者は相互に密接に絡み合っており、多くの植物はある時には食べ物として、またある時にはメディシンパーソンによって適切に管理され投与され、治療システムの構成要素として使われた。

食べ物は先住民のコミュニティーでは常に儀式や祭事の構成要素であった。食べ物は、人間がその生活様式においてどれほど他の生物や自然物に依存しているかをもっとも基本的に象徴的に表すものであった。インディアンの食べ物との関係は、その物質上のライフスタイルとスピリチュアル上のオリエンテーションと結び付いて、インディアンの健康の土台を築く、相互に関連し合う三つ組みを形成した。要するに、インディアンの健康のエコロジーを最もよく象徴しているのが食べ物なのである。

アメリカインディアンは食べ物をさまざまな方法で用いたが、先住民が伝統的に用いた食べ物はすべて土地や動物に由来していたので、食べ物と彼らが自然との関係で自分をどのように見ていたかという点との間には象徴的な関係があった。

アメリカ大陸の諸集団が行う儀式の中で食べ物が占める位置は、インディアンの人々の人生経験を織り込んだスピリチュアルエコロジーを反映していた。例えば、五大湖地方のインディアンは、スイレンや米など湿地に育つ野生植物を栽培植物化した。それらの植物は彼らに食べ物を提供しただけでなく、彼らの存在や彼らと居住地との関係を明確にし、洗練するための視座を提供した。湿地環境に関する彼らの知識ならびにその具体的利用は、彼らの植物や食べ物との関係を具体的に示すものであった。

五大湖地方と同様、グレートベースンのパイウーテインディアンも松の実などの自然の栄養源を利用する方法を数多く開発した。北東部では、アルゴンキン族はメープルシロップのさまざまな使い方を開発した。それは彼らに食べ物を提供しただけでなく、彼らが周囲の自然環境における優先種に依存していることに注意を向け、理解する材料も提供した。

アメリカ大陸の先住民は周囲にある食用植物を最も生産的、効果的に、またエコロジー的に健全なやり方で使う方法を学んだ。彼らは長い経験を通じて、食べ物としての植物とその治療特性を利用するのがもっともふさわしい植物との関係を理解し始めた。

このようにして、植物を食べ物として利用する知識が、治療のために植物を利用する方向に発展した。この知識は与えられた環境の中で生き延びることを保障するものであり、先住民の教育の第一の側面の基本的土台であった。それは、神話、儀式、経験、観察を通じて子供たちに伝えられる知識であった。

彼らはそれらを伝統的な美術作品の制作や食事の準備の手伝いを通じて、またその他さまざまな方法で学んだ。それはすべてのインディアンの子どもたちの幼少期の経験と学習に欠かせないものであった。

あらゆる知識について言えるように、植物や動物を薬として使う方法も、人生の各段階や各人のそれぞれの年齢にふさわしい形で継続的に教えられた。若者たちは植物の使い方についての最初の経験を、簡単な観察によって、物語を通して、あるいは実際に植物の使い方の手本を示してもらうことによって与えられた。この種の教育は基本的に、拡大家族、氏族集団、部族というコンテクストの中で行われた。

この継続的学習はさまざまな方法で進められたが、自然の中の人間の位置に関する一連の伝統的な考え方が全て組み込まれていた。どの部族の場合でも、病気とは、自然環境の中の何らかの重要な要素と、個人や家族、氏族や部族との不調和に直接関連するものであった。インディアンの諸部族にみられる治療の儀式の多くは、個人や家族や氏族集団と身近な環境との調和の再構築に関連していた。その集団の生活様式の土台を形成していた自然のエネルギーや原理や存在との調和と共鳴が追求された。

そのような知識を伝達するための、またそのようなバランスないし調和の基礎を確立するための橋渡し役を務めたのは、主としてヒーラーまたはメディシンピープルであった。

メディシンピープルは、部族や場所に応じて、そのコミュニティーのコンテクストの中でさまざまな役割を果たした。薬草医はヒーラーの中の主要グループであるが、主として女性で、多くの部族では、〝野生の食べ物〟を集めることがその仕事であった。彼らは植物コミュニティーに関する経験と理解を通じて、医術に使うことのできる植物に関する理解を深めたのである。

次にくるのは、人間の身体や筋肉組織に関する知識を含めて、多くの知識を有していた人々のグループである。彼らはマッサージと骨接ぎに熟練していた。その次のグループは、その地位によって、あるいは特別な氏族や結社の構成員になることによって、特定の植物や動物に関する特殊な知識を手に入れることができた人たちであった。そのような人たちは儀式を通じて、特定の病気に関する効果的な治療法を学び、それらに取り組む力を得たのである。

もっとも際立った役割はシャーマンの役割だった。シャーマンの役割は人間とその周りの自然物との統合と両者の関係を具現していた。そのような教師が、各コミュニティーとそれに作用する力とのバランスを確立し、維持することを目標として行われた、先住民の教育のあらゆる側面を組み込んだ教育プロセスの中心をなしていた。ナバホの伝統的コンテクストにおける歌い手であれ、北西部のトリンギット族の伝統的な産婆や氏族のヒーリングセレモニー用の特別な歌や踊りやチャントの保持者であれ、シャーマンの役割は似通っていた。シャーマンは、最初の医者、最初のビジョンを得た者、最初の夢見者、最初の心理学者、最初の教師、最初の美術家として、周囲の環境との関係における集団のスピリチュアルエコロジーに重点を置いた。

先住民のヒーリング体系では、病気はしばしば自然界、スピリチュアル界、コミュニティー、または自分のスピリットや魂との不適切な関係に起因すると考えられた。したがって、先住民の考えでは、病気とは環境との間の不均衡であった。何らかの形で環境が病気、健康、ヒーリングのコンテクストをなしていた。

先住民のいずれのヒーリング体系においても、各人の呼吸は地球の呼吸およびスピリットと結び付いているとみられていた。私たちは植物が呼吸するのと同じ空気、動物と同じ空気を呼吸し、植物や動物と同じ目に見えない要素に依存しているのである。私たちは一つの関係性の網の中で、共創と共存の生活を分かち合っているのである。先住民が発達させたヒーリングにおいては、日光、火、水、空気、風、雪、雨、山、湖、川、木、火山などの自然の要素が、象徴的にも物質的にもそれぞれの役割を果たしていた。

病気の原因となるものは数多くあったが、最も重要だったのは、特別な動物や植物への不適切な態度、火や風や水など自然の元素の軽視、川や湖や山など自然物に対する軽蔑であった。そのような関係性にかかわる不正行為は、それに関与した個人の幸福に恐ろしい影響を及ぼす可能性があった。自分の身体や他の人に関する不適切な係わり方や軽蔑もまた惨めな結果を招き、病気を引き起こす可能性があった。自然の邪悪な力（好ましい側面に並行して存在し働いているカオスや闇の力）を誤解し、無警戒に使ったり、関心を寄せたりすることもまた本人だけでなく、家族やコミュニティーにも直接的な悲惨な結果をもたらす可能性があった。タブーを破ることや大事な儀式を執り行う際の不祥事もまた、人の幸福に悲惨な影響を及ぼす可能性があった。愛情、憎悪、恐怖、怒りといった強い感情は不調和の症状であるのみならず、病気を引き起こす不調和を招く可能性のある感情でもあるとみられていた[20]。

病気と健康の本質を理解するには、自然環境に関する基本的な視座が必要であった。先住民にとって、その理解はその人の世界のあらゆる側面を含むものであり、健康を織り成す糸の相互関連を見逃すことは決してあり得なかった。これが、インディアンが周囲の環境に関する知識と理解という伝統を重んじた理由である。彼らは、自然環境とのバランスや調和が保たれなければ、機能障害や病気という激変を招きかねないということを深く認識していたのである。

共同体の儀式によって、指導的神話と大宇宙に関する彼ら自身の理解とが結び付けられた。儀式は、個人とコミュニティーが叡智の根本的基盤と考えられた関係性を受け入れるのに役立つように振り付けされた。

プエブロインディアンのグレートコーンダンスは、神聖なトウモロコシが生長し成熟するサイクルに準じて行われる。北西部とカリフォルニアのインディアンのグレートワールドリニューアルの儀式、あるいはプレーンズインディアンのサンダンスは、あらゆる自然との間に正しい関係を維持するために行われる。それらはそのような関係を、個人とコミュニティー、そして自然界全体のために再構築する。

インディアンが、比喩的、象徴的に、また儀式を通じて、健康や完全性についての理解を示した事例は何百とある。インディアン社会におけるコミュニティーレベルのヒーリングと再生という領域は、先住民が住む場所との間に築いた関係を見る窓を提供する。

❖植物とヒーリングの「エコロジー」

先住民を自然のコミュニティーの参加者とみる実際的な目に見える根拠は、彼らがヒーリングのために植物を利用することである。北アメリカの諸部族による植物と動物の利用は、特定の部族と場所との幾世代にもわたる親密な結び付きの、多様かつ普遍的な表現である。

健康に関する伝統的なインディアンの信条は、さまざまな表現を伴いながらも、同じようなオリエンテーションを反映している。そのような信条は、極度に難しい状況を生き延びる能力を発達させながら、自然と調和して生きようとする試みを中心とする。彼らの信条は個人およびコミュニティーがいのちの探求を重視することと結び付いている。

部族的慣習およびヒーリングに薬草や動物を使うというコンテクストにおいては、補完関係という基本的概念が理解の土台となる。自然のものはすべて、雄か雌か、重いか軽いか、好ましいか好ましくないか、などというように見ることのできる基本的性質を反映している。このような二つの創造的エネルギーのバランスが健康と完全性のダイナミックな状態を維持する上で不可欠である。この創造的エネルギーのバランスは基本的にスピリチュアル的な方法で達成された。例えば、植物を薬として使うことには、常に、真のヒーリングと完全性が確立され維持される基本的な領域としてのスピリチュアル的な意味の適用が含まれていた。

補完的な二つの力という概念は、アメリカインディアンの「ライフパス」ないし目的の概念と結び付いていた。病気は各人ないし各コミュニティーのライフプロセスの中で一定の役割を担っていると理解されていた。病気と健康は互いに鏡像の関係にあった。一方が好ましく、他方が好ましくないように見えたとしても、ライフプロセスが明らかになり、示される中で共にそれぞれの役割を果たしていた。

ちょうど子どもを通じて家族の中にいのちが躍動するためには男と女が必要であるように、部族の健康と発展はコミュニティーの中に働いているそのような相互補完的な力をコンテクストとしてもたらされた。いのちとは創造と破壊のプロセスであるという考え方が受け継がれる上で、病気は明確な役割を演じてきたのである。いのちが存在するためには、死と病気が存在しなくてはならなかった。

私たちが人間としてまたコミュニティーとして成長発展するには、意見の相違や病気を引き起こすような状況が必要だったのであり、それらに対処するには調和を回復しなければならなかったのである。

いのちの探求は、考え方と実践的な医学的知識およびその適用との間のそのような相互作用を比喩的に表している。個人およびコミュニティーレベルのライフプロセスの見方や理解の仕方を提供しているのは比喩である。病気および病気と死の到来との関連性はどの先住民の場合も起源神話に反映されている。そのような起源神話は、病気と死はライフプロセスの本来的な要素であるという考え方を表していた。重要だったのは、そのようなプロセスの役割を理解すること、それらを受け入れること、そしてそれらを伝統的な教育の中で取り上げることであった。

このような自然界の秩序におけるダイナミックなバランスについての理解は、儀式を通じて、適切な祈禱によって、自分自身とコミュニティーのケアを通して日ごろから維持されてきた。先に述べたように、このダイナミックなバランスは儀式のサイクルを通して共同体レベルで強調され、部族としてのいのちの探求が毎年また世代ごとに新たに行われたのである。

部族の起源神話には、特定の部族の生活様式のなかで個人的および集合的調和を回復するための儀式や祭事の先例が含まれていた。

薬草の利用は、薬草は自然物であるので、人間と自然界の事物の秩序との関係を理解するための比喩と実例を提供した。植物は母なる地球の髪の毛であり、それぞれが独自のスピリットといのちを有していると考えられていた。植物はコミュニティーをつくって生活し、人間と動物に食べ物や栄養を提供した。植物は衣類のための繊維や絵の具のための色を提供し、美をもたらした。植物は、お互いにコミュニティーをなして生活を送り、先住民が注目し、研究し、観察したような特定の生活様式を確立した。

植物は、動物と並んで、人間が自然界との関係で自分の立場を明らかにするのに用いた最初の手段の一つであった。先住民は、植物を観察することで、どのように、またどこに生育するかによって植物それぞれのニーズに違いがあることを理解するようになった。そのような観察は、先住民自身に関するニーズや認識と共鳴するようになった。

植物は生活の基盤であった。また、植物は特別な力ないし薬を有しているので、先住民は植物をヒーリングのためのみならず、自然を構成するスピリチュアル界への橋渡しとしても不可欠な役割を演じていると考えるようになった。タバコ、トウモロコシ、チョウセンアサガオ、ペヨーテなどやその他多くの薬草が、人間と自然の一部をなすスピリチュアル界との仲介役を果たした。セージやタバコその他の象徴的な植物を燃すことによって、インディアンは自然界との儀式的な対話を成り立たせた。

ナバホのヒーリングを研究する学者、ドナルド・サンドナーによると、ナバホによって認識された病気には次のようなカテゴリーが含まれている——スピリット存在を不快にすることによるもの、自然の元素を不快にすることによるもの、動植物の邪魔をしたり軽蔑したりすることによるもの、天体を無視したり軽蔑したりするような行動によるもの、神聖な儀式における誤用や不祥事によるもの、そして最後に嫉妬、羨望、憎悪、自分の行動やその他人への影響を考えずにエゴに仕えることなど主に人間の心に巣食う病気のカテゴリー[21]。

以上のようなカテゴリーはそれぞれ、人間とヒーリングプロセスとの複雑な相互作用を理解する方法や理解の中心を植物が形成していることを明らかにするのに大いに役立つ。

例えば、ナバホでは、神聖な存在たちを不快にすることには、あらゆる罪が含まれる可能性があった。そのような神聖な存在とは、熟考と理解と適切な行動を要求する自然界の特定の要素や側面を表すものであった。神聖な存在の不快とは、自身やコミュニティーとの関係、あるいは自然界との関係における不祥事の反映であった。神聖な存在たちや自然の諸々のスピリットの不快はさまざまな形で現れた――特別な胃の病気、特別な皮膚の発疹、ただれやできもの、あるいは不明瞭な心理的精神的病気もあった。そのような特別な病気はその背景をなす自然物ないしスピリットとの関連において初めて理解することができた(22)。

その次のカテゴリーには、風、火、水、空気といった自然の元素が含まれていた。それらの元素は地上生活の基盤であった。それらは主として薬であったが、それに過度に晒されたり、誤用したりすると病気を引き起こし、そのような病気はそれらの元素の人体内での働きを理解することによって治療することができた。

さらに直接的な罪としては、動物や植物の妨害や軽視が含まれていた。動物も植物もそれぞれ独自の仕方で植物と動物が共に属すスピリット界を表しており、自然界のすべての力に直接通じていた。したがってインディアンの観点からすると、狩りの最中に、動物を仕留めた後その死体を軽視すれば、その動物のスピリットないしスピリットの村から罰を受けるかもしれなかった。植物に関しては、摘んだり適用したりするときの誤りないし不祥事は、病気につながる悲惨な結果を招く可能性があった。

太陽、月、プレアデス星団(すばる)、金星など特定の天体を無視または軽視することが、人間とその他の自然界とのダイナミックなバランスと調和を妨害する、誤った関係のもう一つのカテゴリーになった。最後に、健康と調和を取り戻すべく行われる儀式の最中の誤りや不祥事は、病気と不調和を伝播させる要素であった(23)。

バランスが失われた場合に、それに対抗し、バランスを回復し、それを維持するには、そのような調和を直接活用するために、また人生を理解し、見通し、生きるために、植物をどのように用いるべきかという点に関する理解を含む特別な教育プロセスが必要になった。ほとんどの先住民社会では、このような形の伝統教育はメディシンパーソンを中心にして発達し、彼を通して行われた。このメディシンパーソンは完成するという目標――本来の潜在的創造力を最も十分に発揮できる正しい職業を見つけること――を直接示すモデルとなった。

薬草医、シャーマン、その他のヒーラー、植物とそのヒーリングのための使い方に関する知識の保持者などには、個人的に求められ、また示された特別な資質があった。その資質とは、第一に、ヒーリングに使われる植物の動力学を理解するための、高度に発達した知的・直観的情報であり、第二に、社会奉仕の気持ちと強い宗教的オリエンテーションであり、第三に、自分が所属する集団、文化、部族に対する愛情であった。個性化のプロセスを通じて達成される自覚も求められた。これは、そのような人たちがスピリチュアル的な面だけに係わったということではない。彼らは自然界の熱心な観察者でもあった。彼らは博物学者でもあり、植物学者でもあり、エコロジストでもあった。

ヒーラーはその役割の性格からして、神聖な指導的神話のコンテクストにおける植物の利用に係わる、物質的および社会的な意味での文化的理解の保持者でもあった。さらに、彼らは明らかに他の人々と区別される特別な資質や特徴をもつ特異な人たちでもあった。例えば、よく発達した知覚力、優れた記憶力と明敏な観察力、生来の叡智と呼ぶことができるほどの成熟度と理解度である。

共同体というコンテクストでは、新参者が定期的に参加する儀式や訓練があった。あらゆる伝統的美術様式にも該当するが、ヒーリングは共同体レベルで人々が自身をどのようにみているか、自身をどのように自然界と関係づけているかということに係わる重要な観点を統合していた。

先住民のヒーリングプロセスは一般的には、それ自体が重要な学習と教授のコンテクストをなす一連の段階を踏んで進行した。最初に診断があった。これは、現在および過去の症状を調べるために個人およびコミュニティーの歩みの跡を辿ることから始まった。

また、病気の原因を見つけるために、症状が現れる以前の考え方と行動に関する調査も行われた。ヒーリングのこの局面では、原因となる要素が重視された。また、それらの要素については、部族が自身を自然界の一部として見るのと同じやり方で理解することが重視された。

診断には多くの方法があった。一つは患者を直接観察して質問する方法で、それにはヒーラーが病気の何らかの原因を見出すことができるかもしれない、患者の個人的な夢のプロセスや儀式の準備などのカテゴリーに係わる活動や、狩猟における自然の力との遭遇などに関する調査や話し合いが含まれた。また、診断の別の側面として瞑想も含まれたかもしれない。これは、ヒーラーの思考と生命エネルギーを病気の原因の発見に集中させるものであった(24)。

ある場合には、この瞑想はペヨーテなどトランス状態を引き起こす特別な精神作用物質の助けを得て行われた。ウイチョル、アステカ、インカなどアメリカ大陸の諸部族の植物の用途には、そのような植物を使った瞑想も含まれていた。

診断には占いも含まれたが、それは特定の個人が自己催眠その他の自己誘導プロセスを通じて、病気の性質を知る手掛かりになる徴候や光景や音に非常に敏感になるものであった。そのような診断方法を理解するには叙述し難い人間の力や心やスピリットを把握する必要があった(25)が、その非常に多くが、またコミュニティーの誰よりも多く、伝統的ヒーラーの手に委ねられていた。

治療の局面にも多くの方法があった。例えば、ナバホの歌は、複雑なプロセスを含む共同体の儀式を代表している。砂絵の創作と組み合わされたチャントや病気に応じた植物の適用は、ナバホの指導的神話を反映している。

　歌は、自然界との関係についての鋭い認識から発達した複雑なヒーリングシステムの一つである。より一般的な治療方法としては、マッサージ、加温療法、蒸し風呂、その他の物理療法、そして心理カウンセリングおよびスピリチュアルカウンセリングなどがあった。多くの世代を経て、さまざまな治療法が一つのシステムに組み合わされ、洗練された。やがて、特定のシステムが特定の病気または不調和のパターンに役立つことが分かり、そのようなシステムがその部族独特のヒーリングの伝統になった[26]。

　植物の適用やヒーラーの役割についての理解を含め、ヒーリングの領域全てがエコロジー的動力学の例示である。ヒーリングはその人本来のヒーリングプロセスおよびスピリチュアル的・共同体的・環境的なヒーリングプロセスとの関係を確立し、維持することを中心に発達してきた。ヒーリングの伝統は、先住民が周囲の環境との間に築き上げた密接な関係の代表的なものである。

　いずれの文化集団もこのような場所との関係を長い間に確立した。その場所が砂漠であれ、山の谷間であれ、あるいは海辺であれ、いずれにしてもそれは自然のコミュニティーというコンテクストの中のことである。先住民は自身を自然のコミュニティーの一部として理解し始め、そのような理解を通じて、実際的で、詰まるところエコロジー的で、またスピリチュアル的でもある、教育プロセスを打ち立てたのである。そのようにして、彼らは自身のいのちを探し求め、そして見出したのであった。

✣結論

ネイティブアメリカンの儀式の伝統を文化的人工物だというとすれば、それはそれらの伝統およびネイティブアメリカンの人々のエコロジー的理解を、非常に制約された結局のところ人を誤らせるカテゴリーに押し込むことになる。ネイティブアメリカンの儀式の伝統を研究した学者のなかには未だに多くの誤解を抱いたままの者もいるが、ネイティブアメリカンの知識に対する新しい観点や尊敬の気持ちが現れ始めている。

この新しい観点の一部として、また教育の基盤として、ネイティブアメリカンの人々が確立したエコロジー的関係という方法は、深い考察と解明をもたらすことのできる一つの中心である。先住民のエコロジー的関係という方法は、可能性を秘めた種子のようなものである。環境的持続可能性という意識に向けて現代教育を再構築することに関する理解と人々の一体化が現在求められているが、それは先住民がその伝統的な教育プロセスを通じて発展させることができたものの一つの側面にすぎない。

自然のコミュニティーは、現代教育のコンテクストの中に再導入し、再活性化させることが必要な比喩の一つである。自然コミュニティーの理解は、次の世紀で行わなければならない環境教育の基本的側面である。人間は、自分が自然のコミュニティーの一部であるという事実と折り合いをつけなければならない。私たちがこの基本的理解を内部化し、自然界との間に確立しなくてはならない関係について考えることができるのは、私たち自身と私たちの子どもの教育プロセスを通じてである。

世界各地の先住民は、経験や自然界との直接的な関係を通じて、この大いに必要な自然のプロセスや自然との関係に関する理解を築くことができたのである。彼らにとってこの理解は、伝統的な教育形態ないしシステムというコンテクストの中で、完全になることの一部をなしていた。

そのような教育形態、理解、そして自然コミュニティーの内部の関係を表現する方法に再び目を向けることが重要である。世界各地の原住民がそれぞれのコミュニティーおよび自然環境のなかで正しい関係を確立してきたその方法を再度信頼することが重要である。教育者は再び「空を生きる」ために、「平原を生きる」ために、「砂漠を生きる」ために、「山を生きる」ために教えなければならない。私たちは再び「山に目を向け」、それに登らなければならない。その苦闘および理解の旅を経て、私たちは高次の自己への巡礼を全うしなければならない。私たちは新しいビジョンをもって、私たちがいたところ、現在いるところ、そして自然のコミュニティーの中の一つのプロセスとしての教育の発展を通して行きたいと願うところに目を向けなければならない。

世界各地の先住民のコミュニティーはそれ自身のなかに、伝統的な教育形態のなかに、自然界と結び付いた人間本来の叡智を組み込んだが、それは非常に深い形で行われ、私たちはようやくその高度さと自然環境に関する彼らの本当の理解度を理解し始めたところである。存在し、関係し、理解し、教え、学ぶ、そのような自然のコミュニティーの中で、私たちは再びもっとも人間的でもっとも生きた道を、そのもっとも正しい形において、探し出すことができるかもしれない。

現在の先住民的な環境教育カリキュラムの開発は無数の形をとることができる。それは、創造的探究および真にすばらしい教授・学習経験をもたらす非常に大きな可能性のあるカリキュラム開発分野である。

しかし、包括的なカリキュラムプロセスが取り組むべき重要分野が他にもいくつかある。そのような分野には次のようなものが含まれる――場所を知るための部族の特別な方法と関連づけられた文化的・歴史的内容の学習、特定の環境の中で生きるための実践的技術の学習、自然と個人的な関係を築くために特定の自然の場所で長時間過ごす機会をつくること、生徒たちが特定の自然の場所を強化ないし回復させるための奉仕活動を組み込むこと、現代生活の枠組みの中でインディアンの環境にかかわる伝統を受け継ぐことの固有の価値を生徒たちが認識する基盤となり得る、生徒たちが再び自然に魅了されるような活動の創造。

要するに、私たちは、私たちに固有の先住民の観点、環境に関する先住民の伝統的情報源、態度、オリエンテーションを再生するための方法に取り組み始めなければならない。この時代の重大な環境危機に取り組むのであれば、先住民の環境教育の現代版を開発しなければならない。実に、いまこそ、「山に目を向ける」べき時である。

第4章　神話を生きる——アメリカインディアンの教育の神話的基盤

❖知識体系としての部族神話

的確にアクセスできれば、部族神話には個人とコミュニティーの両方の教育に光彩を添える大きな可能性が含まれている。部族神話にはいずれの体系においても、部族にとって文化的に重要で、部族の独自性を反映した多様な物語が含まれている。部族神話は部族の構成員に感情的に訴える、比喩、シンボル、イメージといった創造的な言語的・視覚的形式に満ちている。それらは、部族の人々の歴史を通して経験され解釈される、世界の根拠を示し、全体として、その部族の世界に影響を及ぼす人々や存在の役割を示すものである。人々は土地との関係および相互の関係の創生を通じて自分自身を認識してきたのであり、神話は〝人々の物語〟を形づくる一連の説明である。

どの部族も、一連の神話に含まれた精神的エネルギーにアクセスするための媒体を創造した。語りやパフォーマンスや美術表現によって、部族の教師たちは一連の神話を積極的に生き返らせ、含まれている教訓を視聴者の時代と場所にふさわしいものにしてきた。部族の教師たちは、神話の核になる意味を忠実に守りながら、視聴者や状況や彼ら自身の個人的な表現力に合わせて、いつも、神話の一部の要素を即興的につくったり、構成し直したり、つくり直したりしてきた。実際、どの神話も、それが語られる時と場所ごとに新しくなる。神話はそれぞれの語り部を通じて、またそれを聞いて積極的に係わる一人ひとりの視聴者を通じて生き永らえる。神話は、そして神話をさまざまな形で上演することは、部族が集団として共有する経験を思い出すことを思い出す方法であった。

神話の語り部の数だけ神話の語り方があり、神話に対する見方もまたさまざまである。進化主義者から、象徴主義者、精神分析家、機能主義者、構造主義者、民俗学者まで、西洋のさまざまな学派が神話という人間現象を説明しようとしてきた。しかし、西洋の学者が「神話の伝承者」の助言を求めるようになったのは、つい最近になってからのことである。また、西洋の神話研究者のなかに、それらの伝承者を評価し、人間の学習と経験を形づくることにおける神話の力に敬意を払う者が出始めたのもつい最近のことである[1]。

人間は物語を語る動物である。物語は、それを通じて人が考え、関連づけを行い、コミュニケーションをとる一つの基本的構造である。私たちは物語をつくり、物語を語り、物語を生きる。なぜなら、それは人間であることに欠かせないものだからである。神話、伝説、民話はどの文化においても教育の土台となってきた。そのような形式の物語は、人生の本質のあらゆる側面や現れを私たちに教えるものである。それらは、芸術、宗教および自然環境への順応という、コミュニティーの比類なく人間的な文化表現について考えをめぐらすことを通じて、あるいはそれへの参加を通じて十分に生きる術を私たちに教えている。私たちは神話を積極的につくることによって、また神話に人生経験を組み込むことによって神話を生きる。神話は、そのシンボルやイメージと私たちとの相互作用を通じて、私たちに情報を伝えるだけでなく、私たちを形づくりもする。

神話は、互いにコミュニティーをつくって生活することの意味を説明する。人間が自然界に、自然界の中で維持されなければならない重要な関係に依存していることを説明する。人間存在の生死に係わる問題を探究し、そのような問題を根本的な起源、原因、あるいは関係に結び付ける。神話は、人間の自己理解に係わる基本的かつ重大な関心事項を扱っている。創造、生存、関係性、ヒーリング、完全性、そして死は、あらゆる文化、場所、時代を通じて一貫した神話のテーマである。要するに、神話は、それをつくった人々とコミュニティーの全てである。

神話の機能は人間の生活や文化と同じく多様かつ複雑である。私たちがそれに従って生きる神話は、アイデンティティーと目的に関する共有の比喩を通じてコミュニティーを結び付ける。神話は一人ひとりの心理状態のバランスをとるのに、またそれを部族、自然環境、地球社会といったより大きな全体に結び付けるのに役立つ。神話は人生の矛盾を映し出し、それぞれの矛盾の背後にある真実を示す。

語りやパフォーマンスという形で表現される神話は、歌、踊り、視覚芸術などその他の芸術形式を統合するコミュニケーション芸術である。実際、神話は芸術表現のための基本的なコンテクストであり、人間文化の初期段階に起こった芸術の発達につながったものと思われる。芸術は神話の言語の一つである[2]。

最後に、神話は生きるも死ぬも人を介してである。神話は、人間の創造物として、考えや言葉や行動によってそれを共有する人々を介して生きるメッセージでもあり、意識的な思考の方法でもある。

神話を通じて生きるということは、私たちの過去と現在と未来を結び付ける学習と教授の創造的プロセスにおいて、神話が提供する原初的イメージを使うことを意味する。神話を通じて生きるということはまた、私たちの内なるスピリットと先祖代々の豊かな文化的伝統に対する評価と理解、そしてそれらの導きに基づいて、私たち自身や他の人々や世界と結びついた生活を送ることを学ぶことを意味する。

そのような生活を探求すること、それは創造的な学習生活を促す先住民の教育の基本的な比喩である。個人のレベルおよび集団のレベルで神話を通じて再生するイメージやシンボルは、この創造的な学習生活を促す刺激となる。

「神話的イメージとは……それに対する肉体的反応において生理的にも、またそれに関する高次の思考において精神的にも、我々に係わりのある絵である。人が意識的に神話的生活を送るとき、彼ないし彼女は集中的かつ内省的に生活を経験しているのである(3)」

✣先住民の教育――個人的神話と文化的神話の結合

個人的神話と文化的神話そして教育プロセスという三者間の関係は複雑かつダイナミックである。私たちの個人的物語は私たちの感情を刺激し、私たちの信念を形成するが、個人的物語ないし個人的神話の原理を理解するとき、私たちはより意識的にその発達に参加できるようなる。このことは人の個人的教育プロセスに関しても同じく該当する。なぜなら、個人的および文化的という二つの理解の形式は互いに密接に関連し合っているからであり、イメージを通して個人的神話と文化的神話を統合すること、それが先住民の教育プロセスの基本的要素である。

私たち一人ひとりの個人的神話は、私たちの人生のまさしく本質を知らせるダイナミックな網を形成する。私たちの個人的神話が私たちの生活のプロセスに及ぼす影響を認識することは重要な自己認識の一部である。そしてそのような認識は、私たちの個人的神話と私たちの暮らす多文化世界の神話とが互いにどのように浸透し合っているかということに一層完全に意識的になることから始まる。

その認識は、第一に、私たちの個人および文化の起源を深く探究することによって明確になる。文化の起源を探究するということは、本質的に、私たちの相互関係を学び、相互依存的な存在としての私たち人間の進化を再確認するホリスティックなプロセスである。それは、私たちがみな神話的生活を送っていること、またこの人生がそれぞれの神話化のプロセスを通じて一歩ごとに導かれていることに気づくことである。このプロセスを理解するなかで、私たちは自分と家族の神話、私たちの社会の伝統的神話、そして人間の普遍的条件との関係に気づくようになる。

このような神話的関係や私たちの個人的神話を意識しないことによって、私たちは歪んだレンズを通して他の人たちを、世界を、そして自分自身を見るように自らを追い込んでいる。私たち自身の神話および私たちの文化の神話に対する一定レベルの批判的意識が、より深い学びと教えの場には不可欠である。先住民の教育プロセスには、様々なレベルの個人的、文化的神話を探究する機会が組み込まれている。

先住民の教育プロセスにおけるこの個人的な神話の旅の第一歩では、神話的イメージに中心が置かれる。人が神話の知識を踏まえた生活を送るプロセスに乗り出すのはこの中心を通してである。それは、日常的な関心事以上に神話的イメージを意識して生活を送ること、文化および祖先のルーツに対する深い理解と高い評価をもって生活を送ること、そして、内なる創造の源の導きの下に、重要な人々、慣習、制度、そして世界との洗練された関係を保つ生活を送ることである。個人および集団レベルの神話的イメージは、そのような学習プロセスの一歩を踏み出すための視覚的言語を提供する(4)。

神話の言語を形成する構造やイメージ、シンボルや感情の要素が、それ自身の言葉で私たちの魂に語りかける。人間の意識は、私たちが人生経験と自分がそのなかで暮らす社会の神話によって形づくる、深く組み込まれた神話複合体のコラージュである。私たちの人生は、私たちがそれによって生き、またそれが私たちを通して生きる、そのような神話の表現である。

神話は、人間および自然のエネルギーがそこを通り抜けて人間の文化に至る出入り口である。先住民の教育を現代的に表現する手掛かりとしては、インディアンの人々が現代社会において彼ら自身と彼らの場所に関する理解を築く方法に影響を及ぼす試みなどがある。そのような理解は、その現代的表現が儀式、夢、美術、踊り、音楽、社会的相互関係、学習などのなかに見出されるように、先住民の神話的言語（個人的、文化的、両方の）から生じる。神話が人々とコミュニティーを動機付けるその働きを辿ることが、教育のコンテクストで神話を効果的に使うことを学ぶ上で重要な第一歩となる。

✣神話を辿る——先住民の教育の同心円

比喩に取り組むことは部族社会における神話を使った教育プロセスを探究する創造的方法であり、そのようなプロセスは先住民の教授と学習の基本的原動力である。この取り組みは神話の中のシンボルや比喩を中心に展開するもので、知識を求める一つの方法である。

追跡の比喩と同心円のシンボルは、深い教えとしての言語的イメージや視覚的イメージを提供するのに役立つ部族的な類比の例である。教授と学習に関する深くて非常に創造的な部族的表現に導くのは、まさしく神話のコンテクストにおけるこのような取り組みである。

追跡は、観察、常識・自然な感覚、直観的ではあるが識別し得る方向を辿ること、そして直観と視覚的思考を発達させることを意味する。追跡は、文字通りの意味において、私たちの中に入って来る輪を観察し、私たちから出て行く輪を鎮めることを意味する。足跡はさまざまな側面から、また多くの観点から読み取ることができる。

追跡の戦略は、マクロ的ビジョンをもって風景の輪をスキャンすることから始まる。そのようなスキャニングによって人はより小さな同心円を通り抜け最終的に特定の動物というミクロの焦点に至る。[5]私がここで言及している輪というのは、自然および社会的・精神的プロセスのなかで観察される相互関係を構成する輪である。自然や社会におけるプロセスはいずれも同心円的コンテクストにおいて発生する。

同心円の輪はあらゆる物、あらゆるプロセスから四方に広がる。同心円は関係性の視覚的シンボルを提供する。それはあらゆるプロセスが同心円の輪を放射し、今度はそれが他のプロセスの別の輪に影響を及ぼすことを視覚化する一つの方法である。同心円のシンボルは、ある物が他の物にどのように影響を及ぼすか、ある物が他の物にどのようにつながるか、ある物が他の物とどのように関係しているかを見る上で有用である。

同心円はまた、完全性の基本的シンボルでもある。それによって、多数の関係性の同心円の連結としての完全性を描写することができる。関係性の同心円のマッピングは、原初の人々の神話や儀式やそれぞれの自然環境への適応の中にみられる重要な活動である。そのような完全性を構成する同心円のすべてに、それに基づいて自然を整理し直し、それを何らかの形で表す、自然の特定の側面に関する認識がある。このプロセスは創造行為の普遍的特性の一つであり、そのようなものとして科学や芸術の基本的側面である。

このような観点からすると、追跡は同心円同士のつながりに関する見方を学習することと密接な関係がある。追跡の類比は、先住民の学習に不可欠なプロセスを説明するのに役立つ。つまり、つながりを見るプロセス、相互関係の同心円を認識するプロセス、そして寓話や神話のプロセスの跡を追うプロセスである。追跡のプロセスはそれ自体が、一連の同心円から成っており、物質的な輪から始まって、精神的な輪、社会的な輪、形而上学的な輪へと続いていく。それらの追跡の輪は、プロセスと現場思考という相互に関連した二つの側面を示している。

追跡のコンテクストにおける現場思考とは、単純に、関係性の特別な場に気づくようになること、また、見つけたい、あるいはしたいと思うことに直接かかわる特定の可能性をその場の中に見つけ出せることを意味する。

追跡の最初のレベルでは、通常、物質的なつながりを見る能力が求められる。例えば、ある特定の環境に対する広い経験を有するインディアンの猟師は、アオカケスが特別な仕方で叱るように鳴き出すとキツネが来ることが分かる。彼はこのことをどうして知ったのだろうか。たぶん、かつて猟師はちょうどそのようにアオカケスがキツネを叱るのを見たり聞いたりしたのである。そして、昔の猟師はそのイメージや音をしっかり記憶するとともに可能性の場の中に特別な関連を認めたのである。その特別なアオカケスが叱るように鳴くのをもう一度聞けば、猟師はその音とイメージを思い出すのである。

物質的レベルの追跡には、視覚の鋭敏さを使ってパターンを識別する能力、音や触感や匂いやさらには味覚についても違いを識別する能力を発達させることが求められる。それは、そのような人間の基本的な知覚能力を使って、特定の問題や状況の跡を辿る方法を知る能力を意味する。形而上学的意味での追跡とは基本的に、物質的、精神的、社会的、スピリチュアル的な同心円をその起源まで辿ることである。神話はこのプロセスの代表的な例である。

動物の跡を辿るところを猟師の目を通して思い描いてみよう。それから、猟師の口に入り、やがて彼の手、彼の身体、彼のスピリットを通じて美術、踊り、歌、儀式の形で戻ってくる様子を思い浮かべてみよう。猟師は、神話やそれに関連した表現の輪を通じて、動物をさらに増やすために、さらに多くの動物を踊らせるために、特定の動物種の繁殖力と活力を高めるために、またそうすることによって諸々の同心円が好ましい回転を続け、好ましい相互関連が保たれるように、その動物を称賛した。これが昔の人の猟の神話の本質である。

初期の神話は、時間を通り抜け、またその同心円が現在の時間と場所にまで及んでいる神話の地理的な風景を通り抜け、祖先の足跡を辿りそれに取り組む事例に満ちている。神話における同心円の追跡を理解する手掛かりは、逆さまに考える能力の開発にある。神話のコンテクストにおいては、物事は逆になり裏返しになる。

例えば、メキシコのウイチョルインディアンのペヨーテ探しの特徴は、彼らの祖先の足跡をウィリクタと呼ばれる神話上のペヨーテの土地まで辿ることである。この祖先の足跡を逆に辿る行為は特定の地理的および神話的風景の中で行われ、ペヨーテを求めるウイチョルはマラ・ア・カメ（ウイチョルのシャーマン）によって諸々の関係性の同心円の中を導かれる。そのような同心円はそれぞれが独自の気分や儀式、自然エネルギーや地理的特色によって象徴的に示される。ウイチョルが現在住んでいるシエラマドレから、ペヨーテサボテンが見つかるサンルイスポトシのすぐ外に広がる砂漠までの地理的風景は、祖先が通った道の跡を示している。その道跡の地理的風景に沿って、生物を維持する地球の重要な自然エネルギーの同心円を示す自然の特色が見られる。それらは土、風、火、水、植物、動物の原型的エネルギーである。それらの各エネルギーは、ウイチョルの伝統的な糸絵では、神話上の動物や生物や物によって表される。それらは地球の風景を形づくる自然エネルギーの象徴である。(6)

ウイチョル族は祖先の神話的足跡を辿ることによって、ペヨーテ、ウイチョルの起源と神話、ウイチョル文化特有の考え方、ウイチョルの生活環境が有するエネルギーなどについてさまざまなレベルの知識を得る。

この、相互関係の同心円を通過する形而上学的追跡は、風景、自然エネルギー、植物、動物が互いにどのように影響し合っているかを明らかにする。そのような関係とそれらの間の相互作用を認識することが初期の科学の起源であり、先住民の環境に関する知識の源泉である。

ネイティブアメリカンの神話のコンテクストでは、特定の地理的特徴が自然のプロセス間の結び付きを象徴している。通常、そのような特徴があるところは神聖視される。それは特別な構造、泉、湖、川、山、あるいはその他の自然の場所であるかもしれない。そのような特徴はいずれも、自然の中の、物質的、視覚的、形而上学的な同心円を示す。その多くは、トウモロコシ、シカ、バッファロー、魚、雨雲、森といった生活を支えるもののシンボルである。それらの結び付きを、本来の関係を理解することが、生存するためには欠かせない。したがって、重要な自然現象を学ぶ方法、知る方法に多くの労力が割かれる。

神話は特定の地理的風景をマッピングする方法を提供する。特定の地理的場所に関する物語を語ることは、その場所およびその場所の相互関係の同心円の認知地図を作り始めることである。例えば、移住神話は地理的風景を通り抜けながら足跡を辿る物語である。ネイティブアメリカンの移住神話の多くには、どのように行動し、どのように自然界と係わり合うかを後の人々に思い出させるために、先祖たちが彼らの象徴を自然の形や現象のなかに残したことが含意されている。

神話は同心円というシンボルを通して、現実のある物が神話の中のある物に似ているか、あるいは似ていないかという視覚的イメージを私たちに与えることができる。神話はいずれも同心円状の意味の輪をもっており、そのようなものとして語られ、語り直される。神話の語りは、子どもを対象とする単純なバージョンから始まり、それより若干複雑な青年を対象とするやや深いもの、イニシエイトたちを対象とするより深いもの、完全な成人を対象とするさらに深いものへと移行する。

世界各地の文化に数多く見られる同心円のシンボルは、プロセスとしての出来事を意味しているように思われる。同心円は、それが主要な神話や儀式や美術で使われるとき、何かがそこで生じた、あるいは生じているということを意味している——その何かとは、泉かもしれないし、儀式や特別な自然現象や重要な生活行為かもしれない。

同心円はオーストラリアのアボリジニーの神話や儀式や美術における主要なプロセスシンボルである。アボリジニーの伝統美術に示されているように、同心円は聖なる意味をもち、深遠な洞察が得られる重要な出来事が起きる場所である。

マンダラとメディシンホイールもまた重要なプロセスイベントを象徴的に表す別の例である。神話が自然のプロセスを映し出し、類比していることから、もっとも単純なシンボルの一つが自然と人間の精神双方のもっとも複雑なプロセスの一つ——相互関係のプロセス——を表していることは驚くに当たらない。

同心円のシンボルは、すべて比類のないものであり、それ独自の足跡を残すということをイメージさせる。しかし、それはまた、あらゆるものが輪の重なり合う部分で示される類似性を共有していることも表している。

知識は同心円の外側に向かって成長し、発達する。同心円はまた、考えや直観を追跡する方法、知識の諸領域を観察する方法、思考や自然の実態の中にパターンや関係性を見出す方法を学ぶ基礎を築く。

先住民のプロセスに関する教育とは、特定の分野ないしレベルにおいて、自然や社会やスピリットの実態を追跡することである。この追跡はどのような次元においても、その次元の多数の同心円のそれぞれにおける可能性に心を開くことを要求する。自然に関する神話的、審美的、直観的、視覚的認識を、どのように科学的、合理的、言語的認識と調和させるかを学ぶことが先住民の教育には欠かせない。このような観点から行われる教育では、自然を全体的に見ることを学ぶことが求められる。それにはいま述べた相互補完的な二つの観点の間を継続的に往復することと両者の相互作用が必要になる。最大の効果を上げるためには、これらの二つの自然の見方を統合する学習の促進が今日のインディアンに対する教育の柱にならねばならない。

この先住民を手本にしたやり方においては、最初のコースは一つのシンボルから始まる。神話や同心円間の関係や自然の実態に関する知識や認識にアクセスする手掛かりとなるのがそのようなシンボルである。エコロジーのようなプロセスの領域を教え学ぶに当たっては、神話のコースから始め、それを辿る——その同心円を抽象的な方向から具体的な方向へと進み再び戻る——のが最も自然で潜在的に最も創造的な方法の一つである（一六九頁の図参照）。その場合、人は神話的シンボルに焦点を置くことを通じて――指導者の助けを得て、また、シンボルの意味に関する経験、考察、理解の適用という創造的な側面を通して――スピリチュアルエコロジーの本質を学ぶ。

先に検討したせむしの笛吹きというシンボルは、「ココペリ」ともアントマン（蟻男）とも呼ばれるが、その一例である。ココペリは、種子をもたらすもの、生殖能力、雌雄性、豊穣、そして芸術文化の拡大を表す神話的シンボルである。ココペリは含蓄のある自然のプロセスのシンボルである。

ココペリは、そのようなものとして、多くの神話に取り囲まれているが、それらの神話は自然の多様な生殖プロセスのさまざまな側面を表す比喩に富んでいる。それらの各プロセスは一連の心理的、審美的、文化的表現に取り巻かれている。そして、それらの表現は目に見える現実に、神話による先住民の教育の基礎を形成する現実に結び付いている。

ココペリは一種の門番のような働きをする神話的な視覚的比喩である。メキシコから合衆国南西部へと、いろいろなレベルの使い方と神話におけるさまざまな現れ方を通じてその意味をたどると、先住民の原型および神話の伝統の源に達する。ナバホ、スー、イロコイ、オジブウェー、ピマ、ウイチョル、イヌイットその他、アラスカから南アメリカの先端に至るまでのあらゆる部族には、それぞれ部族独特の門番がいる。その他のアメリカの部族の神話に登場する門番を少し挙げてみると、北西部のカラスの神話群、西部と南西部のコヨーテ／トリックスター神話、北部平原地帯のイナピ（老人）神話、極北のセドナ神話、中央平原地帯の不変の石・イニャンやホワイトバッファローの少女の神話、北部森林地帯の平和の木や大亀の神話などがある。そのそれぞれに門番のシンボルが多数含まれており、その跡を追うと部族の伝統や神話に関する知識ベースのルーツに導かれる。

教授と学習のプロセスと内容を（インディアンの教育を方向づけるそれぞれの基盤において）示す主要な神話や概念、シンボルやオリエンテーションを通じて部族の選ばれた特定の門番を追跡することと、それは先住民の相互作用的・統合的教育方法である。

このようなやり方は一種の創造的分析であり、その場合、神話のロジックと神話の検証に使われるロジックが同じであり、それはまた神話に示されている重要なメッセージを理解する際の部族の観点とも内的に一致している。

特定の地域で使われる門番のシンボルは幅広い意味をもつが、同じ地域の神話のコンテクストの中で検討する必要がある。その地域の一群の部族が重視することを見て、理解して、関係づけるための理想的媒体を提供するのが、先住民の主要な文化的、哲学的概念である。

タノ族の水瓶少年の神話は、そのバリエーションがニューメキシコ州のサンタフェ周辺の二、三のプエブロインディアンの間で今も語り継がれている。その起源は古代の神話時代にあるが、このアナサジ族の教育的物語には、口承と岩面彫刻による説明の両方において、ココペリという視覚的に象徴的な形態が採用されたのと同じ方法が認められる。(7)

ニューメキシコのサンタフェの南方一二マイルにあるラシエネガ・プエブロインディアンの廃墟近くの岩面彫刻パネルの上では、一連のココペリの図が水瓶少年の物語の先触れをしている。水瓶少年は、消滅して今はないラシエネガ、サンマルコス、ガリステオというタノ族の村々を起源とする物語である。それは教育的物語、なぜ物事がこのようになっているのかということに関する、そして人間の生活の源を知ることの重要性に関する物語である（次頁の図参照）。

関係性の同心円を辿る

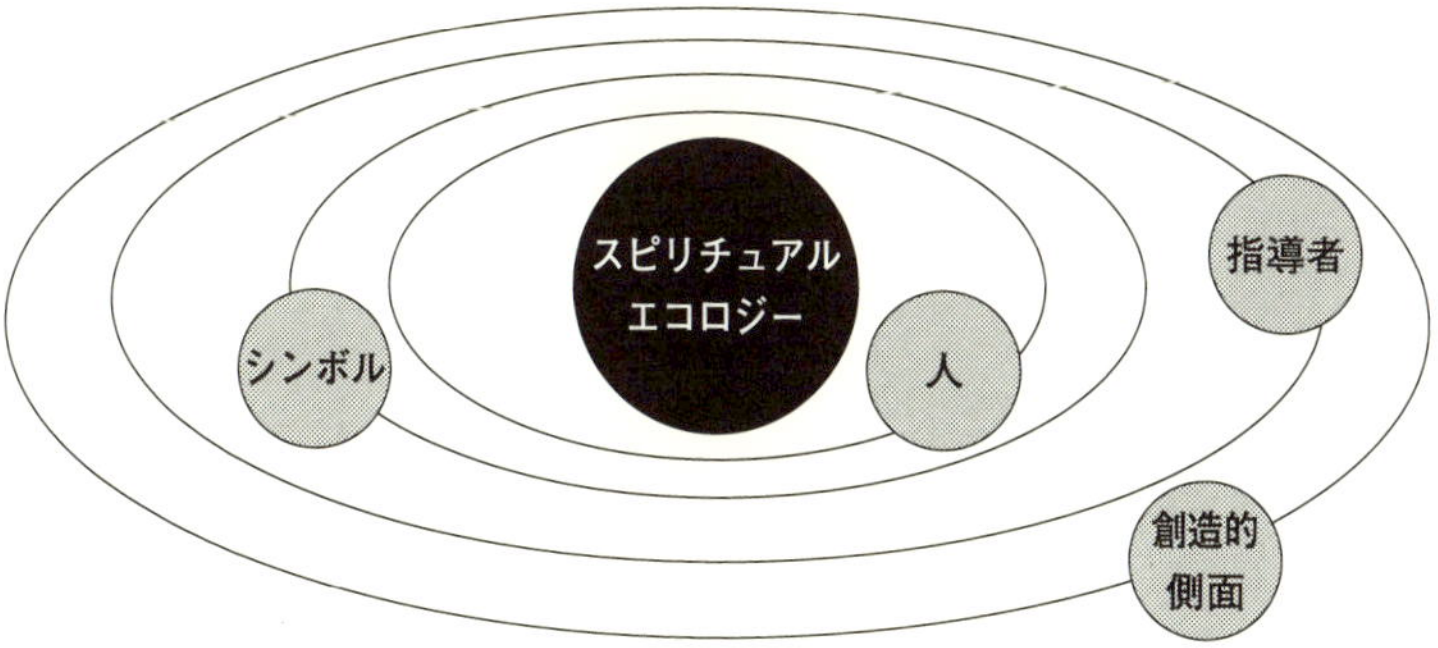

ラシエネガにある水瓶少年神話の岩面彫刻

作者，キャロル・パターソン・ルドフルの許可を得て転載。

✣水瓶少年⑦

流れが合流する場所の近くのとても古い村に一人の娘が父母と暮らしていた。その娘はとてもきれいで、親切で、心根がよかった。彼女が年頃になると、村の多くの若者が彼女の目を惹こうとした。しかし、彼女はとても内気で、村の若者の誰にも関心を示さなかった。彼女は父母の元を離れたくなかった。二人とも随分年をとり、彼女の助けが必要だったからである。

娘は母親が非常に上手に陶器を作るのを、とりわけ水瓶を作るのを手伝うのが好きだった。ある日、母親が粘土をこねるのを手伝って欲しいと彼女に頼んだ。彼女は、陶器に模様をつけるための特別な色の粘土をとりに村の近くの泉に行った。泉の近くで粘土を足でこねていると、胃の具合がとても変に感じられるようになった。粘土をこねればこねるほど、粘土が彼女の足を覆えば覆うほど、その変な感じは強まった。彼女は粘土をこねるのを止めて家に戻った。粘土をこねているときに感じたことを母親に話したが、母親は特に気に留めることもなく、心配しないようにと言った。

それから数日すると、娘はお腹の中で何かが動いているのを感じるようになった。彼女はそのことを母親や父親に話したくなかった。しかし、間もなく彼女の具合がとても悪くなり、そのお腹を触った母親は娘が子どもを宿していることを知ることとなった。やがて生まれでた子どもは、ほかのどの子どもとも違っていた。それは美しい小さな水瓶だった。父親が入ってきて、その美しい小さな瓶を見ると、「これは特別な贈り物だ、こんなことがどうして起こったのか私たちには分からないけれども、受け入れなければならない」と言った。娘の父親はその小さな水瓶をとても好きになり、子どもが動き、大きくなりだすと彼は幸せを感じた。その水瓶はとても速く成長し、数日で話せるようになり、家の中で彼の跡を転がって追うようになった。

ある日、その小さな水瓶は祖父にほかの子どもたちと遊べるよう外に連れて行って欲しいと頼んだ。祖父は小さな水瓶の頼みに驚いたが、外に連れ出してやると、すぐに転げまわり村の子どもたちを喜ばせた。子どもたちは小さな水瓶がとても好きになり、毎日祖父が連れてくるのを待つようになった。子どもたちは小さな瓶を「水瓶少年」と名付けた。

ある日、村の若者たちがウサギ狩りのために集まった。水瓶少年は、「おじいさん、僕もほかの少年たちと一緒に狩りに行きたい、僕も狩りができるようにウサギのいるところに連れて行ってください」と言った。祖父は水瓶少年の頼みに驚いて、「どうやって狩りをするというんだい、手も足もないのに。それに狩りは本当の少年がするものだよ！」と彼に話した。水瓶少年は、「でも、僕は本当の少年だよ！」と答えた。祖父は水瓶少年をウサギがいる所に連れて行くことにした。二人が出発しようとすると水瓶少年の母親が怪我をするのではないかと心配して泣き出した。水瓶少年は母親に心配しないように、たくさんのウサギを持って帰るからと言った！

祖父はウサギがたくさん棲んでいることを知っているメサの近くに水瓶少年を置き、日没前に迎えに来ることを告げた。それから祖父は老人たちと一緒にウサギを集めにでかけた。水瓶少年はウサギが近くを通り過ぎるのを見ると転がり始めた。彼は転がっているときに大きな石にぶつかり、割れてしまった。すると、その割れた瓶からとてもハンサムな少年が飛び出てきた。少年は棒を拾うとウサギを追いかけ、その一部だけを殺し、あとは逃がしてやった。太陽が沈み始めると、彼は祖父に会うためにたくさんのウサギを背負いメサの方に歩いて行った。彼が近づいても、祖父は彼だと気づかなかった。祖父は、「水瓶が転がりまわっているところを見なかったかい」と尋ねた。水瓶少年は笑いながら、「おじいさん、僕が水瓶少年だよ、あなたの孫ですよ！」と言った。水瓶少年が、転がりまわっているときに石とぶつかり、粘土の皮膚が割れて瓶から出できたことを話すと、祖父は信じられない様子だった。「だから、僕は本当の少年だって言ったでしょ！」

二人が家に戻ると、祖父は娘と妻に「これが孫だよ、これが水瓶少年だよ！」と告げた。それから二人は水瓶少年が割れた水瓶から飛び出し、たくさんのウサギを殺したことを話した。誰もが幸せだった。彼らは新しい水瓶少年に会わせるために親戚一同を招待した。それ以後、水瓶少年は若者たちと共に暮らし、コミュニティーの生活に加わった。

時が経ち、水瓶少年は自分の父親が誰か知りたくなった。ある日、彼は母親に、「僕のお父さんは誰？　どこに住んでいるの？」と尋ねた。彼女は泣き出して、わからないと言い、どこに行ったら会えるのかも教えてあげることができなかった。しかし、水瓶少年はどういうわけか自分の疑問に対する答えを知っていた。彼は母親に、「僕はお父さんのいる所を知っているよ、明日行って探してみる！」と言った。翌日、彼は西に向かって出発し、長いこと歩いた。沼地を見たとき、そこに泉のあることがわかった。泉に近づくと、バックスキンを着た男が石の上に腰を下ろしているのが見えた。その男が、「どこに行くんだね？」と尋ねた。水瓶少年は、「僕はそこの泉の中に入って行ってお父さんを探すんです」と答えた。「お前のお父さんは誰だい？」とその男は尋ねた。水瓶少年は足を止めてその男をよく見た。そして、「僕のお父さんはあなただと思う」と言った。それに答えて、「そのとおり、私がお前の父親だ、やっと会いにきてくれてうれしいよ。私はあの泉の中から来たのだよ。あれが私の家だ」とその男は言った。父親は水瓶少年を泉の中に連れて行った。そこで水瓶少年は親戚一同に会った。水瓶少年は泉の中に留まり、今日までそこに住んでいる。

水瓶少年の話は単純ではあるが、奥が深い。その比喩的な意味は途方もなく深い。水瓶少年は伝統的な芸術形式、陶器を通して造り出されるが、それは伝統的部族美術における創造的プロセスの役割と不思議な力を反映している。それは狩猟の力を呼び起こし、探し求め、学習し、理解することの比喩として狩猟を使うことに関連している。それは、物事は必ずしもすべて見えるとおりとは限らないということ、また障害と思われることが、水瓶少年が他の少年たちが走るのと同じ速さで転がることができたように、実はその子の特別な才能であるかもしれないということを私たちに思い起こさせる。りっぱな猟師だという水瓶少年の自分に対する信頼は、課題に直面しそれを克服することを通じて「子どもたち」がどのように自身を変容させていくかを私たちに示している。

水瓶少年の父親探しの旅は、彼が泉の中に入り、そこで霊父だけでなくその親類にも会うところで終わっているが、それは深い理解と真の学習のために必要とされる自分の奥深くへの旅を表している。泉の中で父親だけでなく親類も発見するということにおいて、水瓶少年は真の学習が常に個人的な事柄であること、しかしその最終目標は「個人的エゴの拡大」ではなく、私たちの深い霊的自己および親類との接触であることを私たちに思い起こさせる。学習と教授とは常に、コミュニティーと関係性に基づく生活に関するものであり、またそのためのものである。

✣ストーンボーイ、イニャンのシンボル

インディアンの神話の多くが、神話的に象徴的な完全さへの旅、帰郷、あるいは少年時代から成年

男子への移行について説明している。ラコタのストーンボーイの神話はまさしくそのような神話である。ストーンボーイの物語には、〝ヒーロー〟という広くみられる原型的役柄の特徴が多く含まれている。それは、ラコタのような土地の人々が拡大家族の中で、イニャン（不変の石）などの周囲の物やバッファローなどとの間に確立した関係の本質やそのエネルギーについての話である。それらはすべて門番のシンボルと言語による比喩によって表されるが、その意味の同心円はラコタの世界観の中心から広がっている。

さらに、ストーンボーイの物語は内の世界と外の世界との境界の性質を述べている。そのような境界には家族の内と外の境界、領土の境界、さらには生と死の境界まで含まれる。全体的には、ストーンボーイの物語は故国の安全、家族との絆を通して得られる安心、そして不変の石という基盤について述べている。なぜなら、石、イニャンは、ラコタにとっては、最初に創造されたものであり、生活の第一の基盤を示すものだからである。ストーンボーイとは地上に生まれ、ラコタの人々のために活動するイニャンである。ラコタの「先住民」としてのあり方に深い敬意をもって「ストーンボーイ」の物語を紹介することにしよう。

✣ストーンボーイ

この物語は、古代のこと、四人の若者がティピの中で腰を下ろしているところから始まる。その名をハケラという一番年下の弟がティピの外で人の声がするのを聞き、外の方を見ると、大きな皮袋を持ち、前髪を結んだ若い女が入り口に立っていた。ハケラの兄たちは、彼らが男ばかりで世話をしてくれる女の人がいないので、彼女が彼らの姉になってくれるかもしれないと言って、彼女を招き入れるよう一番下の弟に言いつけた。

若い女は中に入り火の側に腰を下ろしたが、兄弟たちが差し出した食べ物は食べなかった。彼女は恥ずかしくて彼らがいると食べられないのだと思い、兄弟たちは中座してティピの外に出て散歩をした。ハケラは少し歩いたところで、あとに残って若い女を見張ることにした。彼はすぐティピから奇妙なにおいがしてくることに気づいた。不審に思った彼は鳥に姿を変え、ティピのてっぺんに向かって飛んでいった。

見ると、彼女は袋から人間の頭を取り出して焼いていた！　ハケラは兄たちのところへ飛んでいくと男に姿を変え、その身の毛もよだつような話をした。兄弟たちは家に戻ることにし、女の秘密を何も知らないかのように振る舞った。彼らは女に紐を与えて、薪を集めて欲しいと頼んだ。女が出て行くと、ハケラは彼女の袋からいくつもの頭と金属製の盾を取り出し火の中に投げ込んだ。ちょうどその時、女が戻り、火の中から自分の獲物を取り戻した。その時にはすでに兄弟たちは逃げ出していた。彼女は激怒して彼らを追いかけ、すぐに追いついた。兄弟たちは次々と女に向けて矢を放ったが、彼女は金属製の盾を持っていたので矢をすべてかわしてしまった。女は兄弟たちを捕らえ、その頭を切り落としていき、残るはハケラだけになった。女がハケラを追いかけていると、一羽の鳥がハケラの頭の上を飛びながら女の前髪を狙って矢を射ろと言った。ハケラが前髪の垂れている女の頭の真中を射ると、女は死んだ。

ハケラはそれから殺された兄たちの身体を見つけ、スウェットロッジを建ててその中に置いた。彼は石を集め、火を起こし、ロッジの中に熱くなった石を置いた。彼が祈り、石の上に水をまくと、兄弟たちは生き返り、すぐ彼に話しかけた。彼らは幸せそうに再びティピに戻っていった。

しばらくすると、彼らのティピの入り口に別の若い女が立っていた。彼女もまた袋を持っていた。しかし、こんどの若い女の前髪は結ばれていなかった。そこで、一番上の兄が彼女を姉妹にしようと言って、その女を招き入れて火の側に腰を下ろしてもらうようハケラに言いつけた。女は火の側に腰を下ろすと、姉妹になれてうれしいと言った。女は彼らが差し出す食べ物を食べ、その後、袋からバックスキンを取り出して彼ら一人ひとりにモカシシを作ってくれた。兄弟たちはとても喜んだ。

ある日、兄弟たちは狩りに行くことを決め、その若い女一人だけをティピに残して出かけた。若い女はとても悲しく寂しくなり、ティピの近くの丘に登って彼らの帰りを待った。夜が来ると、女は口の中に石を入れ、それから深い眠りに落ちた。眠りの中で女はその石を飲み込み、妊娠した。間もなく男の子が生まれ。女はその子をストーンボーイ（石の子）と呼んだ。

ストーンボーイはどんどん成長し、家族のティピの慣習をすべて学んだ。間もなく、彼は母親に四人の兄弟について尋ねた。彼らはバッファローを捕まえに行ったきり戻ってこないと彼女は彼に話した。すると彼は、強い矢を作って欲しいと母親に頼んだ。おじさんたちを探しに出かけることにしたと彼は彼女に告げた。

彼は旅の途中、彼のことを孫と呼ぶ三人の老婆に出会った。これから球技に出かけるところだと彼がいうと彼女らは彼にそれぞれの力を貸してくれた。最初の老婆は黄色の鷲の羽飾りのついた黄色のクラブをくれた。二番目の老婆はカワセミの羽根をくれ、三番目の老婆は一匹の亀をくれた。間もなくバッファローの土地に到着すると、彼は球技に招かれた。

彼は年老いた雌バッファローと戦い、三人の老婆からもらった贈り物を使ってその年老いたバッフアローを打ち負かした。彼が四回勝ったとき、その年老いた雌バッファローは彼女に向けて矢を射るよう彼に告げた。彼がそうすると、おじさんたちの骨が彼女の首に引っ掛かっているのが見つかった。彼は骨を全部集め、スウェットロッジを建て、その中に骨を置いた。ほどなく、おじさんたちは生き返った。彼は四頭の若い雌のバッファローにも勝ち、それをおじさんたちに与えた。彼らが故郷に帰る途中、ストーンボーイの母親は三人の老婆それぞれにもらった贈り物を返した。彼らが自分のティピに着くと、ストーンボーイの母親に出迎えられ、彼らは家族の再会を祝った。

ストーンボーイが別の旅に出て、一つのそりを持つ四人のバッファローの娘に出会うときがある。ストーンボーイは小さな少年に姿を変え、バッファローの娘たちと一緒にそりに乗る。彼女らが夢にも思わないとき、彼は巨石に姿を変え、丘を転げ落ち、四頭のバッファローをすべて殺し、その舌を取ってしまう。それから、ストーンボーイは、孫娘たちの敵を討とうと角を研いで準備をしていたバッファローの娘たちの〝祖父〟に会う。彼はその祖父バッファローと別の四頭も殺し、それらの舌を家に持ち帰る。殺された親類の敵を取りに他のバッファローたちが攻撃してくるのを予期して、彼はおじさんたちに特別の矢を四本と木の囲いを四つ作って欲しいと頼む。間もなく、至るところから集まったバッファローたちがその囲いを取り巻く。四頭のバッファローのチーフが次々と囲いを突破しようとしたが、どれもストーンボーイに殺されてしまう。すると今度はバッファローたちが全員でストーンボーイの四つの囲いに攻撃を仕掛ける。しかし、ストーンボーイとおじたちに撃退されてしまう。彼らは必要なだけのバッファローを殺し、繁栄した。(8)

ストーンボーイの物語は、狩猟の不思議な性質、ラコタの猟師と最も重んじられた動物の親類、バッファローとの関係を明らかにしている。バッファローが部族やチーフを持ち、人間のように行動するという認識が、この深い不変の関係を確立するための基礎をなしている。また、不変の石、イニャンの生きた代表として、生活の資源でもありシンボルでもあるバッファローとの関係においてラコタを導いているのがストーンボーイである。

❖教育の神話的基盤

このような神話の伝統が教育の発展にいかに大きな影響を及ぼしてきたかは、伝統社会で用いられるさまざまな口承形式を古代の起源まで辿ると明らかになる。このような伝統は、今日の近代教育の主流をなす視覚言語ではなく、音声言語に依存していた。伝統民族は、神話詩によるコミュニケーションを使って、学習に対する戦略やオリエンテーションを適用したが、そうしたやり方の再生と育成が今日の教育にとって重要になっている。現代人は、そのほとんどが神話詩的に盲目であり、そのようなハンディキャップに起因するあらゆる結果を蒙っている。なぜなら、彼らの生来の詩的感受性がほとんど育てられてこなかったからである。しかし神話の構造を通じて詩的に考え、またコミュニケーションをとることは、過去四万年にわたって発達してきた人間の学習の自然なあり方である。

神話詩的オリエンテーションは、読み方を学ぶ前の子どものほとんどにはっきりとみることができる。実際、文盲段階の子どもはその詩人的素質を反映して、驚くほどの比喩的思考と話術を示す。現代教育は子どもたちに——さらには先住民にも——識字能力を身につけさせようと気が狂ったかのように猪突猛進しているが、人間の知ることや理解することにおける強力な側面を認識ないし尊重することを怠っている。そこに隠されているメッセージは、「子どもであることを止めよ、先住民であることを止めよ」である。皮肉にも、今日、非常に多くの現代人がこの原初的な人間的感受性の喪失を憂え、何か創造的で、先住民的で、神話的な「もの」に参加することでそれを再び獲得しようと努めている。

識字能力および文字で書かれた物語は人間の歴史におけるごく最近の出来事である。西洋社会の歴史を考えた場合でもそうである。西洋の文明化した文化には文盲を無教育で未開で原始的であることの証とみることを助長してきたという否定的な意味が含まれているにもかかわらず、それらが文盲の神話詩的ルーツから発達してきたものであることは間違いない。口承伝統と子どもの口述能力に対する研究と尊重が、自然な学習への重要な洞察をもたらす。

教育の方向を人間の口述能力に向けることは先住民の教育の世界に通じる窓だけでなくそのための技術ももたらす。口述能力に基づく学習をよく理解することは、古いけれども非常に効果的な技術を活性化させる一方、識字能力の発達にともなって忘れ去られた、あるいは休眠状態に陥った側面を再び開花させる。では、神話詩的伝統の本質とは何だったのか、そして、なぜそれが再び現在のインディアンの教育において重要な要素にならねばならないのであろうか。

神話詩は、今日の近代的学校教育とは異なる一連の思考過程の適用を必要とし、また異なる学習能力を発達させた、特別なリズム体系を使って演じられ、歌われ、朗唱された。アステカ族の伝統の「花と歌」は、物語や詩や祈りのチャントに基づいて教授、学習、思索が行われる神話詩による教育の伝統の一例である。アステカ族の詩人、哲人・司祭は、詩的な物語風のチャントを作り、聖なる歌、神話物語、そしてナワトルの宗教や思想の重要な考え方や内容を具体的に表した詩句を教えた。彼はそれから、それらの物語や詩を生徒たちにチャントして聞かせ、生徒たちはそれらに含まれている重要なメッセージについてよく考え、それを内部化した。その後、生徒たちがこの口述システムの経験を積むと、彼らは自分独自の詩的チャントを作り、お互いに贈り合ったり、また彼らの詩の先生であるトラマティニメに贈ったりした。要するに、花とは、教えるべき大事な考えや感覚や洞察のことであり、一片の叡智や知識のことであった。また歌とは、知識の花を運び、変容させる乗り物のことであり、チャントする人の呼吸を通じて聞く人の心に花を根付かせたのであった。(9)

先住民の神話詩の伝統は基本的に教育的なものである。インディアンの神話詩の観点は、大いなる神秘に対する畏怖の念、強く賢く純粋な心の育成、自分の部族や伝統や規則に対するゆるぎない尊敬、あらゆるものの間に存在する関連性や結びつきに対する深い感覚、に基づいていた。インディアンの神話はこのような基本的な教えを、相互関係に対する人々の広い見方や可能性に満ちた多元的宇宙を具体化している活き活きとしたイメージや比喩を通じて伝えたのである。

インディアンの神話はあらゆるものを、スピリチュアル的ではあるけれども厳粛ではない、真剣であるけれどもユーモラスな、論理的であるけれども非論理的なコンテクストの中に包み込んだ。そのような物語を通して伝えられるメッセージには、癒しの力や争いを解決する力があった。なぜなら、詩は、その核心において、個人と集団両方の心と魂に光を当て、それを変化させ、映し出すからである。

そのようなメッセージの伝え方には、言葉だけでなく、音、踊り、音楽、ゲーム、ジェスチャー、シンボル、美術、夢なども含まれた。そのようにして、思想、教え、感情が増幅された。あらゆる言葉、あらゆる行動が意味とエネルギーをもっていた。そのことによって部族の神話や詩が状況的に、また人間の表現としてより大きなコンテクストの一部となり、神話や詩のプレゼンテーションが人間やあらゆる生物における真に神聖な呼吸の現れとなった。インディアンの神話詩の伝統のこのような特徴はどのようにその参加者を教育したのだろうか、また、それは口述という人間の学習の特徴について何を私たちに教えるべきなのだろうか[10]。

教授と学習の神話詩的領域は、非常に多くのアメリカの学校のカリキュラムにみられる美術・演劇という名称から推測されるような過去の遺物ではない。それはむしろ、今日の無菌化され均質化された公教育に切に求められている新たなイマジネーションを可能にする上で欠かせないものである。世界各地の非ヨーロッパ系の伝統文化が示す複雑さと高度さは、現代の教育の概念に匹敵するだけでなく、多くの場合それを超えていることを、現代教育は認めなくてはならない。

現代教育の隠されたカリキュラムを通して伝えられ条件付けされてきた、原始的なものに対する多くの根強い偏見を洗い出さねばならない。このことは特に、アメリカインディアンの神話詩の伝統に当てはまる。原始的という言葉に付随する否定的な意味は、神話、詩、口承文学という豊かな原始時代からの伝統の複雑さに対するより賢明な理解に道を譲るべきである。

通常の条件付けされた今日の原始的という概念とは異なり、口承伝統や部族的芸術形式は集団志向であると同時に個人志向でもある。伝統文化や口承伝統は変わらない、あるいは創造的内省は伝統的なやり方ではないというのは誤りである。口述だけが先住民の思考を規定していると考えるのは単純すぎる。先住民の口承伝統は常に、素描、人文科学、実践教育などと組み合わされてきた。先住民が言語、神話、芸術、文化、美学、倫理学、哲学などについて西洋の学者のように高度なレベルに達していないと考えるとすれば、それは不正を固定化することになる。むしろ、先住民の神話詩の伝統は、西洋教育が伝統的に人々を条件付けしてそう思わせようとしてきたような意味で原始的なものは何もないことを示している。西洋教育には神話と詩を、音楽、踊り、自然とのつながり、コミュニティー、スピリチュアリティー、歴史などと、さらには政治とも区別する傾向があるが、これは西洋の考え方の錯覚を示すものである。

先住民の神話詩の伝統は、思想と思索と参加が高度に統合されたものである。それは、過去から現在、そして未来へと続いていく部族生活の生きた表現と結び付いている。原始的とは複雑という意味である！　先住民にとって、神話、詩、教授、学習はすべて同じ一つの運動の一環である。表現の多様性のなかに統一が生まれ、それが創造的学習と教授のための特別な場を構築する(11)。

ホメロスの時代の古代ギリシャのものも含めて、先住民の神話詩の伝統はいずれも、口述、イメージメーキング、プレゼンテーションという複雑なプロセスを発達させた。このプロセスは、最小限の言葉を使って最大限の意味と効果と関与を引き出すという点において非常に複雑である。そして、このプロセスはまた与え手と受け手の両方を作品のメッセージの検討に徹底的に巻き込む。このように詩の経験を共有することで、与え手も受け手も共に、複雑なイメージやシンボルや意味が直接的かつ個人的に探究される意味の踊りに巻き込まれる。

今日の現代教育の経験においては、先住民の教育に匹敵するような深くかつ多面的に個人を巻き込み影響を及ぼすものは何もない。メッセージを伝え、反応を引き起こす、果てしなく並んだ乗り物を動員することを通じて、先住民の神話詩の伝統はもっとも発達した常に感情に訴える教育様式を示している。常に、参加者全員の心、身体、呼吸、スピリットが、物語または詩のメッセージの検討に携わった。それでは、神話詩的に考えるとはどういうことであろうか。それはかつてどのように機能したのであろうか。

「先住民社会における口承詩の技法は、無数の世代を通じて、物語とその内容に関する批判的思考を止めさせると共に、聴き手を〝魅了〟して物語の中に引き込むように工夫されている。この聴衆を夢中にさせ、物語のリアリティーを印象付けるプロセスが、口承文化における教育の主要な特徴である。そのような社会的仕組みは大半が音によって、話されたり歌われたりした言葉が各人をして特定の信仰、期待、役割、行為に全力を傾けさせることによって維持される。したがって、信仰の決定的に重要なパターンを記憶に留めさせる技法として、韻、リズム、決まり文句、ストーリーなどが非常に重要になる。

口承文化における教育とは主として、若者の心が共鳴するまで、彼らが自分の文化の仕組みに同調するまで、彼らを継続的に魅力的な音のパターンに浸すことである[12]。」

「ホメロスの詩は古代ギリシャの教師と呼ばれたが、それはそのような社会的役割を果たしたからである。詩はその美的価値だけのために人々が耳を傾けたわけではなく、それは有益な知識の巨大な貯蔵庫としての、有能な市民が教養の中心的なものとして学ぶことを求められた倫理、政治、歴史、技術に関する一種の百科辞典としての価値の付属物にすぎなかったのである[13]。」

先住民の間で行われた神話詩の学習は言語の学習と音楽の学習を組み合わせたものというのが最もふさわしいかもしれないが、それはときどき運動や空間学習で補完される。先住民の学習には、確かに、現代教育とは異なる学習に対するオリエンテーションが含まれており、それが特定の種類の理解を生み出す。それは、現代教育が十分に理解ないし評価したことのないオリエンテーションである。しかしながら、それは有益な学習技術の枠組みを生み出し、多くの生徒にまったく欠けている別の種類の学習を支援するのである。

❖神話的な教育を受けたコミュニティー

文化と神話は精神的構築物であり、その発達は部族社会の長い歴史を通じての集団および個人の成長に基づいている。部族集団においては、文化的・社会的神話の発達は各人の個人的神話の発達とぴったり重なり合っている。個人の発達とその人の第一次集団の発達との間には相互・相乗関係がある。個人的神話の有する変化をもたらす力が最も顕著にみられる個人または個人の集団が、変化要因として所属集団に影響を与える。そして、フォーマルおよびインフォーマルな教育プロセスにおける意識に最も直接的に影響を及ぼすのがこの力なのである。

人間の意識の発達は、一般的に、その社会が保持している基本的神話の変容によって明らかにされてきた。ある意味で、神話物語は、さまざまな意識段階を通るとともに、人々が暮らしてきた時間と場所を通って、彼らの旅の跡を辿るのである。

ケン・ウィルバーはその著書『Up from Eden』で、人間の意識の基本的四段階について述べている。最初の段階は神話以前の意識状態から始まるが、そこでは人間の自己意識は基本的に身体の物質的ニーズおよび自然の根源的な力と一体化している。この意識のエデン段階では、人間はほとんど完全な自然との接触を示し、単純な道具だけを使い、拡大家族という集団に組織され、自己意識は自分の土地に対する感覚とほとんど違わなかった(14)。

ウィルバーは人間の意識の第二期を神話づくりの本当の始まりと述べている。この段階の意識は、身体的ニーズに基づく現実の神話化と外界の事物との不思議な関係の投影との統合によって特徴づけられる。

第三期においては、言語領域がもっと完全に発達できる段階まで言語が発達している。言語的シンボルが自然界に関する情報のかなりの部分を理解し記号化できるまでに発達した。それによって口承伝統を通して知識の蓄積と伝達ができるようになり、それはまた大規模なコミュニティーが発達する舞台を整えた。一段と複雑で洗練された神話が、神話物語や儀式を通じて発達した。以上のような段階のすべてが、私たちが〝教育〟と呼ぶものの基礎を築いた。この第三期の人々の意識は基本的に集団の文化的神話と一体化しており、集団同一視を通して生まれた[15]。

第四期が始まると、個人主義的思考様式が徐々に発達し、自己観察と内省の能力が発達した。この発達は、西洋文化では特に急速に起こったようである。西洋的な科学および個人主義的イデオロギーの発達とそれらに対する反動によって、自己決定する個人という独特の個人神話が社会的、経済的、政治的、宗教的、哲学的意識を特徴づけるようになった[16]。「個人的エゴの拡大」が西洋社会の文化や神話の支配的パラダイムになった。それはあらゆる物事に影響を及ぼし、西洋の科学技術は西洋の個人主義者の手段とも偶像ともなった。要するに、英雄神話が西洋の意識の支配的パラダイムになったのである[17]。

今日、新しいパラダイム、新しい神話の時代の幕が切って落とされようとしている。このパラダイムは人間の意識の新たな段階を反映して、グローバルコミュニティーの誕生、環境危機の脅威、そして民主化の進展に取り組む。新たなパラダイム、新たに誕生しつつある神話は地球のあらゆる側面に係わる相互主義と相互の結びつきを反映している。このような新たな神話は人類の存続の必要性からして、地球を中心とする神話でなければならない。それに付随する教育も、そのような新しい神話づくりにふさわしい教授・学習のプロセスおよび内容を反映したものでなければならない。「個人主義的英雄行為を思いやりや係わり合いの価値の上に置いたことのつけが増大し続けている。個人主義を支えると同時にコミュニティーおよび調和のとれた国際関係に関する感覚を促す、民主主義の新たなビジョンが早急に求められている。[18]」

世界各地のさまざまな文化にみられる先住民の教育には人間の意識の神話的段階がすべて反映されている。それらは人間の意識の発達全体を認識する視座を形成する。現代の各文化集団は、先住民の教育を研究することによって、神話的思考プロセスの実態を調べることができるかもしれない。それは、神話学者の高度に専門家された領域を除いてそのような探究を欠いている現代教育に、神話を理解する能力を導入するものである。

神話的な教育を受けたコミュニティーを再び重視するということは、現在のインディアン教育に欠けた側面を指摘することになる。この概念は、インディアンの人々ないしコミュニティーが未だに「エゴの拡大」という神話に導かれているアメリカ社会において変化の強制と奪文化的勢力に立ち向かう上で、なくてはならないものである。アメリカインディアンの人々にとって、歴史的・伝統的なアメリカ文化は広大な視座をもたらす。

今日の教育者は、インディアンコミュニティーの緊急の教育ニーズに取り組むだけでなく、他の諸文化の教育的観点と相利共生的に融合し合い、つながり合うことが喫緊の課題であることを認識しなければならない。この点に関して、先住民の教育およびその本来的な神話的観点の重視は、現代教育の発展に大いに寄与するだろう。ただし、先住民には自身がそのような基本的認識に至る責任があるだけでなく、西洋社会のカウンターパートの意識改革を促す責任もある。

アメリカインディアンの神話がもたらす洞察（一連の内容、思考および心理学的探究のプロセス）は常に、先住民に触発された教育プロセスを開発するための重要かつ容易にアクセスできる基礎を提供してきた。また、今日的な先住民の教育哲学の発展は、奪文化と疎外に対抗するための信頼し得る手段も提供する。この手段は、基本的なネイティブアメリカンの神話を今日的な意味を有するコンテクストに合わせてつくり直す方法を提供することによって、それを成し遂げる。

人はそれぞれ自分の個人的神話を発展させ、その自分がつくった神話というレンズを通して認識し行動する。学習と教育のプロセスにおいて、人の個人的神話は集団の生き方を保存するために練り上げられた集団的神話と組み合わされる。

個人的神話が健全で、（その教育プロセスを通じて採用される）集団的神話とうまく組み合わさるなら、それは集団の世界観と共鳴する。その結果、教育と学習は集団の規範と期待に一致し、不協和音はほとんど生じない。

他方、個人的神話が別の文化的視座をもっている場合、あるいは学校教育を行っている集団の教育的神話と大きく異なる場合は、衝突し抵抗を受ける可能性が大きくなる。

疎外はそのようなジレンマの結果であり、その場合の自然の反応は代わる物を探すことである。そのような疎外に映し出されているのが、個人的神話的観点の機能障害である。これはまさしく、多くのアメリカインディアンが老いも若きも味わっているジレンマである。創造的な解決方法は、健全で、現在の生活に適した機能的な文化的神話的観点と共鳴する教育プロセスの構築である。

アメリカインディアンは均質であるけれども不均質な人々である。このように言うと矛盾しているように聞こえるが、神話的観点からすると妥当である。アメリカ大陸の先住民は基本的な考え方や文化的価値観を共有しており、その象徴的な意味や原型は部族が違っても同じように解釈される。アメリカインディアンはドイツ人と中国人とのように互いに非常に異なっているという人類学的、考古学的見解があるにもかかわらず、南米の先端からアラスカまで、インディアンの人々はお互いの本質的な関連性を認識している。全体として、インディアンの人々が基本的な思想や基本的な概念、シンボルや比喩を共有していることは否定できない。そのような共有された一連の基本的概念と原型がみられる領域の一つが教育プロセスである。したがって、部族的コンテクストにおけるさまざまな教育哲学は共通の基礎を有している。

アメリカインディアンの間にみられる相違は、それぞれの部族的・文化的・社会的集団がそのような教育に関する共通の文化的神話的パラダイムを表現するその仕方にある。相違は、地理的環境への適応状況、世界観の発展状況、その部族集団特有の歴史などに起因する。

特定の部族は言語や適応経験や文化的特徴の表れ方において独特である一方、諸々の部族集団は神話的ライフシンボルを中心に構築された、同じような概念・シンボルの枠組みを採用している。それらは、文化的神話的な知識とプロセスが育ち、新しい果実を実らせる種子をもたらす。それぞれの違いを尊重し合いながら共通の考え方に基づく学習・教授モデルを生み出すことは可能である。これは、特定の部族が口承伝統を通じて保存してきた神話に関して特に言えることである。先住民の教育は基本的に物語を語る仕組みとプロセスに根を下ろしている。物語は、インディアンの人々を世代ごとにお互いに結び付ける第一の方法であった。物語は、私たちは誰であるのか、どこから来たのか、どこに行くことができるのかを、二一世紀に入るに当たって思い出すことを思い出す方法である。

❖物語としての先住民の教育

物語を語ることは人間のコミュニケーションと学習の普遍的な要素であり、人間の脳が経験を構築し語り伝える上で最も基本的な方法の一つである。人間が行い、経験することは、すべてある種の物語を中心として展開する。現代的な生活におけるテレビその他のマスメディアの支配は、主としてそれが物語を語るための、すなわち特定のメッセージや意味を伝える情報を運ぶための媒体であることによる。物語とは、人間が情報や経験を意味あるものにするためにコンテクストに収める方法である。現代においても、私たちは一人残らず物語られるとともに物語る存在である。誕生から死に至るまで、眠っているときでさえ、私たちは人生のほとんどあらゆる瞬間に、あらゆる種類や形の物語に関与している。

物語は人間が情報を蓄積する最初の方法であり、あらゆる部族民の口承伝統の基盤であった。人類の歴史の最初から、部族文化は儀式や歌や踊りや美術の中で物語を記憶し演じることによって、人間存在についての意味や理解を整理してきた。

物語は、脳の生理学や文脈形成プロセスだけでなく、人間のスピリットの中心へと伸びる深い根を有している。物語は人間の心の働き方を映し出し、人間の魂の地形を描きだす。しかし、物語は教育や言葉の朗唱を超えて行く。先住民の物語は時間と空間の中で得た実際の人生経験を語り伝える。それは実際に経験され、記憶された事実についての単なる叙述ではなく、その反響でもある。物語は最も人間的なコミュニケーション形式の中でも最も人間的なものを残している。

私たちは全員がある種の物語感覚をもって生まれるということかもしれない。教育に関する基本的叡智とは、この自然な人間的感覚が育成されるようなコンテクストを提供することである。先住民の教育は、人生のあらゆる段階を通じて想像力と無意識な能力が発達するコンテクストを提供する物語に関する意識を植えつけた。実際、先住民が物語を語ることには、あらゆるレベルの高度な創造的思考と想像力が動員された。先住民が物語を語ることは自由自在な比喩的思考と神話に対する感受性を発達させたが、それは先住民が自身の心理を理解し、自身のスピリチュアルエコロジーを維持するのに役立った。

先住民の物語の遺産と本来の学習能力が取り戻され、今日のインディアン教育のあらゆるレベルに欠かせない要素とされなければならない。伝統的なインディアン教育の基礎は、神話と口頭表現という構造の中に具現されている。

創造的プロセスに関する思考の基本四原則が先住民の物語の一部として発達した。この四原則とは、注意、創造的想像、柔軟性、自由自在な思考である。これらの原則はそれぞれが、先住民的な生活と意味を具体化した物語を語り、演じ、歌い、創作し、踊るというコンテクストの中で守られてきた。このような先住民の物語のコンテクストはかつてと同様、今日でも存在可能である。それらは自由時間や低学年のために用意された課外活動以上のものにならねばならない。神話的思考の教育的側面に関する研究において、インディアンの物語づくりと語りが、ワシントンから出されたインディアンの教育状況に関する最新の「永久のメッセージ」[19]と同じように、インディアンの教育者にとって重要なものにならねばならない。

「現代的教育原則」と呼ばれるものは、実際には一連の物語である。これらの物語は、それぞれの原則に特有の方法を適用することによって蓄積された知識を説明し、描写している。例えば、科学も一連の物語であり、それ特有の口承伝統を有している。同じことが、現代美術、心理学、社会学、歴史、人類学などにも当てはまる。このような西洋の知識分野はさらに細かく分類され、それぞれに独自の物語や伝統がある。

知識の伝達における現代の西洋教育と先住民教育の相違は、西洋教育では知識が物語から引き離されて、データ、説明、理論、公式などとして提示されることにある。現代の学生は自分で情報を再文脈化しなくてはならない。問題は、その情報を再文脈化するに当たって、ほとんどの学生が現代の文化や教育に条件付けされていることである。物語に対する彼らの自然の感覚は教育から除外されてきた。彼らは想像力を動員して提示された内容と係わり合う方法を知らない——彼らは物語に対する本来の認識を失ってしまっている。

「クリー族は、物語の語り手と物語と聞き手の間に三重の共存関係が開かれると考えている。詰まるところ、人々が物語を正しく育てたなら、その物語は人生に役立つことを彼らに告げる[20]。」

インディアンの教育に係わる各教師、各生徒は、文化を反映したホリスティックな方法で情報を文脈化することを学び直し、実践しなくてはならない。物語を教授と学習の土台にすることは、内容を問わずあらゆる分野において意味の文脈化と強化を達成する最良の方法の一つである。物語を土台にしてあらゆる内容を教えることができる。私たちは再び、教師をほんとうの物語の語り手と作者に、生徒を意欲的な聴き手にすることができる。教えるということは基本的に、古代の部族の物語を語る技術に基づく情報伝達様式である。私たちは再度、自分たちの物語をきちんと育てなければならない！

アメリカインディアンの神話に基づく科学カリキュラムは、人間と植物や動物、自然現象やインディアンの人々が住む土地との関係にまつわる物語を中心に展開するであろう。そのカリキュラムには、植物病学、建築学、天文学、農学などのほか、部族の伝統技術の実証試験も含まれるであろう。伝統的なアメリカインディアンの美術様式は技術に基づいたアメリカインディアン気質の表現であるので、さまざまな方法でアメリカインディアンの科学に関するテーマやオリエンテーションの検討に使うことができる。アメリカインディアンの神話と美術様式は、西洋の科学をアメリカインディアンに紹介するに当たっても、戦略的および創造的に使うことができる。[21]

物語を語りまた創作するという先住民にとって基本的なことが再び盛んに行われるような教室環境をつくりだすことは、その潜在的効果がそれを生み出すのに必要な努力をはるかに超える創造的な挑戦である。物語を語ることはあらゆる学習に自然に含まれている。必要なことは、それが生徒たちの間で盛んに行われるよう促し、導く方法を学ぶことである。

教師と生徒との共創のプロセスが従来から先住民族の教育の特徴であった。教室の中で物語を語ることを可能にすることは実に一つの共創であり、そのなかで教師と生徒は継続的に物語を探し、つくり、語ることを通して物語を語るという領域を学ぶのである。

教師と生徒の双方が物語を語るという創造的プロセスを強化する上で必要なことは慣れることだけである。長距離ランナーが、適切な食生活や練習と休養のバランスを維持しながら毎月少しずつ距離を延ばし、走ることに慣れていくように、教師と生徒は物語を語ることに求められるどこまでも高い能力に順応していくことができる。次のような一連の活動によって、先住民が物語を語るための創造的な条件を再生させることができるであろう。

第一に、自然の中で自然の生活資源と創造性を直接分かち合う機会をつくること、自分の部族と土地についての選り抜きの物語を通じて、過去、現在、未来に関する考え方を身につけること、また、私たち自身の中にも、他の人との関係の中にも、そして自然界の中にもいる先生を認識し尊敬すること。この三つ組みは、物語のより深くより創造的な探究を促進する機会の創出を表す。

第二に、物語を語る創造的なプロセスの障害になる先入観や態度から見方を解放すること、あらゆる種類の物語の創作と検討を通じて私たちの想像力を鍛えること、そして、一つの物語をあらゆる側面から理解するため、また包括的に考える技術を磨くために、一つの物語をあらゆる方面から思い描くことを学ぶこと。この三つ組みは、物語をより高いレベルの明晰さをもって理解する能力を高めるのに必要な準備を示す。

第三に、物語を語ることから得られる教訓をその他の人生経験に適用することを学ぶこと、物語をつくり、物語を与え、物語を受け取る先住民の技術——いずれも主にコミュニティーの社会的領域、対人関係の領域に係わっている——を学ぶこと、そして、物語に参加するという記念すべき経験の基礎となる、さまざまな形式や設定の下で物語を演じる伝達技術を学ぶこと。この三つ組みは、別の形式の芸術や教育内容を含む学習・教授の統合的経験に物語を適用するための基礎を形成する。

インディアンの人々は、今日の生活および教育のコンテクストを通して指導的神話を生きる方法を探し出すという本来的な課題に共同して取り組まねばならない。これは難題ではあるが、しかし私たちは人生の指針としている神話によって部族民として特徴づけられるのであり、そのような特徴をなす神話が私たちを通して生きるのを止めると、私たちはまさしく抜け殻になってしまう。

私たちは原初の物語というルーツから疎外されると、絶えず自分のものではない既成のイメージや歪められた物語を通じて自分を定義づけしようとして、今日の大衆社会という広大な海原に漂うことになる。

私たちは先住民の物語の現代版を通して自分の神話を生きることによって、私たちに生きがいと「インディアンたちが話すあの場所」をもたらした指導的物語との結びつきが保障される。

「その上に自分の生活を築くための何か堅固なものを探したとき、人々は世界に溢れているようなものではなく、遠い昔の想像の産物である神話を選んだのである。」[22]

第5章　心の声を見る——部族的教育の視覚的・美術的基盤

✣概観

先住民の部族的教育の展開においては、視覚的コンテクストと美術的コンテクストとの間に相互関係がある。実際、両者は、夢やイメージや創造的反応の共有や合成において、互いに浸透し合っている。その表現形式は異なるかもしれないが、その意味の源——部族のスピリチュアル的および神話的ルーツ——は同じである。

双方のコンテクストは共に、それらのルーツを示し、共有し、称賛することがその仕事であるところのビジョナリー／美術家の内的錬金術を反映し、それを重んじる。ビジョナリー／美術家と利用者の双方に何らかの重要な変容をきたし、何らかの重要な意味を伝えるのが、神聖な夢であり、象徴的なイメージによるその真髄の描写である。ビジョンと美術は、学習と発達という変容のプロセスを構築し、完成させる。ビジョンと美術は想像的かつ極めて創造的な存在としての人間の本質を反映している。

ビジョンと美術は、創造的表現の起源であり動機である夢と神話の領域にまでその跡を遡ることができる。最初のビジョナリー、最初の美術家は最初のシャーマン以外の何者でもなく、彼ないし彼女は夢と神話を通してそのビジョンを神聖化し、正当化した。

「ブラックフットインディアンは我々に、必要なあらゆるものの作り方を彼らに教えたのは長老だと語った。〝いつも心の底には聖なる啓示、聖なる行為があり、人が思いつくのは妙案といってもそれを写すことだけである〟……エジプトのオシリスやメキシコのケツァルコアトルのように、人々に美術を教え、道具の作り方を示したのは、どの国や人種においても神から生まれた最初のヒーローキング（英雄王）である。[1]」

実際、指導的ビジョン、宗教的美術作品、その環境における医学、狩猟、建築、学習、生計などに関する知識は、通常、最初のシャーマンに帰せられる。シャーマンは最初のドリームキーパー、最初の美術家、最初の詩人、最初のハンター、最初の医者、最初のダンサー、歌手、教師であった。シャーマンは原型的なビジョナリーと美術家を体現していたが、それは私たち一人ひとりのうちにも、男性、女性、子どもを問わず誰のうちにも存在する潜在的な能力である。部族民はそのような能力、使命を、学習すること、存在すること、完全になることに不可欠なこととして理解し、敬意を払った。励ましを通じて、儀式を通じて、訓練と実践を通じて、部族民はこの神聖なものの反映をお互いに導き合い、形成し合った。

この章はアメリカ先住民のビジョナリーと美術家の足跡を辿る。最初の足跡では、過去と現在のアメリカインディアンのビジョナリーと美術家の目と言葉を通して夢とビジョンの性質が明らかになる。第二の足跡では、部族の教育上の取り組みというコンテクストにおけるビジョンの主要な役割が検討される。第三の足跡では、変容とオリエンテーションの観点から、創造プロセスの錬金術に関する考察が行われる。第四の足跡では、先住民の深い学習と理解のプロセスとコンテクストの両方としての美術の儀式の領域に入る。

右に述べた足跡のそれぞれから同心円が広がり、それは他の足跡に重なるだけでなく、先に述べた神話的基盤にも重なる。神話とビジョンと美術の三つ組みは、環境的、情緒的、共同体的基盤と共鳴する。「インディアンの人々が話すあの場所」のこの側面を探究するとインディアンの教育の統合的全体像が一層明らかになる。

❖ネイティブアメリカにおける夢とビジョンによる創作

夢とビジョンは美術の創作に欠かせないその一つの側面である。先住民には、夢とビジョニングに関する膨大な一連の信仰がある。この一連の信仰はそれ自体非常に古いものであり、その起源は何万年も前の後期旧石器時代の創造的爆発の時代まで遡る。それは、ネアンデルタール人とクロマニヨン人の両方が初めて洞窟の壁に、また粘土や木や石に夢を生き生きと描き始めたころである。こうした多様で広範囲におよぶ一連の信仰のうちもっとも一般的、代表的なものは、夢が私たちのスピリットの生を表しているという理解である。ラコタのスピリットに関する信仰の基盤は、儀式、断食、供犠を正しく行うことによってビジョンを求めると、人は夢の世界とその中に含まれているスピリチュアルエネルギーに触れることができるというものであった。

ラコタの長老たちは、すべてのものが四つのそれぞれ独特の、しかし全体として統合されたスピリチュアル的なカウンターパート（対をなすもの）から成ると語る。これらのカウンターパートは西洋の神学者が「霊魂（soul）」と呼ぶものに似ている。そのような霊魂の最初のものは「ニヤ」（いのちの呼吸）で、それはあらゆる存在や物にいのちを吹き込むその源である。第二のカウンターパートは「ナギ」と呼ばれ、それは、植物であれ、動物であれ、あるいはその他の物質形態であれ、人や物それぞれが示す独特の個性に似ている。第三の霊魂は「シクン」と呼ばれ、それは、集団や家族を区別する特性、力、あるいは在り方である。例えば、ハイイログマ、オジロジカ、コロラドトウヒ、ショウブ、あるいは黒曜石の火打石などは、特有の習性や性質をもつ明確なグループや物を示す。第四の霊魂「ナギラ」は、あらゆるものに流れている宇宙の根源的エネルギーであり、それは宇宙の基底エネルギー、大いなる神秘の呼吸、あらゆるものの「タクスカン・スカン」である。(2)

ラコタのサンダンスの最中に行われる「ハンブレセヤ」（夢を求めて叫ぶこと）、それは長期におよぶ断食と肉体的犠牲を経てサンダンサーたちの四つの霊魂が活性化され、ビジョンを通してこの世界の他のスピリットや物の霊魂と交流し得るときである。サンダンサーは、善い心をもち、滞りなく準備を整えたならば、夢想状態に入ることができる。そのときに起こる霊魂間の交流によって重要な知識や理解が伝えられるので、サンダンサーは部族の幸福と生存のためにそれを他の人たちと共有することが義務づけられている。ラコタの美術家であり教育者であるアーサー・アミオッテは次のように述べている。

「人は単なる肉体的存在以上のものであり、別の次元の時間や空間や存在との相互作用や取引や交流の可能性が、ラコタにとっての夢の経験の意味であり、それは知るためのもう一つの手段である。[3]」

夢はもう一つの知り学ぶ手段として、インディアンの人々にとって大きな役割を果たしてきた。ラコタの場合のように、アメリカインディアンのすべての社会で、夢は自己の内と外との根本的な関係を築いたり理解したりする方法とみなされていた。夢の用途とコンテクストは部族や地域によってさまざまである。しかし、いずれの場合も、夢やより儀式化、体系化されたビジョニングは、アメリカインディアンの祭事や儀式や自然哲学に不可欠な要素であった。

部族によっては、夢およびビジョニングによる部族としての夢の体系化は、その部族の社会組織において特別な位置付けが保障されるほど重要であり、ビジョニングの儀式を取り仕切る夢を通訳する者や夢を専門とする結社（ソサエティー）には特別な役割や称号が与えられていた。

夢は未来を垣間見たり、失くしたものを見つけ出したり、精神の失調の原因や尊重しなければならない要求ないし要請の理由を理解したりする重要な手段だと考えられていた。アメリカインディアンの社会ではどこでも、夢ないし夢を見ることは人生の成功と幸福に欠かせないものと考えられていた。そのような夢の重視が、夢を受け取り、記憶し、そして現実の日常生活に組み込むために必要な心理的、社会的コンテクストを用意した。

実に、インディアンの夢見者は、夢を重視する社会的コンテクストの中で、夢の内容を望ましい結果に到達するように計画し、操作する幅広い能力を発達させた。どの部族でも、人々の役に立った夢は文化的、社会的に報酬が与えられた。文化的に重要な夢に報酬を与えることで、インディアンたちはその社会的・文化的な存在構造における夢を見ることの役割を強化した。

そのような刺激を得て、インディアンの夢見者は、彼らの自己意識および部族や氏族などの所属集団の意識のもっとも深い面を象徴する何らかの歌や物を夢の中で捕らえようと積極的に取り組んだ。そのような夢やビジョンを通して、インディアンたちはその多くが今でも引き続き行われている個人的、集団的に重要な祭事や儀式あるいは慣習を生み出した。またインディアンたちは、美術、歌、踊り、物語、詩、祭事、儀式などを通じて、夢に創造的な白日夢の形式を与えた。今日でもインディアンの人々は彼らの夢を引き続き美術を通して伝えている(4)。

総じてインディアンたちは内なる自己を知る必要があるさまざまな問題解決や学習の場面で、夢を効果的に使ったのである。それを行うには、現代では匹敵するものがほとんどない精神およびスピリットのエコロジーに関する直接的な成熟した理解を発展させる必要があった。

最古の時代から、子どもたちは夢を尊重するだけでなく、望ましい結論に向けて夢を操作する方法を学ぶよう条件付けられた。要するに、多くのインディアンは効果をねらって夢を見る方法を学んだのである。多くのインディアンは、夢を尊重し、夢から学ぶことを通じて恐怖、希望、野心、欠点などと折り合いをつけることで、ストレスに満ちた状況に対処し、インテグリティーを高く保ちながら人生の試練や苦難に直面することができる、確固とした自立性を発達させたのである。

そのような夢見の遺産はヨーロッパ人と最初に接触した時代には非常に顕著に認められたのであり、インディアンの教育プロセスの回復が主張されている今日でも、再生し得るはずである。しかし、新しいインディアンの教育形態というコンテクストの中で、夢のプロセスに対する理解と尊重を復活させるということはほとんど未開拓の領域である。今日、先住民は至る所で、程度はさまざまであるが、「文化的統合失調症」に苦しんでいる。非常に異なる二つの存在界への適応に常時直面することが、インディアンの人々に言葉では言い表せない混乱と苦痛、ならびに社会的、個人的機能障害を引き起こしてきた。

教育プロセスが再びインディアンの若者を夢見と創造的自己に結び付けなければならない。教育プロセスの一環として美術創作を行い、ビジョニングプロセスを体験することによって、今日、多くのインディアンの人々の生活の過酷な一面となっている個人的、社会的、文化的崩壊への取り組みに大きな前進が期待できる。

夢見のスピリチュアル的、心理的重要性を否定し、教育プロセスにおけるその位置付けを尊重しないと、基本的な人間の学習プロセスを妨げることになる。それは、文化的・社会的統合失調症がアメリカインディアンの中に出現し続けることを、そして、若者か老人か、保留地住民か都市部住民か、ブルーカラーかホワイトカラーか、純血か混血かを問わず、その活力を奪うことを確実にする。

このような実存的ジレンマを解く手掛かりは、一つには、今日のインディアンの教育環境の中で、創造的なビジョニングプロセスを有意義な直接的方法で適用する仕方を学び理解することである。ビジョンは不可欠である。つまり、それは個人および共同体の成功に不可欠であり、意識の進化と人間の発達の基盤である。

❖先住民の教育におけるビジョンの役割

ビジョニングは、他の人々や私たちのスピリットに係わるものを新たに視覚化し、認識する創造力に焦点を当て、それを具体化する。ビジョンは常に、私たちが神聖で自分にとって非常に大事だと思われるものを映し出す。また、ビジョンは私たちの人生のあらゆる側面を関連づけ、統合する働きをする。

ビジョンは常に、完全性を目指す私たちの個々の歩みと関係がある。それが自分自身のための自分自身に関するものであれ、仕事、コミュニティー、あるいは世界全体に関するものであれ、ビジョンは私たちの存在のもっとも深いレベルで私たちに作用する。

ビジョンを尊重し、それを通して生きること、それは典型的な学習プロセスである。ビジョンを通して生きることは、何らかの目的のために生きることを要求し、それによって、私たちの生活の意味と質を大幅に高める。ビジョンは、私たちが日常生活の中でそれによって測り、関連づけ、行動する、コンテクストに則した視座を形成する。総じて、ビジョンは私たちの人生における重要な動機の源泉であり、私たち本来の人間としての可能性を発揮するための最短の道である。(5)

ビジョンが多くのインディアン社会においてそのような重要な位置を占めたこと、またいまも引き続き占めていることは驚くに当たらない。ビジョニングのプロセスは、人生を意味あるものにしようとすることへの基本的な創造的応答である。ビジョンは実にいのちのためにある。

インディアンの人々が祭事や儀式を通じてビジョニングを入念に行うことには、スピリチュアル的および心理的な意味がある。そのように入念に行うこと自体が、神話、夢、美術、エコロジー的な考え方、共同体的調和、そしてスピリットを統合するモデルとなる。

ラコタのサンダンスでは、神話、美術、儀式、深層心理学、そして人間集団が夢と結び付けられ、完全で可能性が十分に発揮された人生を送ることを目標とする全面的に統合された教育領域が生み出される。ラコタのビジョンクエストとは、その人の存在、世界、一連の関係性の中に、いのちを探すことである。

〝いのちを探す〟ためは、ウイチョルインディアンのいのちの象徴、ペヨーテがたくさんみられるウイチョルインディアンの神話上の土地、ウィリクタへの巡礼の旅の言い換えである。ウイチョルは巡礼の途中、神聖な場所にさまざまな期間滞在するが、それには泉、小さな丘、峡谷などが含まれる(6)。

ウイチョルの巡礼者は、ウィリクタへの最初の巡礼のとき、各滞在場所に因んだ祖先の功績を語る。それぞれの場所でウイチョルはペヨーテを取ったあとで求めるビジョンの準備として、ある意味で、彼ら自身を彼らの霊魂および指導的な文化的神話の次元と共鳴させる。つまり、ウイチョルの巡礼者はお互いに、また彼らの指導的神話や彼らの象徴たるペヨーテとの間に共同体的な関係を形成する。彼らはそのような関係の本質を深く探究する。巡礼は、各巡礼者にビジョニングの過程に備わっている創造的可能性への道を開く、準備、犠牲、変容を具体化する。

ウイチョルはウィリクタに到着すると、儀式的に鹿を狩るようにペヨーテを狩る。ウイチョルにとって、鹿は、スピリチュアル的である一方で幻覚を招きもするペヨーテのエッセンスとそれが提供するいのちを見出すビジョンという贈り物を象徴する、いのちをもたらす動物である(7)。

ペヨーテを集めたあと、巡礼者たちは祈りと祈りの羽とともに糸絵の贈り物をする。それは、自分のいのちを見出すのに役立つ指導的な個人的ビジョンを求める彼らの願いや希望を具現している。それらは「*Tate wa ri*」(聖なる火)とそのエキスがペヨーテであるところの「*Kauyumari*」(五本の枝角をもつ鹿)に捧げられる。巡礼者たちは火を囲んで座ると、儀式上の食べ物として、「トウモロコシの聖なる五つの色」を表す選ばれたペヨーテの芽を分かち合う(8)。

巡礼者たちは、夜通し眠らずに座り、ペヨーテを食べながら、個人的ビジョンを待つあいだ、自分の人生や彼らがいのちを探すことになった理由や出来事を振り返る。一人ずつ、各巡礼者はそれぞれのスピリチュアル的自己に関するビジョンと直接的な洞察を受け取る。巡礼者はそれぞれ創造的ビジョンの贈り物を受け取るが、それは後の一連の糸絵、歌、個人的儀式の基礎になる。あるいはもう一度巡礼に出て、さらに学び、新たな洞察や創造的贈り物を手に入れるための基礎になる[9]。

そのようなビジョニングは常に深い変容体験であり、それは彼らの人生および関係性にそれ以後深い影響を及ぼすが、ウイチョルの巡礼はビジョンクエストの原型の概要を示している。母なるペヨーテが住んでいる場所、ウィリクタに旅をした人々は、集団としても個人としても、ウイチョルが言うように「自分自身を見出した」のである。彼らは自分のいのちを受け取ったのであり、自分のビジョンを受け取ったのである。

「私は清らかな海の泡を食べた！
今やだれが歌い方、踊り方をよく知っているだろうか？
今やだれが糸絵の描き方をよく知っているだろうか？
今やだれが植えつけ方をよく知っているだろうか？
それは私だ、私は今やそれを最も上手にやる方法を知っている。
私は清らかな海の泡を食べた！
私は清らかな海の泡を食べた！」[10]

ウイチョルの巡礼は、夢とビジョンが先住民の教育プロセスにおいてどのように機能するかを生き生きと描き出す。その他のアメリカインディアンの部族や世界各地の先住民にも多くの事例がみられる。私たちが理解すべき大事なことは、ビジョニングのプロセスの中に、教育に対するより完全な取り組みに、統合された学習プロセスの重要性を認め要求する取り組みに直接関係のある基本原則が備わっているということである。

そのようなビジョニングの基本原則には次のようなものがある。

1、ビジョンは常に全体的である。ビジョンは、個人的な環境であれ、家族的、部族的、あるいは社会的・物質的な環境であれ、システム全体の中のその他のあらゆる側面と相互に依存し合い作用し合っている。

2、ビジョンは別のビジョンとのギブ・アンド・テイクの相互補完関係による共生的共同作業を通して展開する。集団のビジョンは、常に、共通の目的を達成するための協働に関するものである。

3、ビジョンには、個人の特性とビジョンそれ自体の特性の両方からなる特徴的な固有のパターンがある。ビジョンにはそれ自体の律動的ないのちがあり、その進化と発達の周期が理解され、尊重されなければならない。

4、ビジョンとその実現への取り組みは、より高いレベルの完全性への旅としての学習の特性を私たちに教えてくれる。ビジョンを求める中で私たちは、試練や苦難、犠牲や実際の作業についてだけでなく、私たちの強さ、弱さ、生来の創造力についても学ぶ(11)。

ビジョンを教え、生徒たちを創造的なビジョニングプロセスに参加させることが現代教育に及ぼす可能性は文字通り革命的である。生徒たちの夢についての理解および創造的なビジョニングプロセスへの条件付けを促進することによって、私たちは生徒たちに、自己認識を発達させるための最も基本的な古来のコンテクストの一つを利用する学習方法を提供することができる。

そのためには、私たちが現在知っている学校を完全に再構築することが必要になる。それがアメリカの主流の教育制度の中で現実のものになり得るかどうかについては議論の余地がある。しかし、インディアンの人々や部族が管理する学校には、ビジョニングの現代版が不可欠だと思われる。

インディアンの教育にそのようなプロセスを再導入することによって、インディアンの人々は知ることや理解することに関する部族的なやり方の効果を自分で確めることができるだろう。それは、ビジョニングの儀式がいまも残る伝統的部族環境の中でその原則が認められ適用されるような、文化に基づく方法であるだろう。違いは取り組み方だけであろう。つまり、部族環境においては部族特有の儀式と価値が重視される一方、学校教育では教材と適当なメディアとが組み合わされ、普遍的概念だけが重視されるだろう。

インディアンの若者には、再びビジョンを通して生きる方法を、また現在の生活を部族の遺産たる生き方と結び付ける方法を学ぶ機会が与えられる必要がある。ビジョンを通して生きることによって、若者は自身の本質と再び結び付きそれを尊重する方法を学び、各自それぞれの創造の源に触れた生活を送る方法を学ぶ。彼らは目的をもって人生を送ることを学び、人生と教育を完全に至るプロセスとして理解する。

リンダ・マークスがその著書『Living with Vision』で非常に見事に述べているように、ビジョニングのプロセスを発展させることは能力を発達させることである。

「……物事のありようを見ること、物事の可能性を見ること、私たちが今いるところから行くべきところに行くために何をすべきかを知ること、他の人々との協力関係において担うべき役割を知ること、行動をとることへの励ましと要請を感じ取ること、そして目的のある人生を送るための適切な行動を知りそれが実行できること[12]。」

多くのインディアンの若者にとっての基本的ジレンマは、どのようにして目的のある人生を送るかということである。インディアンの若者はインディアンの文化の諸々の価値観のあいだの関係を理解し、人生の目的を見出し、目的に向かってなすべき務めを理解し、完全な人間になるように自分を導くビジョンを発展させる必要がある。

これはまさしく、夢見やビジョニングのコンテクストとプロセスが、かつてインディアンの人々に対して成し得たことである。ビジョニングは、そのようなかつてのすばらしい非常に効果的な教育プロセスの残滓を有する部族や個人に対して、今日でも引き続きそれを行っている。

インディアンの人々や部族の指導者たち、インディアン出身の専門家たちやインディアン出身の教育者たちはそのような要請に留意するだろうか。この問いはまだ答えを待っているが、それに答えられるのはインディアンの人々のみである。

❖ 美術と錬金術

美術は人間の学習に画期的進歩をもたらした。美術とは材料を美術家と使用者双方にとって意味のある形に変容させることであるが、それは同時に本質的な変容を示してもいる。実際、美術は、その最高の表現形式においては、一種の魔法である。また、この創造の魔法において、美術家は材料や創造の精神に浸透されるのである。

この密接なスピリチュアル的関係を尊重するために、美術家は忍耐と規律を通して、自分の創造力の中心を理解しそれを極めなければならない。美術家は明確な目的をもって、材料や道具に対する理解や正しい認識をもって、スピリットと心と身体の内的調和とバイタリティーをもって、仕事をしなくてはならない。また、一つの存在形態としての物を生み出す祈りを込めた活動において、知性を最大限に働かせる意識を集中した仲介者としての配慮をもって、仕事をしなくてはならない。

美術の創作とはプロセスの錬金術であり、そのプロセスの中で美術家は一つひとつの真の創作活動を通じてより自分自身になるのである。彼は、彼が美術作品に変えた材料に本来備わっているいのちとの関係のダンスの中で自分のいのちの一部を材料に移転する。

創作の各プロセスには、意識を集中した創作活動を通じて、美術家のイニシエーション、浄化、死、再生がなければならない。美術作品になるまで、作り、作り直し、苦しむことによって、美術家は自身を創造し、再創造する。それは、比喩的な意味で、生と死と再生である。

これは先住民の美術家の大家なら非常によく知っている、美術の創作の真髄である。これは古くからの美術の儀式であり、その目的は自己を形成すること、その美術家にとって重要と思われる人生の一つの側面および彼が部族や氏族や彼自身と共有する現実を祝福し、象徴的に示すことである。

先住民の美術家の大家と部族のほかの人々との違いは、特定の美術分野における手腕や技術の相対的なレベルにすぎない。部族民は全員が美術的なものの創作に携わっていた。老若男女それぞれが多かれ少なかれもの作りに加わり、歌であれ、儀式であれ、踊り、陶器、籠、住居、小船であれ、先住民は生活に必要なものの創作に漏れなく携わった。美術は生活に欠くことのできない表現であり、生活と別のものではなく、特定の名称で呼ばれることはほとんどなかったのである。

現代風の、通常、自己中心的な言葉で定義され、表現されるような、芸術のための芸術という現代の概念は、先住民社会ではほとんど意味をなさなかった。誰もが美術家であり、ものを作る人であり、作られたものには常に固有の象徴的な意味と共に正しい形と用途があった。伝統的な美術様式は必ずその部族の神話を、つまり、人々の自身に対する見方や理解の仕方を反映していた。先住民の美術家はすべての作品に意味を吹き込んだ。彼は、彼と彼の氏族が神聖と考えるものを、作品を通して目に見えるようにした。美術は、彼の部族との関係および彼の世界を動かしているスピリチュアル的な本質との関係において、彼の存在全体を表現する方法である。したがって、先住民の美術作品は機能的であると同時に意味をもっていた。現代の西洋社会に存在するような、工芸品と美術品との区別はなかった。

「原始人は、生存のための闘いというプレッシャーにもかかわらず、そのような単なる機能的な美術品については何も知らなかった……彼は役に立つ物に自由に加えたり、加えなかったりすることができるようなものとして意味を考えることができなかった。原始人は神聖と世俗を実質的に区別しなかった。つまり、彼の武器、衣類、家はすべて聖なる原型の模造で、彼にとってはその物以上の意味があったのであり、彼は呪文と儀式によってそれらをそれ〃以上〃の物にしたのである……彼の工芸品の中に単に物だけを見ること、また神話の中に単に逸話だけを見ることは大罪であった。なぜなら、それは自分の中に〝論理的思考と死ぬべき動物〟だけを見ることと同じであり、単に〝この人〟だけを認識し、〝人類の型〟を見ないのと同じだったからである。(13)」

✣先住民の美術は創造的変容の曼荼羅である

伝統的なアメリカインディアンの美術様式は、特別な目的ないし行為のためにつくられ、象徴的な伝授のプロセスを経て先生から生徒に伝えられてきたが、そのプロセスによって生徒は大きく変容する。それはまた、部族の神話を反映しており、部族の誕生以来の多くの世代にとって意味と価値を有するものである。

伝統的な美術様式の教育上の基盤はそれを創作する儀式にある。先住民の美術家にとって、伝統美術は〝大いなる不思議〟に親しむ道をもたらすだけでなく、人生の形や表現を左右するものでもあった。美術の創作は部族民の美術家による再創造のプロセスの曼荼羅であった。それはまた、部族の基本的な指導的神話と伝統知識が有する回復力や治癒力を呼び起こし、それに焦点を当てる方法でもあった。

美術の創作に関するこのようなアプローチの結果もたらされたものは、美術家と参加者双方のより高いレベルの完全性に向けての成長であった。このように見ると、美術は人生の質を高める関係性のプロセスを発展、持続させるための一連の活動となる。この場合、創作の儀式が成果品よりもはるかに重要になり、成果品はそれに形を与えた創造的、スピリチュアル的プロセスを象徴する単なる証拠資料にすぎなくなる。しかしながら、そのような形が特定の意図をもってつくられたことから、その多くが祭事や儀式を通して創造的な魔法を呼び起こすために使われた。そのようにしてつくられた工芸品は必要に応じて繰り返し使われたが、他方、ナバホの砂絵などは調和の回復という治療目的を果たしたあとは壊された。

曼荼羅の概念は、このような「アーティング」の方法特有の完全性について、また変容と再生の起こり方について理解を深めるのに役立つ。曼荼羅という言葉はサンスクリットから来ており、〝中心〟または〝回ること〟あるいは〝真中に〟を意味する。曼荼羅はあらゆる点で完全性ないし完成の構造を示す比喩である。曼荼羅は原型的構造であり、そのバリエーションは建築から肖像画、織物、砂絵に至るまでさまざまな宗教美術の伝統に見ることができる。

曼荼羅の構造はどこで見られるものでも四つの基本的特徴は一致している。中心があり、基本的な対称的パターンを示し、方位点によって定められた境界線があり、あらかじめ定められた目的に向かって意識を集中し瞑想する手段を提供する。曼荼羅の創作は、集中・治癒・健康・変容をもたらす成長と発達を目指して努力することによって完全性に至ろうとする私たちの衝動を尊重する治療の儀式を具現している。

曼荼羅を創作することの基本的役割は、特定のコンテクストにおける諸々の要素が個人や場所や集団に関係していることを認識するプロセスを引き起こすことである。曼荼羅は取り組んでいる諸問題と諸要素との関係性を示す。そのような関係性を映し出すことによって、曼荼羅は創作者または参加者の自己関係性も映し出す。

一人ひとりが身体的・精神的・社会的・スピリチュアル的レベルにおける生きた曼荼羅であると言えるかもしれない。曼荼羅は基本的教材である。各人がその構築を通して、そこに蓄えられている創造的エネルギーを解放するために、さまざまなレベルの自分の存在を一つに集中すること、自分の基本的オリエンテーションを理解すること、そして自分の中心を知ることを学ばなくてはならない。

先住民の美術家による美術品の創作は曼荼羅の創作を反映している。ナバホの砂絵のように、部族の美術品の一部は曼荼羅である。曼荼羅の創作には明確ないくつかの段階がある。例えば、曼荼羅の創作は祈りを通して自分の存在を浄化することや、創造的任務に対する美術家の感受性を高めるための断食あるいは瞑想から始まる。

次に、エネルギーを内側に向けて集中し、それによって創造的スピリットを活性化させることで、美術家の心、身体、霊魂を一つにすることが行われる。それから、準備活動を順序付け、道具を作り、パターンを試し、調査や必要な材料の収集などの準備活動に没頭することによって、自分の自己を創造的任務に導くオリエンティングがある。

その次のステップは実際の工芸品の構築であるが、それは創作あるいは部品を組み立てることから成る。このように工芸品を制作したり、ダンスを踊ったり、歌を歌ったりすることは、その前の諸段階で完了した活動の直接的な表れである。曼荼羅プロセスでは、創作ないし上演は中間点であって、それで終わりではない。

曼荼羅プロセスをすべて完了するには、制作を補完する側面が必要になる。この補完は意味付けないし内省というのがもっともふさわしいかもしれない。曼荼羅をつくる際には、制作者、観客、使用者が曼荼羅に込められているメッセージを内部化する段階がなければならない。この時、曼荼羅プロセスに参加した者全員がその本質、そのスピリットと一体化する。

この一体化が起こったなら、一体化の段階に通常みられる特徴的な感情状態から徐々に離れる必要がある。これは手を放す段階である。それは次の二つの段階に移行していく。つまり、存在のより基本的なレベルとの再統合、そして自分自身に関して、また曼荼羅の目的に関して学んだことの日常生活における現実化である。まさしくこれが、ナバホの砂絵の制作過程全体を通して起きることである。(14)

曼荼羅プロセスは、多くの先住民における神聖な道具あるいは儀式用の道具の制作にみられる特徴を示している。先住民の伝統的美術様式は、その表現形式の如何にかかわらず、その人々の本質を統合し、反映している。曼荼羅のプロセスは、その展開に参加した人々全員に創造性とエントロピーとの相互作用を構造的に明確に示す。

❖美術の儀式――先住民的教育における見方と表現の仕方

人間が美術を通して表現することの必要性は、その狩猟採集民としての起源に深く根を下ろしている。美術は、人間が思考し表現するプロセスとして、人間的意識の創造的爆発と密接に関係している。創造的意識の一面として、ネイティブアメリカンの美術は非常に独特であると同時に人間の普遍的特性を示している。

さらに、先住民の教育哲学のプロセスと結果が、ネイティブアメリカンのさまざまな美術様式を通じて詳細に示されている。ネイティブアメリカンの美術表現は、世界の過去、現在そして未来に関するネイティブアメリカンの経験と理解を率直に表している。ネイティブアメリカンの美術は世界の見方としての可能性であり、そこから世界を眺めるさまざまな窓である。一つひとつの窓は戸口に続き、価値ある人間的経験の別の可能性につながっている。

ネイティブアメリカンの伝統美術は文化の実態を記録しているが、それが如何に豊かで、また人々に理解され得る可能性を秘めたものであるかが今ようやく、最新の研究とアメリカインディアンが彼らの物語を語ることによって明らかになりつつある。美術のしばしば隠れた、しかし極めて重要な側面は、作品の性質あるいは美術作品の創作プロセスである。この美術は先住民の教育プロセスに思慮深さを、つまり、審美的、精神的、スピリチュアル的、そしてエコロジー的観点を伴った思考法をもたらす。

美術に対するこのような態度は、かつても今も、統合的な生活術の一つの側面である。このような生活術としての感受性は数千年にわたって発達してきたもので、現在でも、たとえ新しい材料や技法を取り入れ、西欧の影響を受けたとしても、引き続きインディアンの美術に反映されている。総じていえば、それは十分に人間らしくなるためのプロセスである。

この思慮深さないし感受性はまさしく人が理解しなくてはならないことである——条件付けからの解放は、難題ではあるが、インディアンの美術様式の教育的プロセスに対する、またその評価的な側面に対する新たな見方をもたらす。ヘンリー・ムーア、マーサ・グラハム、ジャクソン・ポロック、ジョージア・オキーフなど多くの美術家の活動に反映されているようなモダニズム芸術の感受性に影響を及ぼしたのは、このネイティブアメリカンの美術の群を抜いた独創性なのである。

美術に関する部族的な方法においては、文化と生活に関する独特の表現とプロセスを誰もが共有できた。美術は生活の表現と見られ、多かれ少なかれ、部族の人々全員が携わった。伝統的に美術とは、生活に関する独特の文化的観点を表現する匿名の活動であった。

アメリカインディアンの美術作品のほとんどが匿名であるにもかかわらず、ビジョンをもった各人の創造性、技能、工夫の才が並外れて明瞭に輝いていた。そのような才能は、心と顔、そしてビジョンという基礎をもつ人々を育てるという先住民の教育目的の成就と集大成の反映であった。部族的美術家は、時間を越え空間を越えて伝えられてきた創作という伝統を個別化したのである。

神話は内的な精神と文化的な概念を心象とシンボルを通じて表しているが、美術はそれらの側面に具体的で明確な表現形式をもたらす。したがって、美術は先住民の教育プロセスの第一の基盤である。美術は成果品として教育プロセスを具体的に示す一方、プロセスとしての美術は成果品に組み込まれている。

✣儀式と変容の方法としての美術

人がそれぞれ独自の仕方で現実を見るように、各社会もその社会を構成する各世代もそれぞれ独特の仕方で現実を理解する。美術は見方であり、在り方であり、成り方である。美術が示す表情豊かな現実を理解するには、人はまず見方を学ばなくてはならない。この見方としての美術の発達を理解するには、美術に本来的に伴う祭事や儀式を先住民の教育プロセスの今に続く一面として捉える必要がある[15]。

美術家による「見る」行為の美術への変容は、人間の創造性の一つの根本的な神秘である。同様に、先住民の文化において、美術が祭事を通じて宗教、哲学、そして「科学」と統合されることも、この神秘の表れである。この特別な「見る」方法が先住民の祭事を活性化する。そして、先住民の美術、建築、神話詩、踊り、音楽を「満たしている」のが、そのような祭事を通して与えられる比喩である。

先住民の職人は自分が描いているもののバイタリティーや本質を伝える特徴を選び、それらを可能な限りの最もふさわしい技法で直接的に表現した。このやり方は――知的に表現された理論や学派に従ったり、形を正確に描こうとしたりするのとは対照的に――伝統的な部族美術の祭事を伴う創作という基本的基盤を反映している。伝統美術の創作においては、出来事や物の中心ないしスピリットに達することが強調される。

原初的社会では、美術は生活のプロセスの祭事化を反映していた。先住民の美術の多くは、作品の美しさよりも生き生きしていることがその第一の審美的な基準であった。これは、先住民の作品が美しくないという意味ではなく、その美しさはその生命に自然に備わる副産物だということである。先住民の美術の多くに備わっている生命は、先住民の教育プロセスのプロセス・成果を反映している。先住民の教育の基盤を探究することによってその本質を洞察することは、教育の新たなパラダイムに関する重要な洞察を得ることを意味する。先住民の教育プロセスにおける美術の役割の問題の核心を捉えるには、美術の儀式の探究が不可欠である。

美術の儀式は魂のもっとも深い領域と美術の創造的プロセスの神聖な側面に触れる。これは、単に何かを美術に変容させるだけでなく、存在の根幹において美術家をも変容させるほどの出来事である。このような美術の方法や美術への係わり方は、結果よりも美術作品の創作のプロセスとコンテクストを非常に重要なものにする。

このような変化をもたらすという創作の特徴は、純粋に実用的な作品からシャーマニズム的なお守りに至るまで、程度はさまざまであるが、アメリカ先住民の美術に共通して備わっている。作品の創作に使われる植物や動物、技術や材料は、現代の熟達した美術家でも模倣するのが難しいほどの目的と精神や心との統合を示している。また、美術家の創作プロセスを通じて材料の上に展開される洗練された深い感情が示しているのは、先住民の美術特有の自然重視である。

先住民の美術作品は、その材料の自然の素材に対する深い感謝の念をもって創作された。そのような理解を示す最も手の込んだ例は、先住民の儀式に使われる作品である。作品を構成する各素材は、特定の部族の伝統におけるそれが持つ象徴的な意味とスピリットのインテグリティーを基準として注意深く選ばれた。一般的に儀式用の作品の創作においては、特別な場所から定められた儀式に則って集められた、特定の自然の色素、粘土、木材、石、動物や草木の一部などが使われた。意図や構想を持つことから始まり、計画を立てることを経て完成と使用に至るまで、儀式用の作品の創作の各段階には、スピリチュアルエネルギーとの関係というより大きな観点に基づいた意味があった。

それぞれの素材のスピリットや魂や目的、そして美術の創作を通じてのそれらの変容が、プロセスと結果と自己が一つとなるコンテクストを意識的につくり出すことによって教えられ、行われた。そのような教えのプロセスの展開を促すコンテクストが、祭事や儀式であり、踊りや歌や巡礼であり、それらのいずれかの組み合わせであった。

創造性と変容は美術の創作のあらゆるコンテクストまたは行為において相互に関連し合っている。正規ないし非正規の徒弟制が特定の美術様式を学ぶための基本的方法であった。そのような徒弟関係において、師匠は弟子が作品の創作と一体化することを学び得るように諸々の条件を何回も課した。儀式用の美術作品を創作する場合には、そのような条件がさらに厳しくなり、弟子の意識が必要とされるレベルまで変容することも含まれた。美術はそのようにして美術家のスピリチュアリティーを絶えず成長させるスピリチュアル的訓練プロセスとなった。最初のシャーマンが最初の美術家でもあると考えられることは決して偶然ではない[16]。

先住民社会[17]において儀式用の美術作品の創作が行われるコンテクストには、次のような一般的なパターンがある。

(1)準備

これは、単純化する、自覚する、感覚を研ぎ澄ます、注意を集中する、その人の存在を全体的に活性化させる、意識的努力である。その狙いは、美術作品に純粋で素朴な活力を浸透させる能力、頭脳の明晰さ、および例えばラスコーの洞窟にある先史時代の壁画の場合のような非常に困難で時には危険も伴う任務を遂行するスタミナ、を養うことであった。

(2)スピリットの誘導

最初の意図を一貫して堅持すること。その人の全存在を一つの任務、創作、歌、踊り、絵画、催しごと、儀式、祭事などに集中させようと決意することが狙い。

(3)材料の供給源

美術作品、特に儀式用の作品の創作に使われる材料の供給源に注意を払うことが欠かせない。材料の質だけでなく、それをどのように、またどこから得たかということが重要であった。

(4)型に従い、それを超える（形・図案）

「通常、儀式のための美術家は、技法と材料双方に内在する神秘、本来の完全性を認識したが、しかしそれは一定の限度内でのことであり、厳格なことがしばしばある文化的慣習に従った。」

(5)時間

これは文化的に決定された側面であり、儀式用の美術作品の制作において熟達した美術家が使う直観的なスピリチュアル的に条件付けられた時機を読む勘の鋭さと結び付いたとき、時間そのものが美術的で創造的な構成要素となる。

儀式用の美術作品の創作では時間が重要な変数になる。美術家は、儀式用の美術作品の創作においては、最初から最後まで創作の適時性に気を遣う。「部族の彫刻師、鍛冶屋、機織り、ストーリーテラーなど職業が何であれ、時間の予言者でない場合は、それができる人物に伺いを立て、儀式用の美術作品の創作開始に適した時期について予言を授かった。美術家は祈禱と精神の超越によって、儀式用の美術作品を創作するのに適した一連の時機に合うよう自らを〝踊らせ〟ようとした。創作のプロセス全体を通じて一連の〝正しい〟時機ないし局面があり、それは特定の匂い、原料の状態、感じ、感情または夢などによって示唆されたが、それによって創作の次の局面に進むべきか否かが示された」、つまり、一つひとつ順を追って知っていった。

(6)正しい場所

時間と場所は不可分に関連している。したがって、儀式用の美術作品の創作においては創作場所がしばしば検討の対象になる。特定の努力にふさわしい特定の場所があると先住民の集団は考えていた。そのような場所は、目に見えない特性、適切な材料の入手可能性、環境的に意識と創造性の高揚に役立つ地域、夢見の場所、治療の場所、踊る場所、生活・居住場所、歌う場所、創造的な場所などによって特徴づけられた。

儀式用の美術作品を創作する前に準備をする理由の一つは、いくつかの意識レベルにおけるフィードバック感受性を通して、創作に適した場所を見つけるためであった。
場所には空間と方位の比喩への感受性、環境および使う材料と自分との合致という面も含まれていた。空間と方位は先住民のあらゆる活動における重要な検討事項である。

(7)手放して、成る

控えめな態度と創作作業のなかで偶発する物事に身を投じることがしばしば儀式用の美術作品の制作の特徴をなした。そのような状態は準備段階で、または創作プロセスの重要な節目に起きた。そのような状態に至った経緯にかかわらず、美術家と美術作品が一つになるために、また両者の真の変容が起きるために、それは起きる必要があったのである。

(8)固有の盛んに行われている信仰

「力を吹きこまれ、真に本質を象徴する美術作品を創作しようとする努力……は、しかるべき意志を見出し維持しようとする努力である。特定の先住民集団の「真実」に関する雄弁な表現に協力するのは、的確に焦点を絞った統合的監視によって維持される、しかるべき意志のみである。」

そのような真実を儀式用の美術作品の創作によって表現しようとする努力は、人の任務とその目的の意味に対する長い伝統に基づく信頼によってのみ生まれる。そのような努力の成果は、しかるべき意志と言うことができるものによる。しかるべき意志は、特定の任務を遂行することがもたらす影響および創作される作品によって達成される目的を十分に理解することから生まれる。しかるべき意志は作品を創作しようとする意図を統合し、作品を完成させるのに必要な計画作り、監視、専念を一つのコンテクストに収める。

(9)シンボルを詰め込む

シンボルおよびシンボル化は、あらゆる様式の美術の真髄である。先住民は、シンボルにはその表面的な意味以上の力があると信じている。シンボルは人を危険から守りも、それを招きもする。シンボルは治したり殺したり、受胎させたりさせなかったり、普遍概念を伝えたり特殊概念を伝えたり、エンパワメントをもたらしたりその逆であったりする。

美術の儀式を通じて、先住民の美術家は特別な意味や意図をもつシンボルを「詰め込んだ」。岩面彫刻がそのような詰め込みプロセスの明快な事例である。シンボルはそれぞれが、神話、経験、あるいは部族集団ないし氏族の理解の中にその意味が見出せる比喩である。プエブロインディアンのココペリあるいはスー族のメディシンホイールは、アメリカ大陸の部族民の間で使われてきた何百ものそのような詰め込まれた比喩的シンボルのなかの二例にすぎない。

⑽監視

美術作品の創作を通じて、忍耐が涵養され、意図や注意の集中が促される。ある物を創作する際にあらゆる側面に対する適切な注意を怠らないということは、監視をするというだけでなく、創作のプロセスを尊重し、作品の各部を大切にするということでもある。それは心のこもったやり方である。

「原始時代の職人は、一瞬たりとも、任務を果たす場所の近くから離れることはなかった、たとえそれが肉や粘土を完璧な穴や炉でゆっくり焼いているときであってもである。」

⑾完成

これは、創作に必要な物ないし目に見える形になるように詰め込む必要のある物すべてを残りなく集めることである。この段階では、創作された作品の意図が結晶化され、物質的に誕生し、人間界における利用と理解に供される。これは、美術作品が完全な物質的存在になり、使われてその目的を果たす準備ができた段階である。それは一つの形としての可能性を備えているが、それで先住民の美術のプロセスが終わるのではなく、単にオリエンテーションや焦点が変容したにすぎない。

⑿贈与

これは、完成した形、およびその物質的な在り方に宿っているいのちや意味が、創作の目的ないし目的としての行為に供される段階である。贈与は、その美術作品がコミュニティーに入り、シンボルとして認識され、使われる、その入り口となる。その美術作品は一度だけしか使われないかもしれないし、何度も繰り返し使われるかもしれないが、その意味はそれが創作されたコンテクスト、状況、目的をその部族集団が思い出すことを思い出す限り常に理解される。

⒀美学および固有の意味に対する評価

これは、美術作品を指定された目的のために世代から世代へと、あるいはその創作責任者（個人ないし集団）の生涯にわたって、栄誉ある使われ方がなされることによって示される。その美術作品の美学と価値は、それが意味するものと部族のコンテクストでそれが果たす目的とに直接関係している。例えば、北西部のインディアン部族では、贈り物の「銅」は贈答の儀式にどうしても欠かせないものであったが、その美的ないし固有の意味を尊重した家族から贈られればそれだけその価値が高まった。これは多数ある事例の一つである(18)。

先住民社会における美術の哲学および使用につきものの美術の儀式は、今日のアメリカインディアンの教育のコンテクストにおける美術の学習、教授、使用に関する根本的な態度を提示する。美術作品とその制作はアメリカインディアンにとって自然な文化的表現形式であり、その進展やプロセスは彼らのスピリチュアルオリエンテーションと密接に結び付いていた。しかし、美術の制作のプロセスと意図、そして教育方法としての美術は、今の状況の中で再生された先住民の美術を土台として築き上げられねばならない。

美術のための美術、自我を拡大するための美術、知性化としての美術、商品としての美術、社会的解釈としての美術は、いずれも近現代美術界の一側面であるが、今日のインディアンの美術家は現代のインディアン美術の発展に臨んでその影響を理解しなければならない。現代のインディアンの美術家はそれを、美術が意味するものの中心に横たわる〝美術の儀式〟に宿る力と価値に関する理解、および部族的アイデンティティーの核を明らめる上で美術が果たす役割に関する理解を失うことなく、達成しなければならない。

そのような課題の達成は大きな挑戦である。しかし、伝統的な部族美術のプロセスと意味が忘れさられてしまうことがないようにすることは決定的に重要なことである。なぜならそれは、「私たちの

先住民の創造性の基本的オリエンテーション

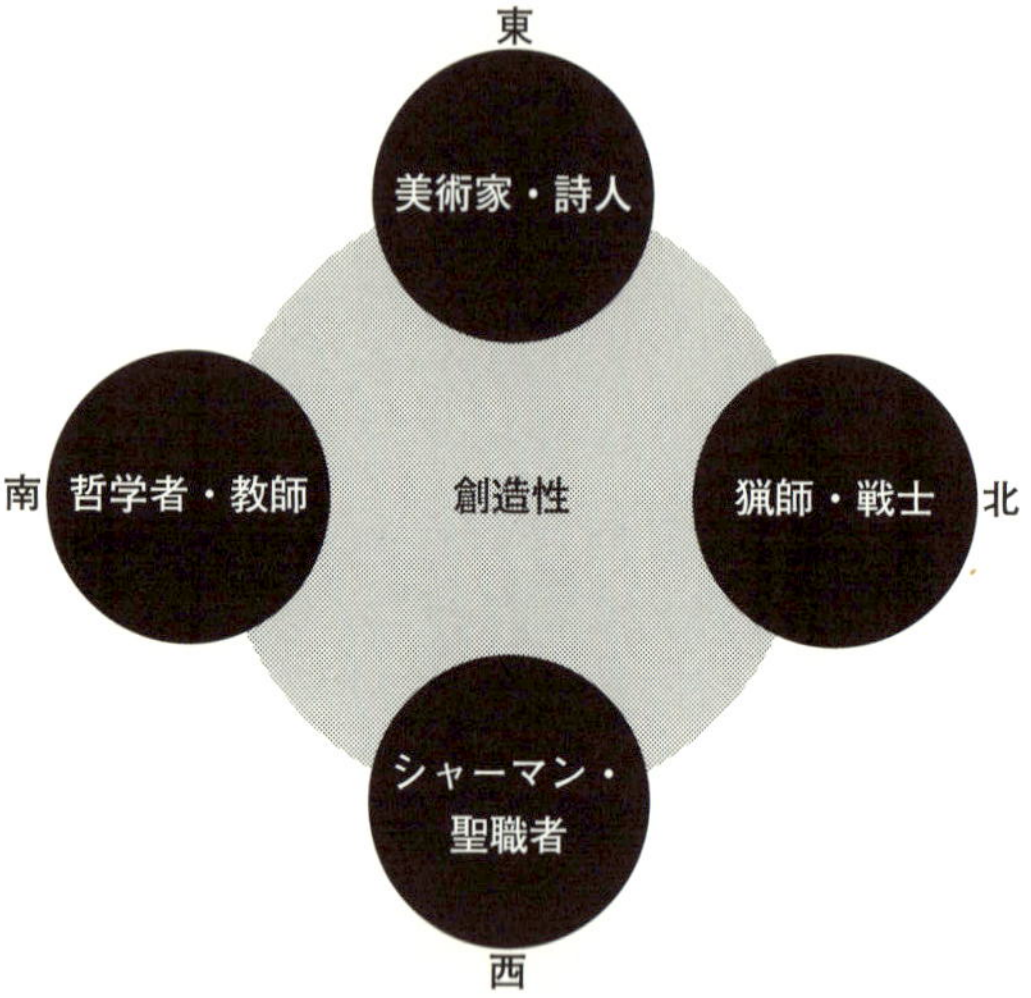

心の声を見る」ための、また創造的プロセスを通して完全性にアクセスするための、かけがえのない独特な方法だからである。

❖完全性、創造性およびオリエンテーションに係わる方法としての美術

先住民社会では、美術制作は美術家にも、美術家の作品を使う人にも、完全性に至る道を提供する。先住民の美術は、それが美術家に、伝統的美術様式の創作、特に儀式のためやスピリチュアル的な力を得るための創作における四つのオリエンテーションの役割を尊重させるという点で、完全性に達する手段を提供した。神聖な方角についての先住民の比喩と二元的・相互補完的な表現方法を用いると、それら四つの基本的役割の特徴は、次のように比喩的に表すことができる（上図参照）。

東は北アメリカの多くの部族民にとって（暁

の最初の光が到来を告げる）新たな始まりの場所を意味するが、そこには美術家・詩人のオリエンテーションがある。東における美術家と詩人の組み合わせは、双方の原型が（先住民の美術制作に基本的衝動をもたらす）視覚的およびスピリチュアル的変容の基礎と（創造のプロセスにおいて美術家に準備をさせ、導く）センタリングプロセスを統轄しているという意味で適切な比喩である。これは、なすべきことを見ることである。

北には、スピリットとビジョン双方の出現とシンボルの追跡、発見、保持を表す猟師・戦士のオリエンテーションがある。このオリエンテーションは、ビジョンの創造に不可欠な要素に正確に取り組む美術の制作に必要なものを発見する上で、人が生来もっている直観を適用することに関係する。このオリエンテーションを通じて、制作者は見たことの跡を追う勇気と自信を育む。このオリエンテーションにもまた、創造活動を遂行する気持を育て戦略を錬るセンタリングのプロセスがある。

西のたそがれのオリエンテーションにはシャーマン・聖職者がいる。これらの原型は出来事の展開を創造的に表現するが、それは東の空想的・スピリチュアル的オリエンテーションから始まり、イメージ、言葉、形、音楽、歌、踊りを比喩的に使って展開される。明るく照らす太陽の光の創造的提供者という役割において、シャーマンと聖職者は、完全性への道を明らめ照らし出すイメージ、形、思想、あるいはオリエンテーションをもたらす。

南は哲学者・教師のオリエンテーションである。これらの原型は創作された美術作品に内在する比喩的に暗号化されたメッセージを理解し整理しようとすることを示す。哲学者の領域の理解と教師の領域の伝達との間の創造的な相互作用が、制作されたものに関する知識と意味の正規および非正規の伝達の基盤を形成する。これは、作られたものを知ることである。

一部の先住民のオリエンテーションにおいては、南は南西部の乾燥した土地を温め、養分を与える、豊かで創造的な風と雨季の雨の源である。南に関係する哲学的および教育的オリエンテーションは、美術を通じて学ぶ創造的プロセスを検討するための詩的で自然な視座を提供する。

このようなオリエンテーションは創造的プロセスに関する現代的な理解に沿っている。本質的には、言及したオリエンテーションはそれぞれ、一般的に受け入れられている創造的プロセスの段階によく似ている。順序を逆にしてみると、〝第一直観〟、創造の最初の段階は、美術家・詩人に関係するだろう。この段階ではまず創造的思考が、個人的または集団的な無意識下での夢や直感、原型や形やイメージの探究から始まる。次いで、視覚的・言語的・空間的・触覚的・聴覚的なシンボルや形に知覚的に取り組むことへと発展する。それから、創作活動に対する美術家・詩人レベルの感受性と共感を育む調査、内省、知性化の段階に至る。最後に、作者はマクロビジョンの領域に入るが、その特徴は創作されるべきものの形而上学およびスピリチュアリティーに関する比喩的思考と変容をもたらすビジョンである。

準備・没入の第二段階は、哲学者・教師のオリエンテーションに非常に似ている。この段階は、美術作品への取り組みに関連して、意味づけをする、不測の事態に取り組む、諸々の重要な関係性を調べる、ことをもって始まる。道具について学ぶこと、調査、つくるべきものをつくる最良の方法を見つけるための戦略とロジックの適用、がある。それから、美術作品をつくるための適切な情緒的・知的コンテクストの確立と結び付いて、プロセスはさらなる意味づけ、シンボル化、応答、調査へと進む。マクロレベルでは、この段階は、問い、学問的研究、知識の蓄積、つくるべき作品の形而上学に関するさらなる考察、によって特徴づけられる。この段階およびその前の〝第一直観〟の段階を通じて、創造的作品の形が次第に目に見える原型的形態をとり始める。

第三の培養段階は、シャーマン・聖職者のオリエンテーションに非常に似ており、最初の〝第一直観〟の段階とも似ている。両者の違いは、無意識下に没するときの相対的な深さにある。〝第一直観〟はより知覚的である一方、〝培養〟はより原始的で錬金術的な変容をもたらす。〝第一直観〟と〝準備〟の特徴をなす学習から、夢、衝動、原型、直観、生死のシンボルに基づく前概念といった深い無意識の領域に進む。〝培養〟は、そのもっとも深いレベルにおける表現として、比喩的プロセス、および変容と再生を巡って展開する神話的思考を引き起こす。そのようなプロセスと思考は、イニシエーション、祭事、儀式という形を通して表現される。マクロレベルでは、〝培養〟は、結び付き、ヒーリング、およびさまざまな宗教的儀式や慣習の特徴をなすものを含むスピリチュアリティーの具体的表現を生み出す。この段階では、深い無意識の窯の中でつくられつつある形を料理する、あるいは焼く。

最後の第四段階の評価は、それが餌食を探し、作品をつくり、つくったものを守る態度をとるという点で猟師・戦士のオリエンテーションに似ている。主として評価には作品を提示し、勇気をもって批判や欠点に取り組む方法の策定が含まれる。全体として、この段階では、勇敢にリスクをとり、その作品をもたらした創造的プロセスの原理とインテグリティーを守ることによって、自信が生まれる。マクロレベルでは、この段階が実現した結果が完成の状態である。相対的にスピリットを重視したホリスティックな観点に基づく状態は、創造的作品の完成によって生じる善良な心を表すが、それはこの創造性の最後の段階を特徴づける。

先住民の美術は、学習し、創造するという人間の本能的なニーズの中心を表現し、育むための基本的方法を提供したのであり、現在も引き続き提供しているのである。美術は人間の学習の本質的な部分を占めており、社会的、文化的、あるいは政治的な立場や状況に関係なく、あらゆる人に備わっている可能性の開花にとって極めて重要な役割を果たしている。

美術が先住民の教育哲学において如何に重要な位置を占めているかという点に疑問はない。問題は、美術に関する西洋的概念への依存であり、インディアンに対する美術教育の暗黙の基盤となっている自己中心的、資本主義的な学校教育への依存である。そのオリエンテーションにおいても、その哲学や審美的基準や目的においても、美術に関する明確に非西洋的、非ヨーロッパ的なインディアンのやり方がある。この相違を理解することが、儀式用の美術作品の創作において部族民が行っている美術の儀式を理解することが重要である。なぜなら、歴史的にみると、インディアンの美術家はいのちのために創作したからである。

❖いのちの木の類比

教育プロセスおよび知識の探求の類比としてのいのちの木は、いのちと自然を中心とするオリエンテーションを具現する、先住民の教育の構造的シンボルである。伝統的な部族美術は、あらゆる意味において、部族民のいのちと自然に対する関係を表している。いのちの木は、いのちと学習と成長の原型を表すが、それは肥沃な大地に根づいた若木の芽生えから始まり、種子を形成するまで、生涯のあらゆる季節を経ながら、艱難辛苦を越え、さまざまな成長発達段階へと進んでいく。

学習生活と自然との何と驚くべき類似であろう。木の種類はそれぞれが特定の部族であり、特定の

いのちの木および先住民の美術表現

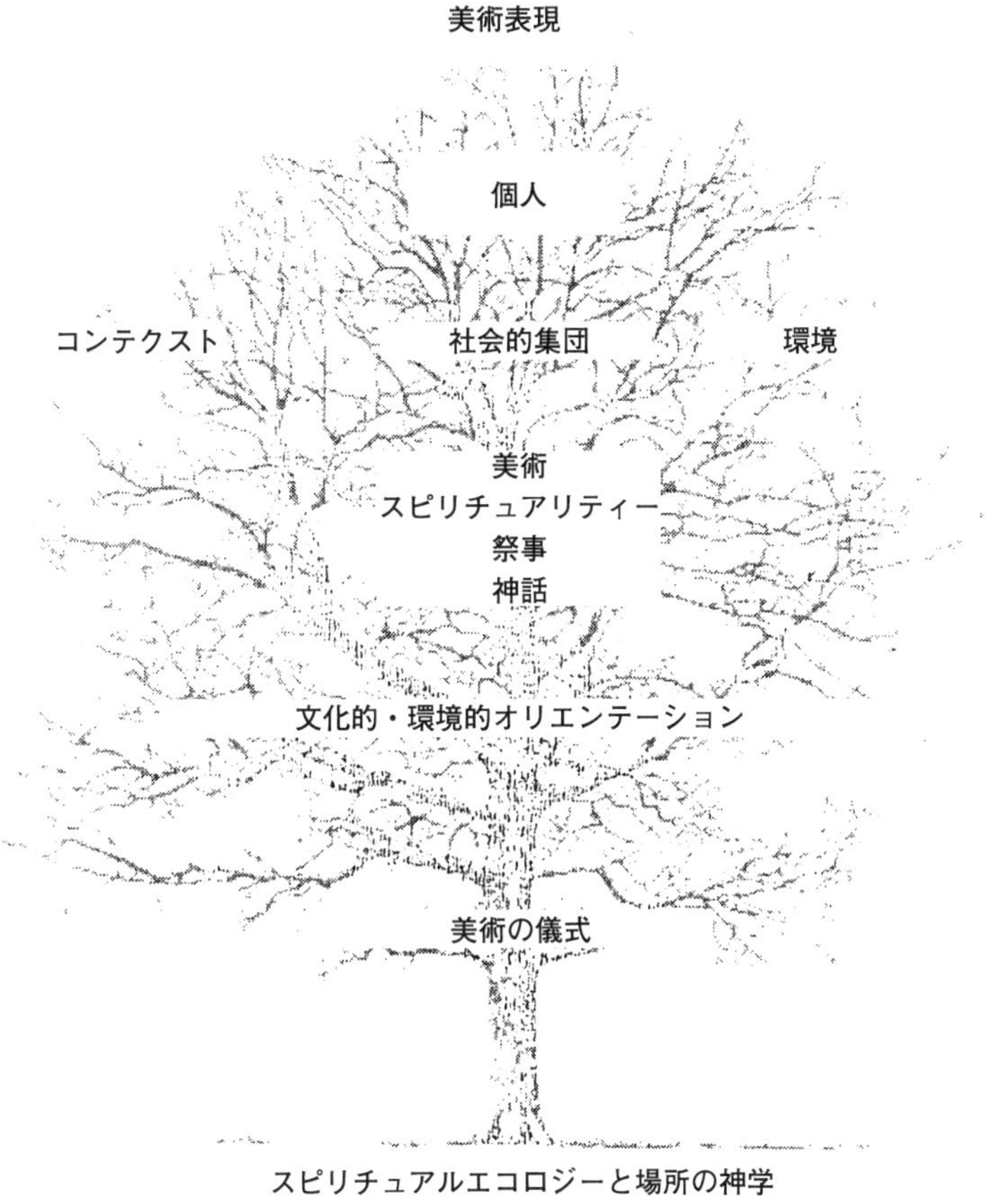

地域の土に生まれ、そこに根を下ろし、暮らし、それ独自の形へと生長し、種特有の仕方で自己を完成させ、独自の仕方でいのちを表現している。それぞれの木の、葉、果実、種子は、そのいのちの、木であることの外への表現である。そのそれぞれが、木の、そして部族民の美術と魂の表現である。先住民の美術のプロセスに関してこれ以上に適切な類比があるだろうか。

聖なる木は、アメリカ大陸の至るところで、神話と儀式に供されるシンボル的なエコロジー的比喩である。インディアンの神話の多くが、あらゆる生物を育て、結び付ける、いのちの木に触れている。それは、いのちを有し大地に根を下ろしている、インディアンの哲学の中心的オリエンテーションのシンボルである。それは、あらゆる生物や活動がその周囲に展開する中心軸である。それは生きたシンボルであり、言葉、歌、踊り、工芸に表れているあのいのちの創造的エネルギーの源である。

この聖なる木の根、幹、枝、葉は、先住民の教育および美術のオリエンテーションのさまざまな側面のシンボル的表現とみることができるだろう。インディアンの美術にみられる何千もの表現はこの偉大ないのちの木の葉である。この偉大な木がもう一度繁茂しますように、すべての人々の心に繁茂しますように。

第6章　私たちは皆つながっている――先住民の教育の共同体的基盤

❖はじめに

Mitakuye Oyasin「私たちは皆つながっている」はインディアンの人々がコミュニティーとして捉えるものの擬人的な統合的表現である。この包括的な認識を理解することが、伝統的なインディアンの教育が生まれるコンテクストを理解するための鍵である。コンテクストは教育の本質的要素であり、教授と学習における意味と応用の両方を規定する。

関係性は部族コミュニティーの土台であり、コミュニティーの性格や表情は部族のアイデンティティーの基盤である。インディアンの人々が自分の個性を、そして自分と所属集団の集団魂との関係を理解するのはコミュニティーを通してである。コミュニティーは、集団の一人としての個人の心と顔の形成がもっとも十分に行われる場所である。コミュニティーとは、インディアンが所属集団の人々の生活における関係性や責任や参加について知るコンテクストである。

インディアンの魂は所属集団の歴史、言語、儀式、社会的エコロジー、そして土地と結び付いている。この相互依存関係は伝統的な社会的絆と、個人間、家族間、氏族間、部族間などで使われる関係型言語を通して強められる。史実として、インディアンのコミュニティーでは独りだけで生存できたといえる人は一人もいない。なぜなら、誰もが関係性の同心円の相互作用というコンテクストの中で暮らしていたからである。個人は孤立したもの、疎外されたものとしてではなく、ダイナミックな相互依存関係の中で捉えられていた。しかし、個人はそれぞれが自身としての権利を有する独自の存在であるとも見られていた。テワの格言にあるように、「私たちはみな、トウモロコシの同じ穂軸についている実なのである」。この比喩は基調をなす個々人の一体性と多様性を示しており、それは今日においても部族コミュニティーの特徴をなしている。

インディアンのコミュニティーは伝統教育の基本的コンテクストである。コミュニティーは教育の情緒的側面が展開されるコンテクストである。それは、人がつながっているとはどういうことかを知る所である。それは、日常の活動を通じて、歌や踊りや儀式を通じて、生活を分かち合う所である。それは、教え、学び、美術を創作する場であり、考え、気持ち、喜び、悲しみを分かち合う所である。それは、つながるための、またそう感じるための場所である。比喩的に言えば、コミュニティーとは各人が完全になることのできる、また人生の豊かさを示すことのできる場所である。コミュニティーは「インディアンの人々が話すあの場所」であり、それはインディアンの人々がその最高の思想を表現する場所である。

では、先住民のコミュニティーはどのようにして機能するのであろうか。それはどのようにして学習を脈絡化するのであろうか。伝統教育を今日の姿にしているインディアンのコミュニティーには何が起きているのであろうか。インディアンコミュニティーの教育構造とはどのようなものであろうか、またそれは教育のプロセスの中でどのような役目を果たしているのだろうか。コミュニティーはどのようにして構成員を、彼らの土地、周囲の環境という自然のコミュニティーに結び付けるのであろうか。集団魂はどのようにして部族のスピリチュアリティーにおける個人の役割と結び付くのだろうか。今日のインディアン教育に対するコミュニティーの意味とは何であろうか。これらは本章で取り上げる問題の一部である。*Mitakuye Oyasin*、私たちは皆つながっている、私たちは皆コミュニティーの一部である。この事実についての理解を自分たちの築き上げる教育の構造とプロセスの中に芽生えさせることによって、私たちは各人の内部の真にもっとも人間的なものを重んじることになるのである。

❖環境としての文化

人間の文化とは、人間が生活しうる環境を構成する構築物である。それは、人間の社会的環境として、自然環境と同じエコロジーの一般原則に従う。例えば、文化は、内部および外部環境要因の絶え間ない変化に応じて、進化し、適応し、反応する。人間のコミュニティーは、微生物のように、外部環境に働きかけ、生存に適した条件をつくりだす。人間のコミュニティーは生まれたのち、一連の段階を経て成長し、頂点に達し、その後次第に衰退して、古いコミュニティーの堆肥の中から誕生した新しいコミュニティーに道を譲る。

先住民のコミュニティーはこのようなヒューマンエコロジーを反映している。したがって、先住民のコミュニティーに現れた伝統的教育形態が、与えられた環境で生活するための手段を伝承したことは驚くに当たらない。伝統教育は特定の集団の生活に関する社会的・エコロジー的メッセージを伝える手段である。伝統教育は、その人々のエコロジー観やスピリチュアルエコロジーを伝える手段である。

人間は、自分たちの種が有する社会的・共同体的本能を生存可能・持続可能なコミュニティーを目指して組織化するための構造物として、文化を築き上げる。文化とは私たちの社会的遺伝子の発現である。その複雑なエコロジー的メッセージを理解し伝えることが、依然として、教育に関する今日のもっとも根本的な課題である。

❖先住民コミュニティーはどのように機能しているか

コミュニティーは、一般的な意味としては、すべてが相互に関連し合っているそれを象徴する文化の網の中で個人および集団のアイデンティティーを導く、一連の時代を超えた規則に基づいて築かれている、ということができるかもしれない[1]。

コミュニティーは人間の生活と活動の自然なコンテクストである。私たちは誰もが社会的存在であり、相互関係の中で暮らしている。私たちの身体および生物としての生存は、私たちがつくり私たちをつくるコミュニティーに深く織り込まれている。コミュニティーとは、時間を通じて、またコミュニティーと一体化している人々の各世代を通じて、留まることなく変化し発展し続ける、物質的、社会的、スピリチュアル的関係の複合体である。

コミュニティーは最初、拡大家族の形で、血縁関係と生活様式の共有という形で始まった。人類の歴史において比較的最近になるまで、人間のコミュニティーはすべて、家族や氏族や部族としての結びつきを通して生物学的に関連のある人々で構成されていた。そのような初期のコミュニティーでは、人はそれぞれの血族関係を通じて生き延びたのである！

人間の言語、宗教、芸術、技術、法律、倫理観、価値観、教育形態などの慣行や制度はすべて、コミュニティー独特の表現である。コミュニティーというコンテクストにおけるメッセージは媒体である。換言すれば、私たちが誰であれ、またいつどこに居ようと、コミュニティーとは意識的また無意識的な私たち一人ひとりである。人間としての私たちの最初の祖先が文化現象を引き起こしたのはコミュニティーという媒体を通じてである。また、人々が代々にわたって文化の無数の側面を表現してきたのもコミュニティーを通じてである。文明は人間の永続的なシステムではない――永続的なのはコミュニティーである！

先住民のコミュニティーは人間文化の最初期の表現を映し出している。ある場合には、それは人類の数千年前に遡る過去に端を発して途絶えることなく連綿と続いてきたものである。部族民は土地との深い不変の関係をコミュニティーの他のメンバーと共有し合っていると言っても嘘にはならない。初期の部族コミュニティーは構造的および神話的オリエンテーションに関して自然コミュニティーを反映していた。つまり、初期の部族社会は、星、山、砂漠、川、湖、海、植物、動物、そして土地のスピリットに厳密に適応していた。特定の部族民の、土地の民としてのアイデンティフィケーションにとって重要な自然の地形は、神聖なものと考えられていた。アコマプエブロの詩人、サイモン・オルティスは、土地に関するアコマの物語を次のように述べている。

「アコマプエブロの人々が

その巨大な砂岩の頂に住み始めたのは
ずっとずっと前のことであった――

彼らの存在についての古い物語は
あらゆるものが彼らもまたそこから現れた
下の世界にあったころからの
いのちの道をたどる旅のことを語っている。

彼らはやがて一時期は
すべてのもの、すべての人が一体となった
すばらしい土地で暮らしを立てた、
けれどもそこを離れなければならなくなった。
万物の創造者に導かれ、
いのちの道へと歩を進め、
暮らし方を、為すべきことを、そして行くべきところを
決めなければならなかった。

そして彼らは
ある用意された場所にたどり着いた、

高い、アアククとして知られる巨大な石に。

他のあらゆるプエブロの人々同様、
アコマは常に中心の在り処を知っていた。
自分の中の知識の中心を通じて
彼らは先立つ幾多の世代から学び、
青い山々を
北、西、南、東にある高い場所々々を
以前からずっと知っていた、
また黄と赤と白の
丘と砂岩の崖も知っていた。

そしてその土地で彼らは
背の高いほっそりとした常緑樹、ヤマヨモギ、ユッカ、
硬い草、見事な花を見た、
また空を飛ぶタカ、カラス、ミソサザイを見聞きし、
シカやウサギを狩り、
雨の後に動き出すオタマジャクシを眺めた。

それだけでなく、
彼らは自分の土地のことは何でも知っている。
それだけでなく彼らは時間についても、つまり今についても知っている。
物語は最初から、彼らは誰か、どこに住んでいるのか、
そしてこの世界で彼らに関係のある
また彼らと共に暮らすあらゆるものについて語っている。
彼らは知っている、最初から現在そして未来に至るまで、
この物語をずっと生かし続けなければならないことを！」(2)

自然のコミュニティーと人間のコミュニティーを調和させること、それは先住民の教育における継続的プロセスであった。それは、与えられた環境における生き延び方に関する日常の学習を中心に展開される正規および非正規のプロセスであった。この学習には、祭事や儀式への参加、一定期間特定の環境の下で孤独に過ごすこと、暮らしを立てるプロセスに他の人たちと共に参加することによってコミュニティーに奉仕すること、そして彼らが暮らす場所に魅力を感じるようになることが含まれた。このようなプロセスのすべてが、土地のスピリットを見出し、敬うという目標の実現に向けて結合された。

これは本質的に、祖国を熟知していることから生まれるエコロジー的関係に対する深い感得であり、祖国は、そこに暮らす部族民の認識、心、精神、魂の中にある「聖なる偉大なもの」の延長であった。このような観点から見れば、世界各地の先住民が土地を失うことを嘆いた理由が容易に理解できる。

なぜならそれは、彼らの認識ないし実感からすれば、事実上自分の一部を失うことに等しかったからである。

それでは、先住民のコミュニティーとは何であり、彼らは何をしているのであろうか。第一に、先住民のコミュニティーは相互依存関係のモデルであり、私たちがそれを通して基本的な人間関係を学ぶ身近な社会構造である。例えば、先住民のコミュニティーでは、男性と女性の二元性が統合され調和している。このような相互補完関係の生物学的および心理学的本質を理解することによって、もっとも基本的な課題に直面した際にも彼らは生き延びることができた。男性、女性、子ども、中年、老人の神話的、スピリチュアル的特徴が、自然な生活の原動力として祝福され、コミュニティーのスピリットの豊かさが示され高められるようにブレンドされる。それはコミュニティーの構成員が関係性を生活様式として認識するのに役立つ。

先住民のコミュニティーとは、必要不可欠な参加者であり共同建設者として自然界をコミュニティーに含めるという象徴的な文化的コンテクストにおいて、共生生活を営むことを意味する。先住民のコミュニティーの生活は周囲の自然環境の中の生物コミュニティーと相互に依存し合っている。豊かでダイナミックな口承伝統を通じて、先住民のコミュニティーは、創造的進化の段階やその土地にみられる動物、植物、自然現象、生態系、地形などの特徴を示した。口承伝統は伝統教育の必須の要素となった。

こうして、物語が先住民のコミュニティー教育の内容と方法の源泉となる。物語によって、個人の生活、コミュニティーの生活、自然界の生物やプロセスが、先住民の文化の主な伝達手段として使えるようになる。先住民の文化の活力は自然界を含めたコミュニティーにおける個々人の生活に依存している。先住民の文化はその土地の自然コミュニティーの物語の延長であり、エコロジー的な動力学と自然との関係に基づいて発展する。

「伝統的な人々が彼らを象徴する文化を表現してきた昔からの方法は、より大きな自然界における動物と彼らとの最も深い繋がりに係わる神話・夢を繰り返し継続して語ることである……トーテミズムのメッセージは、人間社会が隣同士の親しい関係のなかで教師や生徒として集団間で交流していることを明らかにしている。私たちは自分の生活と文化の両方を築く方法を、単に自然を観察することによってだけでなく、自然に参加することによって学ぶのである。(3)」

このような意味で、先住民のコミュニティーは、そのコミュニティーの生活を共有する人々の生活を通して継続的に展開される個々の物語の集合体としての物語になる。この大きなコミュニティーは、常に、生きた、生命をもつものであり、語り手と聴き手が注意を傾けることを通して栄養が与えられると活発になる。物語はそのメッセージを十分に受け止めてくれる特別な環境を得たときには、直接的かつ強力な理解を引き起こす。すなわち、真の教えとなる。

先住民のコミュニティーでは、長老たちが、祖父や祖母が、家族や集団の物語を保持している。よい考えや行為についての物語を、言葉を子どもたちに語るのは彼らである。彼らは子供たちに、どのように世界や彼らの集団が誕生したかを語って聞かせる。彼らの経験、彼らの人生を語って聞かせる。彼らの集団の一人であるということがどういうことかを語って聞かせる。相互の関係について、また彼らの世界の一部をなすすべてのものとの関係について語って聞かせる。ちょうど自分が子どものときに祖父が語ってくれたように、尊敬について語って聞かせる。そのようにして、物語が与えられ受け取られ、与えられ受け取られ――子どもたちが思い出すことを思い出すのを助ける、コミュニティーの物語が実は彼ら自身の物語であるということを！

❖個人的物語

思い出すことは人生の一部を知り直し、取り戻す方法である。次に述べるのは、ニューメキシコ州、サンタクララ・プエブロの私のコミュニティーのコンテクストで育った私の子ども時代の個人的な思い出である。この種の物語を思い出すことは、コミュニティーにおける先住民の教育の経験を生き返らせる一つの方法である。

私は音に聞き入っていたのを覚えているが、成長してからそれが歌と呼ばれるものだと知った。大勢の人の話し声を聞き、顔を見ていたのを覚えている。何かに包まれて空中を揺れていたのを覚えている。後で知ったのだが、それは伝統的な揺りかごで、プエブロの家々では *vigas*（屋根の垂木）から吊り下げられていた。覚えている限り、あの頃はほとんどいつも人々と一緒であった。このようなことが私の覚えている、コミュニティーとの最初の出会いであった――あるのはただ、音と景色、温もりと安心感だけ。心地よかったことを覚えている！

五歳くらいになったとき、私は祖母と一緒にプエブロの中の彼女の友人と親戚を訪ねるために出かけたのを覚えている。私は当時のことを生き生きと覚えている。なぜなら、訪問はそのつど冒険であり、お決まりの日課から離れた経験だったからである。私はあの年に私たちが見たことや訪ねた場所はすべて覚えているように思う。それは私が地元の小学校の一年に上がる前の年だった。私は就学前のあの時期に祖母と一緒に非常に多くのことを学んだ。

私の祖母はあらゆる意味で女家長であり、プエブロの中だけでなく、近くのヒスパニックの村々でもよく知られ、尊敬されていた。彼女は二〇世紀になる前に生まれた世代である。したがって彼女の世界や視座は、昔のニューメキシコの古い時代の、プエブロインディアンが環境との共生関係をより完全に表現していたころのものだった。

私は、老人たちが畑の準備をし、種を播き、鍬で耕すのを手伝ったのを覚えている。私は、暑く気だるい午後、その老人たちと一緒に座ってインディアンのクッキーを食べながら、彼らのあらゆる話に耳を傾けていた。祖母や他の老人たちに言いつけられて、プエブロの近くの山やその麓の丘で何日間も植物を採集して過ごしたことを覚えている。私はおじいちゃんやおばあちゃんについて来た子どもたちと遊んだことを覚えている。野生のハッカとスイカと野生のサクランボと一緒に炉で調理された在来種のマスを大人やその子どもたちと一緒に食べたことを覚えている。そのあと、子どもたちはみな小川に飛び込み、遊んだりオタマジャクシを捕まえたりしたものだった。大人たちはその様子を見て大いに笑った。

私はいつも歩いていたのを覚えている。私は祖母が私に、大人はみな私のおじやおばで、彼らの子どもは私のいとこだと、そして彼らをそのように呼び、親切にしなければならないと話してくれたのを覚えている。私は、誰もが、老いも若きも、互いに分かち合い共有し合っていたのを思い出す。私たちが老人たちを訪ねていくと、お土産を、通常は食べ物や衣類あるいは肉を頂いてきたものだった。私たちは、果物や野菜その他のお土産を持って帰ったものだった。それは一種の贈答であり、物が広まる仕組みであった。しかし、そのような物だけではなかった——コミュニティーのニュース、祈りの言葉、つやつやしたおはじき、漫画、おもちゃの兵隊、野球のカードなどなど、そのほか百にも上るものが取引された。

祖母と私が近くのプエブロの祭りに参加したとき、とりわけよそのおばあちゃんたちから親切にしてもらったことを覚えている。私はそのような訪問を通じて、プエブロインディアンの諸部族とほかの諸部族との相違と共にプエブロインディアンというより大きな世界の一体感を知ることができた。私は確かに、私たちは皆つながっていると感じていた。

私は、祖母やその他の年輩の男女と一緒に、「聖人たちの家」と呼ばれる所に座っていたときのことを覚えている。それは、聖人も踊りを楽しむことができるようにと、プエブロインディアンの祭りの日に特別に建てられるハコヤナギの葉を敷き詰めた狭い小屋だった。「聖人たちの家」で、老人たちは聖人たちと共に座り、ロザリオの祈りを捧げ、コミュニティーのニュースに耳を傾け、もちろん昔のことも語り合った。このようにして、彼らはキリスト教の神への信仰と同時にプエブロコミュニティーの伝統的な分別、価値観、生活様式を再確認した。プエブロインディアンの生活は常に伝統や古くからの慣習を中心に展開されてきた。カトリックの教義はそのような共同体としての古来のテーマに適合することよって、プエブロコミュニティーのなかに一定の場所を与えられてきた。

私は、祖母も含めてプエブロの男女が笑いながら、家々にアドービ泥を塗り直す作業をまるで一体化したかのように行っていたのを覚えている。私は、祖母とおばたちが *ormos* と呼ばれるプエブロインディアンが野外で使う特別の炉でパンを焼いていたのを覚えている。そして、いとこたちと私はこっそり忍び寄り、彼女たちが冷やすために炉の傍に置いておいた焼きたてのパンやパイやクッキーを最初に味わおうとしたものだった。私は、祖母の家に親戚一同が集まった特別な祝宴のことや、祖母が結婚式や洗礼あるいは葬式の手伝いに行ったのを覚えている。

その他にも私を形づくった多くの思い出や共同体生活の多くの出来事がある。しかし、そのような小さいころの記憶は今も非常に鮮明で、コミュニティーのよさとして今日まで私の中に残っている。

私たちのコミュニティーに基づく存在意識や自己認識は時間をかけて発達する。それは生活の変化と共に時間をかけて成長する。そのようにして、それらは個人史の土台を形成する。右のような記憶は私に土地や所属集団に根を下ろしているという感覚をもたらし、私はそれをどこに行くにも携えていく。もちろん、苦痛や疑念や怒りなど、コミュニティーに係わる悲しい思い出もある。しかし、総じて、コミュニティーに参加しても何も学ばなかったり、何かについて認識を改めなかったり、あるいはすぐに大切に仲間に入れてもらうということがなかったりということを私は思い出すことができない。自分のコミュニティーが何かを教えることに携わっていなかったとき、あるいはプエブロコミュニティーの強さと継続性に感銘を受けなかったときがあったという記憶はない。

老人たちは私たちに次のように語る、「自分の人生を祝福し、自分が持っているものに満足し、お互いを気遣い合い、よい考えを持ちよい言葉を使い、助け合い、与えられた人生を互いに分かち合いなさい。それがプエブロインディアンの――喜びなさい、お前たちを通して、お前たちの中に――生き続ける道である。お前たちはプエブロインディアンの一人なのだ！」と。

✣同属集団のために――リーダーシップ、奉仕、コミュニティーの価値観の土台

同属集団は先住民のコミュニティーというコンテクストの中で形成される。彼らは、自分のコミュニティー、自分の集団に役立つことを通して、自分自身を認識することのできるコンテクストが与えられる。自分を部族の男ないし女として完成させることが彼らの求める共同体的および宗教的理想――今日のコミュニティーでは、そのような表現に含まれた深い意味が満たされることはほとんどあり得ないような理想――である。

「部族の人間は現在使われているような言葉の意味での個人的な「自己」であることはほとんどない。彼が部族の中で生きているというよりも、部族が彼の中で生きている。彼は部族の主観的表現である。」(4)

部族に関する深い理解は、先住民のコミュニティーの各メンバーの誕生から死に至るまでの経験を構成、形成する次のような主要要素を通して達成される(5)。

指導　先住民のコミュニティーでは、拡大家族、氏族、部族のすべての大人が子育てを積極的に行った。大人は全員が先生だと考えられ、集団の大人のメンバーは誰もが子どもを指導し、しつけ、あるいは直接的な教育的役割を果たした。大人は誰もが集団およびそのメンバー一人ひとりの幸福のことを考えるように条件付けられていた。大人は誰もが、すべての子どもを同属の人々のためになる完全な人間に育てることに心を砕くよう忠告されていた。

親族関係　先住民のコミュニティー内の拡大家族や氏族のネットワークとその十分な発現が、子どもの認識に根本的な影響を及ぼす関係性の網をもたらした。したがって、子どもたちは早い時期から家族の重要性、責任、尊敬、血縁関係や親族関係の基礎などを学んだ。父親、母親、おば、おじ、いとこ、祖父母が、それぞれ独自の仕方で家族の子どもに影響を及ぼし、彼らを形づくった。家族の中の年長の子どもは年下の子どもの面倒をみることを早くから学んだ。そのような経験を通じて子どもたちは、他の人々を助け、育て、支える方法を学んだ。

多様性　緊密に相互に依存し合う先住民のコミュニティーでは、子どもは人々の多様性にさらされた。それには、年齢や既婚未婚の男女という多様性、個性や身分、障害者や「反社会的人物」といった多様性が含まれた。コミュニティーでの生活を通して、子どもたちは日常的にあらゆる人々とさまざまな仕方で交流した。

特別な身分　先住民のコミュニティーでは、子どもはすべて創造主からの特別の神聖な贈り物と考えられた。子どもたちには、コミュニティーが尊敬あるいは尊重すべきそれぞれ独自の特色があるとみられた。彼らは自然の中の諸々のスピリットに直接つながっていると考えられた。子どもたちが特別な人物として登場する指導的神話もあった。子供たちはコミュニティーに光や幸運をもたらす者であった。まさしく彼らは、部族の活力の目に見える象徴であった。彼らは未来をもたらす者であった。

倫理モデル　道徳と倫理は家族やコミュニティーを手本としていた。老人を敬うこと、正直であること、病人の世話をすること、お互いの違いを尊重すること、プライバシーを尊重すること、儀式では正しく振る舞うこと、動植物を大切に扱うこと、などが日常的に直接目に見える形で実践された。

明確な役割　先住民のコミュニティーでは、自分と他の人々や自然や社会的な物事との関係について誰もが知っていた。関係性はコミュニティーの基礎であり、教授や学習や活動のさまざまなコンテクストにおいて深く理解されていた。個々人の役割が明確に定められ、認識されており、何を期待されているかが明確であった。伝統的な礼儀作法が氏族や結社や部族における主要な役割に伴う関係性と責任を強めた。

慣習および慣例　コミュニティーにおける各役割や役割の交代に係わる慣習が特定の関係性を明確にするのに役立った。慣習や慣例はコミュニティーの価値観や活動を定期的に強化した。誕生、結婚、死、イニシエーション、儀式暦に基づいて周期的に行われる行事、踊り、その他の特別な祝典、それらが合わさってコミュニティーの価値観や関係性を支え、定着させた。

表彰　命名、通過儀礼、贈答、祝宴などの行事という形で表彰することにより、同族の人々に利益や向上をもたらした業績を称えた。このような特別な形の表彰はコミュニティーの各メンバーに重視され、コミュニティーの役に立つ並外れたことを成し遂げる方法を追求する動機を提供した。

比類なき学び手　学習の仕方やペースに関するそれぞれの子どもの個性が自然に受け入れられ、尊重された。先住民の教師は、人々がさまざまな仕方で学ぶこと、それぞれが個性的な仕方で知覚し、考え、行動することを理解していた。このような理解により、ほとんどの先住民教育は経験を重視し、実践的に行われた。特別なことを学ぶ時期がくると、一般的な規則が示され、一般的なコンテクストが用意された。しかしながら、最終的には各自がそれぞれの学び方ややり方に基づいて、学ぶ方法と程度を決めた。

共同体事業　相互依存関係が先住民のコミュニティーのすべての主要な行事や事業にかかわる活動を特徴づけた。共同体事業は氏族あるいは結社を通じて組織され、コミュニティーのためのプロジェクトにメンバー全員がかかわった。そのような活動は農業から狩猟まで、建築から美術の創作まで、食料の採集から儀式まで、広い範囲に及んだ。共通の生き残りと伝統の問題として、コミュニティーの人々は全員の利益のために一つの単位にまとまった。仕事においても、遊びにおいても、また儀式においても、コミュニティーは常にそのメンバー一人ひとりによって強化され、体験された。共同体精神を醸成し、関係性を学び理解するための強力な基盤を提供したのは、コミュニティーにおけるこのような日常的な行為であった。

環境　自然界の中で暮らすことが個人の成長とコミュニティーの成長の両方に共通するコンテクストであった。自然は、先住民の人々すべてにとって、学習経験を形成する欠くことのできない現実の枠組みであった。実際、先住民社会はその社会組織のあらゆる側面を彼らの自然界に対する理解と共鳴させようとした。先住民の宇宙論はすべて自然の現実から情報を得た。自分たちの土地と宇宙に対する先住民のコミュニティーの地理的、構造的オリエンテーションは、密接な相互関係という形で自然界にまで広がりそれを含む共同体意識を反映していた。氏族や結社の象徴的表現、宗教美術、ビジョンなどの伝統を通じて、先住民のコミュニティーはそれぞれの世界の植物、動物、川、山、太陽、月、恒星、惑星などに自身を結び付けた。

スピリット　スピリチュアリティーと神聖感が先住民コミュニティーのあらゆる側面に浸透していた。生活は神聖であり、関係性も神聖、自然も神聖、部族も神聖であった。このようなプロセスや構造はそれぞれが最も高次の思考の産物であり、部族の指導的神話や宗教的表現の根拠となるものに結び付いていた。ヴァイン・デロリアが非常に適切に述べているように、先住民の間では、

「宗教は神と各人との間の個人的関係として認識されているのではない。それはむしろ特定の神と特定のコミュニティーとの間の約束である。そのコミュニティーに属する人々は宗教的伝説や

慣習や信条の主要残留物である。コミュニティーを範囲とする儀式は宗教的活動の最たるものである……物語、歌、ゲーム、美術は（神聖なものに対する）尊敬を教え込むために使われた。生活全体がスピリットに結び付いていた。[6]」

したがって、個人にとってもコミュニティーにとっても、究極の目的は「インディアンの人々が話すあの場所」を見つけることである。このような学習のコンテクストを通じて、各人が、完全なコミュニティーにおける権利あるいは望ましい関係性について、またはそれぞれの役割と個人の重要性とは何かについて深く条件付けされた。部族的コミュニティーというコンテクストにおけるこうした理解が、並外れたリーダーたちが育つ土台となった。先住民のコミュニティーでは、人は同属の人々に対する貢献度に基づいてリーダーの地位に上がる。自分が所属する人々に貢献することが部族の成人メンバー全員の主要な目標であった。

リーダーの地位それ自体が先住民の教育目標になることは決してなかった。それはむしろコミュニティーで暮らし、完全になるべく努力した結果であった。伝統的な学習は常に、役立つこと、有益なことを理解しそれを適用することに向けられていた。

先住民のコミュニティーは、あらゆる物が役に立ち、役に立つことや有益なことは互いに絡み合っているという認識に基づいていた。そこには、互恵主義、支援、裨益、目的、ビジョンなどが含意されている。そのような観点が——同属の人々に対する深い愛情と彼らのために働くというオリエンテーションと結び付いて——先住民のリーダーたちの出現と成長の土台を形成した。リーダーの地位は、先住民のコミュニティーにおいては、獲得すべき役割であった。それは、申し分のない高いレベルの完全性を達成することによって獲得された。

先住民のリーダーシップとは、健全なコミュニティーを育て、同属の人々の文化的伝統を受け継ぎ深めることに責任をとることであった。先住民のリーダーシップとは、コミュニティーの価値観と生活に役立ちそれを支えるということであった。先住民のリーダーたちには、同属の人々のことを深く気にかけ、豊かに想像する傾向があった。彼らは、自身のビジョンと同属の人々のビジョンに耳を傾け、自身の想像力と創造力を用いた。また、人々を集め、彼らがいのちを見出せるよう導いた。

✣自然的な意味におけるコミュニティー

自然的、社会的、形而上的な意味でのコミュニティーとは、まさしく、アコマプエブロの詩人、シモン・オルティスが実に見事に示してみせたように、「インディアンたちが話すあの場所」である。

プエブロコミュニティーについて語るということは創造について語るということである。それはプエブロの語りを通じて神話的に述べられている自然の創造プロセスの発現である。プエブロの人々が行うことはすべて、そのいのち、すなわちそのコミュニティーを祝福する。それがあらゆる形を取って現れるいのちの創造力に対する、深くゆるぎない信頼を生む。コミュニティーに対する、石や歌や踊りや祈り、あるいは生活様式に対する変わらぬ信頼がなければ、それらの意味が失われるだけでなく、それらが有する生きた集団としての私たちを動かし活気づける力もまた失われてしまう、とプエブロの人々は考えている。思考が常に、愛情と尊敬と互恵主義的態度を伴ってあらゆる創造物に及ぶのは、この信頼においてである。

「私たちは重要な同族集団であるけれども、他と同じようにそうなのであって、他よりも重要ということではないということを知ること、それが私たちに必要な自分自身に対する見方である。それは生の豊かさと困難さを分かち合う方法である。それによって私たちは、成長するものすべてとの調和を求めて絶えず努力し、私たちが依存している土地や水との有り難い相互依存関係を絶えず維持することだろう。それによって私たちは、はるか遠くにあるけれども、しかし同時に自分の目のように近くにある星々と常にかかわり合うことだろう。(7)」

プエブロは、他の先住民と同じく、コミュニティー意識とその責任範囲を拡大し、自然界全体の保全をその中に含めている。これが、大きな岐路に直面したとき、プエブロが絶えず彼ら先住民の土地の保全に固執する一つの理由である。土地や水、他の生物や人々との、さらにはその外の創造物との適切かつ尊敬の念に満ちた関係を通じて初めて今の生活が維持できるというのが、プエブロの基本的な理解である。プエブロにとって、これは断固として引き受けねばならない責任である。なぜなら、そのような選択をしなければ、真の完全なコミュニティーの創造は不可能だからである。

このような世界をケアしようという決意はまた、必然的にプエブロの伝統とコミュニティーが引き続き完全であることを保障するものである。それは、自然界のケアが継続され、自然界との関係が維持されるような構造を手に入れるということである。

プエブロの諸部族は、それぞれ分かれて独立していても、お互いにある種の一体感があり、言語や慣習の違いを超えて認識し合い、尊重し合っている。プエブロの人々が大切にしてきたのは、この大きなコミュニティー感、一体感、団結意識なのである。プエブロでも、他の先住民と同じように共同体教育という考え方や取り組みがみられる。それは、彼らが「インディアンたちが話すあの場所」を維持するために積極的に取り組んできた方法である。

✣先住民のコミュニティーにおける「魂（soul）」の諸要素

先住民のコミュニティーでは、誰もが教師であり、またある時には誰もが学習者であった。見て、聞いて、経験して、さらに参加することによって、同族の人々の一員であるとはどういうことかを、またコミュニティーで他の人々と共に生き抜く方法を、誰もが学んだ。自分自身と他の人々のケアの仕方を学ぶこと、人と人以外の物との関係を学ぶこと、特定のコミュニティーの慣習や伝統や価値観を学ぶことを含め、多くのことが先住民の教育の日課であった。

先住民のコミュニティーには祭事の伝統の普遍的な表現が見られ、コミュニティーのあらゆる活動に調和のとれた関係という意識が浸透していた。コミュニティーの構造と活動の重要なレベルにおいては、常に統合と関連性が意識的に追求された。そのような統合は、コミュニティー内の関係性と責任の重要性を象徴する一連の儀式を通して達成された。

そのような儀式は、家族から始まり、氏族、バンド、部族へと広がる相互関係の同心円を通って発展した。それは同属の人々の土地へ、そして最後は宇宙全体へと広がっていった。そのような統合された関係性と活動の輪を通して、先住民の諸々のコミュニティーはお互い同士の、別の集団との、そして自然界との相互関係を直接的に表した。さらに、先住民のコミュニティーは循環のなかの循環を表すとともに、儀式を通じて、境界内の彼らの世界における人間および自然に係わる循環のうち重要なものをすべて尊重した。

先住民のコミュニティーにとって、呼吸、水、スピリットはあらゆるいのちを結び付ける要素であった。コミュニティーの存続は個人を通して可能になること、コミュニティーのいのちの永続に各人が必要とされていることを人々は理解していた。すべての人に、子どもにも、大人にも、老人にも、精神障害者にも、「ホモ」にも、それぞれの場所があった。誰もが提供できるものを、何らかの特別な才能をもっており、自分が属するコミュニティーのいのちに多少とも参加することが許されていた。

伝統的なスポーツや競技は先住民の心や気持ちの中に特別な位置を占めており、コミュニティーを特徴づけ、一つにまとめる作用を果たした。伝統的なゲームはコミュニティー間、あるいは部族間の抗争を解決する手段を提供した。それは仕事や儀式以外の、しかしその両者に不可分に結び付いていいる、協力し合い、分かち合う方法であった。

伝統的なゲームは、ケア、リーダーシップ、誠実、公正、忠実など、先住民のコミュニティーで重視された能力を認識し鍛える方法を提供した。さらに、伝統スポーツは、身体的、心理的、精神的、スピリチュアル的に、人間全体を育成した。したがって、伝統スポーツは先住民の教授と学習の自然な枠組みを形成した。伝統スポーツは顔（個性）の発達と心の成長（情緒の発達）にかかわった。それらが共通の価値観として受け継がれ、コミュニティーを形成している人々の生活や特質に直接影響を及ぼした。先住民のスポーツの本質に関しては、先住民の健康と完全性を扱う箇所でさらに詳しく検討する。先住民のコミュニティーにとってスポーツは主要な娯楽様式であった。

祭事や儀式は組み合わされて、コミュニティーとその人々の中心あるいは魂を、見出し、維持し、永続化させるための複合体を形成した。諸々の先住民のコミュニティーは、一つの魂に満たされている集団の集合的表現であった。集合的なコミュニティーと個人を通して人間の魂の活力とコミュニティーのスピリチュアル的意志が生まれた。

各先住民コミュニティーは、その宇宙観に従って自分たちを形づくろうとした。この宇宙的オリエンテーションは、神話、夢、ビジョン、儀式を通じて得られる特別な教えと結び合わされて、コミュニティーとあらゆるものとの関係を強め、広げるのに直接的な役割を演じた。コミュニティーが（物語、美術、踊り、儀式、祈りなどを通じて）文化的にパターン化された知識や経験として教えたのがこれである。

ナバホ・シング祭は共同体的な複合体を具現している。この複合体は、個々の先住民と、そのコミュニティーの教育プロセス、家族、氏族、部族、そして自然界との一体化のよい例である。シングは美術や祭事や内的および外的な力との一体化を組み込み、各人とその他の世界との調和を回復する。シングでは、儀式的な砂絵の創作が、先住民の健康と完全性について学ぶための表現とコンテクストを提供する。

ナバホの砂絵は「豊かな儀式的コンテクストの下で、所属する世界とのバランスを失った個人を治療するために作られる……儀式の途中、病人は一つの砂絵の中央に置かれる。それによってその病人が描かれたイメージの中にある力と一体化すると、その力がその人の身体の中に入り込むと理解されている。再度一体化の要素を強調しておくと、砂絵は何らかの意味ないし力のシンボルなのではなく、力そのものがその中に実際に存在するのであり、その人はそれと一体化することで、しかるべき治癒が達成されるのである。[8]」

シングを通じて、各人は、ナバホ族に伝統的に見られるような、またその儀式の背後にある神話によって語り継がれてきたような、所属するコミュニティーとの調和のとれた関係を再構築するのである。

シングは、コミュニティーが有機的で、非常に人間的であることをよく示している。コミュニティーは、完璧に表現された場合は、欠けるところのない完全性を示すとともに、それ自体が人間の完全性の媒体になる。以上のようにシングは、先住民のコミュニティーがどのように健康と完全性を達成するためのコンテクストをもたらすかを示す一例である。

❖健康および完全性と先住民のコミュニティー

先住民のコミュニティーおよびそこにみられる学習プロセスと健康および完全性の探求との間には直接の関係がある。先住民のコミュニティーで行われている正規および非正規の教育の多くは、内発的教育と呼ぶことができよう。コミュニティーでみられる経験重視の教育の大半が、人の内的自己について学ぶことに係わっている。

これは、各人のエゴセンターから発する啓発のプロセスに参加することによってなされる。先住民の教育のこの側面には個人的次元も共同体的次元もあるが、それは「いのちの探求」ないし「いのちのために」などさまざまに翻訳される比喩に具体的に示されている。

個人、家族、氏族、部族社会の健康、完全性、調和は、生活の理想的な状態であり、したがって、コミュニティー生活の最高の目標である。この理想的状態を達成するための手段として、先住民のコミュニティーのコンテクストでは、祭事、医術、美術、スポーツ、およびその他の正規および非正規の教育が用いられた。

個人の全体とコミュニティーの全体は一体関係にある。個人の全体は、コミュニティーの全体同様、さまざまな側面からなる驚くべき複合体である。人がばらばらに分解してしまわないのは、構成要素をなす生命原理に基づいた諸々のシステムが統合的、有機的に関係し合っているからである。生命原理とは、肉体的、社会的、精神的、スピリチュアル的な存在がダイナミックに組み合わさり、私たちが生物として認識する生気のある有機的形態をもたらす原理のことである！

この原理は新たに認識されたものではない。人間の文化はいずれも、生物が驚嘆すべきもの、神聖なもの、系統だって成長するものであることを認識してきた。健康、完全性、自己認識、叡智といった教育的側面は、世界各地の伝統的な教育哲学のすべてとは言えないにしても、そのほとんどによって共有されてきた。先住民の教育が、自己および世界のあらゆる側面のよく統合された関係性を通して人に成長をもたしたのは、自然なことであった。

「正しい」教育とは、もちろん、各人とその人が属する文化との調和を主たる基準として、文化に基づいて定められた概念である。教育プロセスは、それが貢献しようとするその文化の観点からみて、実際にそのような功績を上げるその程度に応じて正しさが判断される。先住民のコミュニティーは、そのコミュニティーの構造の中で各人が調和のとれた社会統合を達成する能力を基準にして自分たちの教育を評価した。

コミュニティーの完全性はそのメンバーの完全性に直接依存していた。したがって、コミュニティーの各メンバーへの教育を適切に行えるかどうかは、その文化全体の生き残りと継続に係わる問題であった。

調和、心の平安、健康は、簡単には達成できない目標であった。それは積極的に追求されねばならない、犠牲を伴う、願いであった。先住民のコミュニティーの長老たちは、真の教育が変化を引き起こすこと、ときには自己の根本的変容を引き起こすことを経験から知っていた。

変容とは、一度ばらばらになって、存在と理解のより高いレベルにおいて変革を遂げることである。変容は、それが人に実際に起こった場合は、平安や調和とは程遠いものである。先住民のコミュニティーは真の学習のこのような側面を認識し、儀式や通過儀礼やイニシエーションを通じてそれをもたらした。地域社会、祭事、ヒーリングの儀式、スポーツ、巡礼、ビジョンクエストなどの儀式が、先住民の教育の最高の目標の一つである自己の完成を達成しうる共同体的コンテクストを提供した。

先住民のコミュニティーというコンテクストにおける完全性に至る道は、その人全体の成長、最高の思想の表現、「よい道」を歩くこと、を要求した。

先住民の教育に対する取り組みには本来的に、あらゆる人間に知識センターがあるという認識があった。コミュニティーやヒーリングや全体の統一をもたらす儀式は、各人がそれぞれの知識センターに備わっている能力を用いるのを助ける一種の縦糸を提供した。

自己の中心（それは大宇宙の中心の現れであった）に出会うことは必ずしも快適なことでもないし、実際に危険がないとも限らないことを長老たちは知っていた。したがって、そのような出会いは、各巡礼者がその知識の源、知識センター、魂への旅を乗り越えられるように、それにふさわしい特別な準備を通して振り付けがなされた。それがなされたのは、完全な男女を育てることがコミュニティーの最大の関心事だったからである。

人間の学習の可能性は私たちのライフサイクルを通じて実現されていくが、私たちの完全性への旅もちょうどそれと同じである。学習することと完全になることは、どのレベルにおいても、密接に結び付いている。先住民のコミュニティーは、ユング心理学が「個性化」または個人として完全になることと述べていることが展開するための支えとなる豊かなコンテクストを提供したのである。

先住民の個性化とユングがいう個性化との違いは、オリエンテーションの違いにある。先住民のオリエンテーションはコミュニティーと部族ごとに文化的に規定されたスピリチュアリティーに焦点が当てられている。ユングの個性化は、近代の西洋文化的オリエンテーションというコンテクストの中で個人のエゴが志向されている。しかし、双方のオリエンテーションの関心の的――完全性と内面的成長という目標――は共通であり、それが今日のインディアン教育のコンテクストにおいて両者を統合する架け橋となる可能性がある。

「個性化とは、一つの作品、生きた作品であり、課題であり、それは私たちに人生の困難や危険を避けるのではなく、私たちの人生を形成する出来事のパターンのなかに意味を読み取ることを要求するものである。人生における最高の業績は、私たちの存在構造をつくり上げてきた出来事、夢、関係性を結びつける糸を知ることかもしれない。個性化とは意味の、私たちが意識的に考え出す意味ではなく、人生そのものに組み込まれている意味の探究であり発見である。……(個性化に至る確かな道はなく、それは疑いと不確実さに満ちた道である。本当に完全になろうと努めることは、勇気を出すこと、忍耐すること、自分の〝センター〟に全幅の信頼を寄せることである）……完全になるということは、完璧になるという意味ではなく、完全になりつつあるという意味である。それは成長を意味するのであって、必ずしも幸福を意味するものではない……それは人生から自分が必要だと思うものを得ることではなく、魂の成長と浄化を得ることである……また、健康であるということは平穏とは関係がなく、適応ともそれほど関係がない。健康であるとは完全になることである。真に健康な人とは、生涯にわたって個性化のプロセスに携わっている人であるということがおそらくできるだろう。(9)」

自己と個性化について学ぶことがアメリカインディアンの伝統的教師の唯一の関心事であると考えられたことはほとんどない。しかし、ユングが説明した個性化のプロセスはよく理解され、先住民の教育への取り組みに適用された。そのような取り組みにおいては、内面の安らぎが直接追求されることはなかった。なぜなら、伝統的に、内面の安らぎは皮肉なことに露骨に求めるとかえって見出せないと思われていたからである。

むしろ、内面の安らぎと完全性はコミュニティーの儀式や祭事、そして日常生活を通じて求められた。個性化は先住民コミュニティーのコンテクストにおいてはひとりでにもたらされたが、しかしそのためには努力が必要であった！　先住民は個性化の、そして健康と完全性を維持するための多くの方法を開発した。例えば、それは競技であり、走ることであった。

✣ 競技

先住民の競技は先住民コミュニティーのあらゆる側面と、また健康と完全性に関する認識と密接に関係している。伝統的競技の領域は、右の健康と完全性に関する項で述べた考えをつなぎ合わせる理想的な手段を提供する。

競技はコミュニティーの行事であり、楽しむことだけが目的ではなく、先住民コミュニティーのあらゆる側面と同じく、いのちを探求するための、また一定レベルの身体的、スピリチュアル的完全性を達成するための方法でもあった。

先住民のコミュニティーでは、子どもたちは非常に幼い時から、技能、思考、個性を育てるさまざまな競技に触れさせられた。競技への参加を通じて学んだことが、充実したコミュニティー生活を送る準備となった。子どもたちは走り、プレーし、泳ぎ、ジャンプし、投げ、同属の人々のために困難に立ち向かいそれを克服した。

先住民の競技はその人々の指導的神話と結び付いており、それ自体が神聖な行為であった。なぜなら、それは全人的な参加を要求したからである。先住民の共同体的活動のすべてにいえるように、スポーツの場合も儀式的、祭事的行為と融合していた。供犠、祈り、歌、贈り物を用意していのちのスピリットに捧げ、参加者の自己犠牲を好意的に見てくれるよう懇願した。多くのインディアンの部族では、競技は――狩猟、戦争行為、儀式と同じく――その人のメディシンを作る方法であった。

先住民の競技は、尊重、尊敬、相互依存、奉仕などに関係のあるコミュニティーの価値観を示すとともに、それを強めた。

先住民の競技には、さまざまな種類の棒を使う球技、走りながらボールを蹴る競技、さまざまな距離の徒歩競争、ダンス大会、弓技大会、槍投げ大会、水泳大会、運試しのゲーム、体力と忍耐力あるいは思考力を合わせた競技など、多くのものがあった。競技には男も女も子どもも参加し、数百人もの競技者が参加して数日間に及ぶこともあった。そのような全コミュニティー規模の大会期間中は、競技がそのコミュニティーの生活の中心となった。あらゆる面において、そのような競技はコミュニティーのスピリットと健康と活力を反映していた。それらは、コミュニティーが何をもって健康とし完全とするか、その仕方に直接関係していた。

「伝統的なインディアン社会では、単なる娯楽や気晴らしのためだけに大人が技能や器用さを競うことはほとんどなかった。競技は、むしろ、コミュニティーにとって重要性のある何らかの目的のために行われた。人々はかなりの程度、今日の人気スポーツの場合と同じようにスポーツを楽しんだ。しかし、それに加えて、スポーツは社会問題とも関連していた……今日のインディアンコミュニティーのうちでそれがはっきり認められるところはほとんどないかもしれないが、スポーツはもともと伝統や祭事や儀式と噛み合わされていたのである。」(10)

ランビーインディアンで『American Indian Sports Heritage』の著者、ジョセフ・B・オクセンディン博士は、インディアンの伝統スポーツを特徴づける主な要因として次のようなものを挙げている。

(1)スポーツとその他の日常的な社会的、スピリチュアル的、経済的側面との間に強い結び付きがある。
(2)大きな競技会の前には、参加者とコミュニティー全体が共に精神的、身体的、スピリチュアル的準備に真剣に取り組む。
(3)画一的なルールに従うことや技術的な正確さはスポーツでは重要ではないということが前提条件になっている。
(4)スポーツマンシップとフェアプレイに関する高い基準が厳格に守られている。
(5)男も女も共にスポーツに秀でているが、両者に対する期待値は異なる。
(6)チームのメンバーであることに関して、また相互関係とリーダーシップのスタイルに関して、特有の観点がある。
(7)あらゆるスポーツで、ギャンブルの要素が広く重要な役割を演じている。
(8)美術がアイデンティティーと美学の表現として重視されている[11]。

✣走ること

インディアンのランニングの領域は、スポーツ競技と、コミュニティーの理念、価値観、スピリチュアリティー、健康と完全性志向との統合の理想的モデルを提供する。インディアンの競技の大半にランニングが含まれていた。それはあらゆるインディアン部族にとって、ランニングは日常生活の一部だったからである。

アラスカから南アメリカの先端に至るまで、インディアンの人々は競争のために、コミュニケーションのために、運搬のために、儀式のために、走った。ランニングは学習の方法であり、儀式の遂行であり、訓練であり、生きていることそのものであった！

ランニングは多くのインディアン部族の民話の中で称賛され、しばしばその神秘的冒険のコンテクストを形成した。登場する動物や人間はしばしば賞品や好意や特別な祝福を勝ち取ろうと競い合った。競争の物語の教訓は、競争のコンテクストや競争のプロセスの中に見出された。競争の物語は内面的および外面的な強さに係わっていた。しばしばそのような教訓はコミュニティーの価値観に関して知るべき、理解すべき重要なことに関係していた。

道徳はフェアプレイや正直さ、あるいは忍耐に関するものであることも、戦略に係わる叡智や、自分とコースと競争相手を知る叡智に関するものであることもあった。物語は、ある部族があることを何故するのか、あるいは現在のある状況が何故存在するのかを神話的に説明することもあった。ランニングは常に自己認識にとって、また個人や共同体の幸福にとって重要な真実をもたらした。

「アラバマやチェロキーなど、南東部の多くの部族に、ツルから競争の挑戦を受けた高慢なハチドリの話がある。自信過剰なハチドリは、昼間は勢いよく飛び、夜間は飛ぶのを止めて眠った。他方、ツルは忍耐強く羽ばたき続けた。最後の夜、ツルは眠っているハチドリを起こさないように高度を上げ、海に到着し、沼地と川に棲む永久の権利を獲得する。教訓――競争はスピードの訓練であると同時に意識の訓練でもある(12)。」

タラウマラ（足で走る人の意味）族などのインディアンは、その社会的、スピリチュアル的、あるいは経済的生活においてランニングの影響が直接表れていない側面がないほど、ランニングと自分を一体化させている。タラウマラの長距離走の芸当は近年有名である。タラウマラ族は歩き始めるや否や走るという存在の仕方に組み込まれ、コミュニケーションのために、働くために、競争、娯楽、儀式のために走り続ける。しかし、彼らの走るという生活様式は、事実上すべてのインディアンにとって、走るという人間の自然な活動に欠かせなかった、まさに常識だったものを示している。

ランニングはインディアンにとって、最も古いコミュニケーション様式の基礎をなすものである。綿密な道のシステムを通じて、インディアンの人々はアメリカ大陸を縦横に往来した。今日では、かつての彼らの通り道の多くが舗装道路や州間ハイウェイとなり合衆国のあらゆる地域をつないでいる。

また、ランニングは人生の困難を克服することを表す比喩でもある。それは身体の訓練を通じて獲得される、インディアンのスピリチュアリティーの重要な側面を具現している。それは心、精神、身体、魂を訓練する方法であった。有名なクロウ族のチーフ、プレンティー・クーズはそのような訓練に対する洞察を自伝のなかで次のように述べている。

「それは夏の日のことで、世界は緑に覆われてとてもきれいだった。私が数人の友だちと遊んでいると、祖父がそれを見て立ち止まった。「シャツと脚絆をとるんじゃ」と彼は私に言った。私は背中と脚からそれらをむしりとると、モカシンだけになって彼の前に立った。「さあ、あの黄色い蝶を捕まえるんじゃ。そら急いで！」すぐに私はその黄色い蝶を追いかけた。

なんて速くて、ずる賢い生き物であることか！　木々や茂みの間を抜け、川を渡り、草地を越え、地面すれすれに飛んでいたかと思うと今度はちょうど私の頭の上と、その素早い蝶をようやく手で捕まえたときには随分遠くまで来ていた。

息が切れていたが、それをできるだけ抑えて、祖父に蝶を見せた。祖父は私に秘密でも語るかのように、「息子よ、その羽を心臓の上でなで、優美さと素早さを貸してくれるよう蝶にお願いするんじゃ」と囁いた。

「おー蝶たちよ、僕にその優美さと素早さを貸してください。」私はその破れた羽をドキドキする心臓の上で何度もなでた。それが私に優美さと素早さをもたらしたなら、たくさんの蝶を捕まえることができるはずだということを私は知っていた。しかし、私はその秘密を守らず、友だちに話してしまった、祖父は先刻お見通しだったが（プレンティー・クーズはくすくす笑った）。それ以後、私たち少年はどれほど多くの蝶を捕まえ、心臓の上でなでたことか……私たちはそれに非常に真剣に取り組んだ、なぜならランニングは狩猟のときにも戦争のときにも必要であるから……[13]」

走るという行為において、また走ることに関連のある競技を考え出すことによって、インディアンの人々はもっとも直接的かつ身体的に人間としての自分を表現した。ランニングは踊りと同じく、人間のスピリットと自然界のスピリットをつなぐ手段を提供した。

インディアンの人々はランニングを通して自分を内部と外部の現実に結び付けた。彼らは生涯走り続けながら、遊び方や気晴らしの仕方を非常に深い形で学んだ。所属する人々やコミュニティーへの奉仕の仕方を学んだ。彼らは自分を神話の物語と、自分と同じように走るのが好きな神話のスピリットたちと結び付けた。彼らは自分自身について、自分の身体的、スピリチュアル的能力について学んだ。塩を集めるための海への巡礼の間に起こるパパゴ族のビジョン・ランの場合のように、彼らは「自分のいのちを見た」のである。彼らは身体、心、魂を育て、それによって完全になるということ、健康になるということの意味を知ることができたのである。

ランニングは、共同体のスポーツおよび生活に関する多くの先住民的な方法の一つにすぎない。しかし、コミュニティーのこの表現の中には一つの種子が含まれている。それは、コミュニティーにおける個人、そして全人教育に占めるコミュニティーの位置付けにかかわっている。このような個人およびコミュニティーに方向付けられた教育プロセスは、今日のインディアン教育への取り組みにとって依然として重要な意味をもっている。

第7章　ビジョンを生きる——二一世紀の世界のための先住民の教育

✣はじめに

本書は、先住民の教育のスピリットを関係性の同心円を通して辿る一種の巡礼の旅であった。イメージと比喩は、インディアン・非インディアンを問わず、芸術家・学者を問わず、多くの人々の言葉で表現されてきた。「インディアンの人々が話すあの場所」に関する比喩に基づいた構造物やイメージが織り成す象徴的な網を形成することによって、私たちは特定の同心円の特徴を探究してきた。それによって私たちは、学習と教授という人間的なプロセスの中心に関して、ある程度の展望を得ることができた。比喩的に言えば、インディアンの教育のこれまでの位置、そして現在の位置についての展望を得るために、私たちは内なる山の頂に目を向けてきたのである。

私たちは、インディアンの教育が行くべきところを、またそこに至る最良の道を見出す用意ができた。この山の頂は、教育の将来に関して私たちがしなければならない選択についてよく検討するための場所である。それぞれの選択には、方向付け、それ特有の結果、可能性としての一連の道が含まれている。これは私たちの地球村のあらゆる教育が到達してきた場所だと私は考える。教育はすべて過去の先住民に根ざし、そこから発達してきたものである。事実上、教育はすべて先住民的な基本原則の上に築かれている。

もっとも全体的な意味では、本書はあらゆる人間文化に通じる教育の基本的側面にかかわってきた。それは現代教育も含めてあらゆる人々と時代を包含しているとみることができる。しかしながら、私が特に注目したのは、アメリカインディアンの歴史の中で新たな役割を演じている今日のアメリカインディアンの教師による教育である。

私は、今日の多くのインディアンの人々の考えと気持ちを反映した観点を提供しようと試みた。アメリカインディアンとその教育にとって、今は選択の時である。多くの点で、アメリカインディアン固有の文化的アイデンティティーの存続は、私たちが今なす選択にかかっているのである。そのような選択を行い、その結果を理解するには、二一世紀のアメリカインディアンの教育のスピリット、哲学、構造、役割、コンテクスト、意図を私たちが問うことが決定的に重要になる。

先に示した「ビジョンのスピリットを辿る」モデルには、〝求める〟と呼ばれる一組の同心円がある。これは、その人のビジョンを中心とする関係性の意味を探究しその確立を目指す最初の一歩である。求めるは、中心の場所から生まれるビジョンの探求の動機づけとなる夢、直観、願望に焦点を当てる第一段階である。求めるは諸々の問いのある場所であり、それはアメリカインディアンの人々がインディアンの教育の集合的ビジョンを辿ろうとするなかで現在いる場所であると私は考える。

問いは対話の基礎であり、知りたい、理解したい、説明したい、物語りたいという人間の基本的願望から生まれる。緊急のまた根本的な検討と説明を要すると私が考えた重要な問いが本書の進行を導いてくれた。この求める場所は関係性、構造、表現のあらゆるレベルにおいて対話を求める。そのような対話は、小規模に、公式および非公式に、あちこちで行われてきた。私たちはみな第一直観や夢を共有している。なぜなら、私たちは重要な比喩を共有しており、実に、私たちは皆つながっているからである。〝考える女〟が私たちの耳元で囁き、各自の中に立つ風の向きを再び変える。

アメリカインディアンの教育を集合的に変容させるビジョンを得るために投げかけられねばならない重要な質問とは何か。私の観点からすると、それには次のような質問が含まれる。

教育を通してどのように自分を向上させれば、私たちは二一世紀の世界における生活を心に描き、見出すことができるのだろうか。私たちはどのように困難なビジョンの転換の準備をしたらよいのだろうか。どの側面において、教育に関するインディアンのリーダーシップの活性化に取り組まねばならないのだろうか。私たちが既に試みた教育モデルは何であり、そこから私たちは何を学んだのだろうか。私たちが構築すべき構造とはどのようなものであろうか。現代の地球規模の教育に対して先住民の教育の基盤がもつ意味とは何であろうか。

私は以上のような質問に対して、答えをもっている振りをするつもりはない。ただ私には一層の探究を要する道、モデル、イメージが見える。思考と対話の種子として、私自身のビジョンから得た洞察に基づいて一つのモデルを提示してみたい。それは先住民の科学を教えるためのモデルである。私がこのモデルを提示する理由は、西洋科学が現代の西洋文化における単独の最も強力なパラダイムをなしてきたからである。静寂のなかにいるときや芯からリラックスしているとき、あるいは眠りに落ちる直前に、私の記憶を通してしばしば浮かぶ一節がある。

「彼らにいのちを与えてきたものを育むこと、そしていのちを探す彼らの集合的な旅に関する指導的物語を将来の世代のために保存すること、それは同族集団の各世代に欠かせない、いのちを共有する行為である。」

✣教育への先住民的アプローチの必要性

現代教育に対するインディアンの学生からの一貫した批判の一つは、主流のアプローチからの疎外である。補完プログラム、治療教育、学生の社会的志向性と学校のそれとの橋渡しを意図するプログラム以外は、学校のカリキュラムの中で彼らの疎外に真剣に取り組もうとするものは今までほとんどなかった。

そのような問題に取り組もうとする試みは、そのほとんどが、厄介なインディアンの学生たちを彼らの疎外を引き起こした当のシステムに再び適応させようとするものであった。問題なのはインディアンの学生のほうであって、教育システムには、そのアプローチや姿勢やカリキュラムには疑問の余地がないというのがごく一般的な見方である。

インディアンの学生が有する知識、価値観、技能、関心はたいてい無視され、彼らを主流の教育に順応させようとする戦略が優先されている。今日的なアメリカインディアンの教育哲学に基づいた一連の内容や指導モデルをつくろうという試みはほとんどなされたことがない。インディアンの学生およびインディアンの教育観の有する固有の価値や創造的可能性が主流の教育の真剣な検討対象になったことはない。その結果、もっとも優秀で創造的なインディアンの学生の多くが現代教育から疎外され、無気力や自虐といった不快な状態の中でさまよい続けているのである。

インディアンの学生が教育から疎外され、その結果としてコミュニティーに対する彼らの積極的な奉仕の可能性が失われるという事態は、私たちが教育分野の奥深い遺産を再生することができれば、もはや継続される必要のないことである。

先住民の教育に対する取り組み方は、私たちがその創造的なメッセージに心を開きさえすれば役に立つ。私たちは普遍的な教授と学習のプロセスを再生し、再導入するために集合的な創造的エネルギーを傾けなければならない。コミュニティーへの奉仕を通じてリーダーシップの技量を学ぶにしても、写真の展示によって自分の文化的ルーツを学ぶにしても、関係性の同心円を探究することによって大自然から学ぶにしても、先住民の教育原理は有効である。

多くのインディアンの教育機関で、学生がもたらす文化的なものに基づく、またそれを強化する創造的可能性が探究されてきた。部族コミュニティーカレッジや部族が管理する契約校の導入は、この方面の発展に適した構造を提供している。しかしながら、そのような構造は、あるべきインディアン教育に関するさらに総合的なビジョンへの第一歩にすぎない。

❖自分のエンパワメント

変容への旅はすべて、人が深く気をとめている物事や内面的世界および外界に存在する諸関係についての考察から始まる。今日、トランスフォーメーションやエンパワメントといった言葉が、インディアンの人々が伝統的に「自分の個人的なメディシンをつくる、ないし見つける」と呼んだプロセスを表す現代的なキャッチフレーズになっている。

アメリカインディアン――現代的束縛に直面している部族民――の創生、アイデンティフィケーション、エンパワメントは、ヨーロッパ人との最初の接触以来、アメリカインディアンの生活の中心的ジレンマであった。現代的コンテクストにおいてアメリカインディアンのアイデンティティーを維持する闘いは、二〇世紀に入ってから継続的に強化され、より複雑になった。あるがままの私たちと私たちが信仰するものを維持する闘いは、結果として失望とそれに伴う無力化をもたらした。

総合的にみれば、アメリカインディアンは、最初の接触の時代に始まった「エスノストレス（よそ者に起因するストレス）」に引き続き苦しんでいる。エスノストレスは、基本的に、文化に基づく生活および人が深い関心を抱く信仰の崩壊に起因する心理的反応の結果である。そのような崩壊は突発的であることも、時間をかけて世代を超えて徐々に発生することもある。その初期には明白な影響がみられるが、長期的な影響は多岐にわたりさまざまで、通常は自己像と世界における自分の位置付けに関する理解に影響を及ぼす[1]。

アメリカインディアンにおけるエスノストレスの長期的影響は、コミュニティーの崩壊、健康状態の悪化、不十分な教育、アルコール中毒や自殺や児童虐待など、多くの自己破壊行動の発生率の増加として非常に明白になった。それに対して、もっとも緊急な課題に取り組むために多くの連邦プログラムが導入され、州や個人のイニシアチブがそれらを補完した。そのような努力のなかで、エスノストレスという現象や問題の中心は真のエンパワメントであるという事実に取り組んだものはほとんどない。その結果、資金が底をつくと、エンパワメントも底をついた。なぜなら、資金だけでは、明白な物質的必要性に一時的に取り組むこと以外にエンパワメントできることは非常に限られていたからである。

インディアンの問題をめぐる今日の不幸な状態は、ゲームマシーンの椅子取りゲームに似ている。インディアンの個人や部族、学校や制度が椅子を取れるかどうかは、ゲームの仕方をどれほど深く学んだかということだけでなく、ゲームをコントロールしている政治、行政、業界の人々の機嫌をとるためにスピリットや信頼性をどれほど犠牲にできるかにもかかっている。あなたが振り向くたびに椅子はどんどん少なくなっていくので、居残るためには、人よりも素早くて、抜け目なくて、競争力がなければならない。あなたはゲームをすればするほど、それをコントロールしている人々のように、現実世界の一部になる。ゲームの本当の目的は巨大コンピューターの記憶容量（バイト）の一部になることである。巨大なコンピューターと大いなる神秘は人間の宇宙論の並行的な構成概念であり、両者の本質的な違いは信頼性に対する認識にある。巨大コンピューターはそれをコントロールする人々を支援し正当化するために考案されたものであるが、大いなる神秘は自然のあらゆる関係性が生じる領域である。

エスノストレスはインディアンの生活の中にさまざまな顔を現し、それぞれが私たち自身および所属コミュニティーに対する信頼性を手に入れる上で障害となっている。エスノストレスの実態を認め、それに取り組まないと、私たちは誰もがよく知っている結果を招くことになる。私たちはそれを、関係性の機能不全、行動の分裂、冷笑、自分の考えに対する不信、あるいは自分自身と文化の両方に対するそのほかの形の自己否定を永続化することによって行うのである。

私たちは「バケツの中のカニ」という古い民話の中の否定的な役を演じている。この物語で私たちは、お互いに助け合ってエンパワーするのではなく、自分が手にすることができないのなら、ほかの誰も手にすべきではないと思って障害物を置くのである。信頼性を勝ち取ろうとする他の人たちの試みを打ち砕くことによって、私たちは自分自身を打ち砕き、依然としてエンパワーされないままなのである。(2)

本物のエンパワメントを手に入れるには、職業訓練をするための教育システムだけでなく、自己実現のため、人間としての可能性を発揮するため、創造的スピリットを活性化させるため、また個人の意味と力とインディアンの人々がかつてメディシンと呼んだものを探し出すために、各人に準備を整えさせるための教育システムも必要である。これはまさしく伝統的な先住民の教育プロセスが行っていたことである。

このような教育は、人々が個人的および集団的な力の中心に至る道を見出す手伝いをする。これが、エンパワメントという言葉の根本的な意味である。この人間としての最も基本的なニーズに向けて行うのが先住民の教育のやり方である。それは、家族やコミュニティーや部族のスピリットを確実にエンパワーし、その発達を永続化させる。

インディアンのセルフエンパワメントには決意を要し、個人およびコミュニティーによる継続的な厳しい努力が必要になる。それはまた、私たちの個人的および集合的な位置についての誠実な自己分析を要求する。

「私たちの位置」を調べるのに使うことのできる基本的概念がいくつかある。例えば、インディアンの人々の中には、長期間捕らえられた人にみられる証明済みの心理的影響に酷似した「人質症候群」に苦しんでいるように見える人がいる。この症候群の特徴は疎外と混乱の状態である。それは、自由の喪失および自分を捕らえた相手の要求に適応したときに経験する感情ならびに思考のプロセスである。

監禁された人の場合は、そのような影響が直ちに明らかになる。集団の場合は、影響はそれほど明らかではないが、適応的な行動や態度や精神状態が長期にわたって生じる可能性があるという点で、決して小さいわけではない。

保留地、および政府の保護を受ける者という身分は、インディアンの人々の個人的、社会的心理にそのような症候群に似た影響を及ぼしてきた。その影響は管理者と見られる人々の全面否定から、彼らに共感し同化しようとする試みに至るまで広範囲に及ぶ。

戦争捕虜の病歴を読むと、アメリカインディアンが保留地での生活の初期に行った適応の程度を知ることができる。管理者が関与した心理戦の例が数多くある。その関係で使われた決まり文句が人質症候群の本質を語っている。そのごく一部を挙げてみると、「伝統は進歩の敵である」「指揮統制」と率先)」「総合的品質管理」「ゼロベース予算」「再教育」「文化的発展」「文化的に恵まれない人々」「分断攻略」「過去にとらわれるな」「やる気をくじく」「インセンティブとイニシアティブ（動機付け「同化」「強制収容」「精神的再建」「危機的状態」などがある。聞き覚えがあるだろうか。新しい政治用語、官僚用語が毎日つくられている。そのメッセージはより不鮮明になり、その意図はより無意識的になったが、その効果には大差がない。

人質症候群はインディアンの文化を過去のものとする見方を生んだ。いわゆる「顕微鏡下の文化」が一八〇〇年代後半以降、ほとんどのアメリカ人の見方を支配してきた。当時の人類学者や考古学者や民俗学者が「消滅しつつある赤色人」という見方を固定化させたが、私たちは未だにその亡霊に悩まされている。そのような見方が今日のアメリカ人がイメージするインディアンの土台となった。

確かな起源を探し求めたインディアンの人々の多くがそのような初期の民俗学的観点に基づいてアイデンティティーを認識しようとした。そのような観点は学者たちがそうであろうと推測した事実に基づいたものだが、しかし学者たちはインディアン文化の頑強さと適応能力を過小評価していたのである。

過去五〇〇年にわたるインディアン文化に対する一斉攻撃のなかで、多くが失われてしまったことは間違いない。しかし、インディアンの生き方を支える文化の根は深く張っている。文化の根が完全に消滅してしまったようにみえるコミュニティーの場合でさえ、それは休眠状態にすぎないのであり、インディアンの人々の熱い関心が再び芽生えるのを待っているのである。先住民の教育はそのような休眠中の根の一つである。その木には葉がないように見えるかもしれない。しかし、その根はまだ多くのインディアンの人々の心に生きているのである。

文化は自然環境と同じ生態学的原理と真理の下にある。文化はダイナミックな人間の創作物であり、常に一つあるいはいくつかのレベルで同時に創作が行われている。同族集団の各世代がその文化なのである。ちょうど人の生活を時間的に凍結することができないように、生きた文化も凍結することはできない。ある文化に属する個人や集団が自己を見直し、新しい活力を与え、再確認し、再創造するとき、その文化全体が変容する。それは創造の活発で継続的なプロセスである。

生きた文化を顕微鏡標本にすることはできない。また、インディアンの人々は個人的にも集合的にも、彼らの文化のこのような活発な生態学的原理を彼ら自身のエンパワメントに適用することを学ばなくてはならない。それを学び、深い理解をもって適用することが、インディアンの人々が自分を自分自身から、犠牲化、無気力、虐待、恐怖、怒り、疎外、無力感、絶望といった反応パターンから、解放するための第一歩である。そうすることによって私たちは、自分自身および所属コミュニティーに対する認識における人質症候群の継続を止めることができる。それは自己決定と部族の主権の核心に直結する強力な共同体活動である。それは政治活動以上のもの、魂の活動である！

✣変容をもたらすビジョンの準備

ビジョンの追求には一定の準備期間が必要になる。意図を定め、問い、精神的エンパワメントを行う初期段階の準備がある。次いで、追求のプロセス、その物語と物質的特徴を学びながら通過しなくてはならない風景の道を検討することによって達成される準備がある。

それは外部の風景だけでなく内面的風景のこともある。それは基本的に、私たちの自己認識と探求にとって重要な物語、人々、出来事を知ることである。それは歴史にかかわるが、本の中の歴史ではなく（ただしそれはスタート地点ないしゴール地点ではあり得る）、特定の集団をなす人々の心に生きている歴史である。それは口伝史であり、特定の人々の同族集団としての旅における自己認識を示している。鍵は、変容をもたらすビジョンを構築するという目的のために人々の口伝史と文化的伝統を再生するという探求の仕方を学ぶことである。

私たちは、自分たちのビジョンの意味に関する対話を確立し、それを実際に行わねばならない。私たちは、他の人々が公式、非公式に行った大きなことや小さなこと、過去のことや現在のことを正しく理解しなければならない。

そうすることによって私たちは、暮らしながら、成長しながら、自分たちのビジョンに活力を与えることができるのである。これは複雑に聞こえるかもしれないが、それほどではない。なぜなら、先住民の教育プロセスにはまさしくそれを行う手段が数多く含まれているからである。

見て、話して、実行することがほとんどの学習の基本である。世界各地の文化はすべて、このような学習方法と、個人史、口伝史、民間伝承、芸術などとが不可分の関係を形成するような、公式、非公式のコンテクストを発達させてきた。

かなり多くの古い、あるいは新しいアメリカインディアンの神話的・社会的構造が、対話やコミュニケーションや経験に基づく共生モデルを開発するための土台として役立つ可能性がある。伝統的なアメリカインディアンの社会的行事はどれも、物語や共有や経験のためのコンテクストを提供する。鍵となるのは、そのような行事を――それ以外の共同体の行事やコンテクストと組み合わせて――学習とエンパワメントのための思索の場になるようにすることである。そしてそれから、新たなビジョンの準備に向けて、また二一世紀における教育と繁栄の集合的可能性の実現に向けて、関係性の同心円に取り組むことである。

知的、社会的、スピリチュアル的学習は明確な関係性のコンテクストにおいて展開される。私たちはそれに遭遇すると、意味を獲得し、自分の方向付けを行うためにそれを理解しようとする。インディアンの人々の場合、この関係性と意味という基本的コンテクストは自然環境の中に見出される。ある意味では、インディアンの伝統教育はすべて環境教育と呼ぶことができる。なぜなら、特定の場所のスピリチュアル的生態系に触れるからである。インディアンの人々が示した環境教育の方法は、彼らを「インディアンたちが話すあの場所」に導くものであった。

次に述べるのは、インディアンの自然認識および自然との関係性がどのように今日の環境教育カリキュラムの基礎を形成し得るかという問題である。これは、インディアンの人々が共有する比喩や概念、および彼らの実態に注目して行った環境教育の調査に基づく私自身の研究成果である。この研究は私の教師としての幅広いキャリアを活かし、私自身の先住民としてのルーツと芸術家としての創造プロセスから得られた認識を組み込んだものである。これはこれまでの私のビジョンの生き方であり、そのビジョンは、自分の顔を見つけ、自分の心を見つけ、それによって現在自分の人生を表現している仕事を見つけるなかで発達してきたものである。

✣先住民の科学――環境知識に関する七つのオリエンテーション

《理論》

先住民の科学を定義する方法としては、人類学、社会学、神学、あるいは科学史といった理論的オリエンテーションに基づいたものが数多くある。これらの学問分野は、諸々の集団が現実に関する知識の分類、習得、伝達をどのように行うかという点に関する洞察を得るために、それぞれ独自の観点から諸集団の認識論を研究している(3)。

「民族科学」は、ある集団の初期のグループが自然界に関する知識を獲得し、それを適用するための方法、思考プロセス、哲学、概念、経験を定義づけ、説明するための民俗学者の造語である。それは、自然界の知識に関して、科学に類する認識論や概念、解釈や応用を表す言葉を欠いていた非西洋文化を対象として造られたものである。「民族科学」という言葉の使用や適用は、西洋の学者や教育者の非西洋文化に対する見方をよく表している。それはしばしば、自然界に対するいわゆる非客観的、非学問的、非合理的、原始的オリエンテーションを、科学という客観的で合理的な西洋的真実から区別するために使われてきた。しかしながら、その民族科学という言葉は、先住民の科学という言い方で私が意味する主要な要素を説明するのに部分的に役に立つ。

そのような言葉の上でも、実際的にも認められる区別は、特に非西洋の伝統的な人々の教育にみられる、科学に関するオリエンテーション、教授、学習と歴史的に結び付いてきたジレンマを示している。

民族科学は文化に基づく科学を意味し、科学は「自然界の事実に関する真に客観的な研究であり、その他のあらゆるものが比較されるべき基準」として認識されている。そこには民族科学は文化的であり、科学はともかく非文化的であるという意味が含まれている。これは、教育者、科学者、一般国民の多くに共通した認識であり、それは現代の西洋教育の隠されたカリキュラムから生まれる条件付けられた反応を示している。それはまた、多くのインディアンの人々を科学教育に関する主流の西洋的アプローチから大きく離反させた態度やアプローチの根底にある認識である。この認識が――私自身の自然界に対する文化的オリエンテーションおよび多くのネイティブアメリカンが科学教育の一般的方法に関して経験した疎外と結び付いて――民族科学に関する私の探究の動機づけとなった。

民族科学の研究を通じて、人は特定の人々の、固有の環境に応じた生き方および認識や学習や行動の仕方を直観的に理解し始める。科学は一般的な意味で、芸術と宗教と並んで、文化的精神およびその中心的オリエンテーションの性質や現れ方を通じて探究される、三車線道路を形成する。それら三つのシステムはそれぞれが、その源である文化を、独特の相互補完的な、留まることなく発展するプロセスを通じて、そのメンバーに提示し、翻訳し、伝達する。

最近まで、民族科学は文化人類学の独立した主題分野であり、文化的思考と学習の研究において重要な役割を果たしてきた。しかし、民族科学は認知心理学、言語学、神話学、ディープエコロジー、さらには理論物理学の研究成果を受け、新たな重要性を担うことになった。

さまざまなオリエンテーションの統合は民族科学的研究の特徴である。なぜなら、それは本質的に学際的アプローチを伴うからである。

民族科学は、文化が、自然を説明と理解の対象とするための戦略や分類を生み出すプロセスを明らかにする。人は民族科学を通じて、諸文化が科学的プロセスを適用する方法の類似や相違を研究し、理解し、説明することができる。科学は本来、人間の文化の延長であり、自然の真実を理解し、説明するための認識手段である。

したがって、アメリカインディアンの民族科学の研究は、科学における文化の影響を理解するための有益な手段になる。それは、インディアン並びに非インディアンが自分自身について、また自然界における文化的条件付けについて洞察を得る方法を提供する。

アメリカインディアンの諸部族の民族科学はそれぞれ独特であるが、地理的に同じ地域に順応してきたこと、あるいは同じ基本的価値観を踏まえていることから、多くの共通の特徴がみられる。表現の多様性にもかかわらず、アメリカインディアンが自然界を知り、自然に係わることに関して、お互いにそれぞれのアプローチを理解することのできるはっきりとした一連の関係性がある。治療、狩猟、または芸術に関するさまざまなアプローチは、この文化に基づく思想の多様性のなかの統一を映し出している。

「トリックスター」、「聖なる双子」、「母なる大地（地母）」、「父なる太陽」、「トウモロコシの母」、

「大蛇」、「野生動物の母」、「いのちの木」、「聖なる風」、「聖なる山」、「変身する女」、「創造・出現」、「天の人」、「大いなる神秘」といった神話の構造物のバリエーションがインディアンのあらゆる文化にみられ、それらの相互関係を裏付けている。

それらは、自然のプロセスを象徴化し、原初的で神話的な世界認識の方法を示す神話の構造物である。それらはネイティブアメリカンの自然界の認識方法を明瞭に示している。それらはまた、自然界の現象に関する独特の文化的解釈を反映しているという点で科学の延長である。それらは世界について説明するが、それはまさしく科学に期待されていることである。科学は物語である！

科学の物語はインディアンの生活のその他のあらゆる側面と一体化している。インディアンの科学の物語がそれを通して伝達される象徴的な言語、美術、踊り、音楽、儀式、比喩などの解釈に全体的思考を適用すると、それらが自然と宇宙のプロセスに関する極めて洞察力に富んだ複雑な考え方を反映していることが認識できるようになる。

デヴィッド・ボーム、フリッチョフ・カプラなどの科学者・哲学者による、古代および現代の先住民の哲学に関する最近の研究によって、最新の量子物理学の研究により現在ようやく検討ないし確認されつつある理解を多くのインディアンの集団がすでにそのシステムに組み込んできたことが明らかになった。これは氷山の一角にすぎないと思われる。初期の文化の哲学的および生態学的基盤の探究と再検討が本格的に開始されている。

アメリカインディアンの文化の多くの側面が、現在、理論物理学、生態学、神学、倫理学、神話学、意識心理学などから発達した一層進んだ観点を通じて検討されている。この検討はアメリカインディアンにとって大きな可能性を有している。それは、二一世紀のコンテクストにおいて、ネイティブアメリカンの伝統的パラダイムの重要な要素を解釈するための今日的な基礎を提供する。ネイティブアメリカンの若者は、そのようなルネッサンスのあらゆる領域に積極的に参加する心構えをしなければならない。

このようなネッサンスには、アメリカの教育、特にインディアンの教育に対する格別に創造的な取り組みが求められる。アメリカの学校ではほとんどの場合、芸術、科学、社会科学、人文科学のカリキュラムは伝統的に不毛な箱に閉じ込められ、活力のない機能不全の無力な状態に永久に留まっている。そのような学校には統合的センターと似たところはまったくない。その教育の成果はよくても二流である。最悪の場合、学校は恐怖や絶望や失望からなる戦場と化し、果たされない約束と疎外の場となる。多くのインディアンの若者にとって、欧米文化の観点から教えられる科学は、伝統文化に対するアンチテーゼを提示し、心理的葛藤と故郷喪失の不安を実際に引き起こすものである。ネイティブアメリカンの学生に通常見られるそれに対する反応は、無関心ないし反抗、あるいは退学である。アメリカインディアンの学生の多くは、通常の科学のコースを、事実と公式を暗記し、テストを受け、教科書の問題に答えることからなる、干からびた機械的なものと見ている。そのようなプロセスは彼らの生活とほとんど関係がない。より伝統的に育てられた学生には、学校の科学は彼らの保留地を冒瀆し、搾取する手段に見える。

通常教えられている科学からの疎外が、インディアンの学生の間に広がっている。それが学生たちの数学と科学の成績に影響していることは、関連分野のテストの成績が一般的に低いことによって示唆される。すべての部族にみられる科学的専門知識の欠如はこの科学からの疎外の結果である。そのために、科学的専門知識を要する資源開発や保健その他の分野に関して判断を下すのに非インディアンのコンサルタントに依存することになり、搾取されやすくなっている。部族のセルフエンパワメントと自決、そして自分たち自身の物語に応じて生きるためのリーダーシップの育成と能力の開発が、これまでにも増して困難な課題になっている。

科学は物語の一つの手段であり、人間が考えることに本来的に含まれている一つの思考のプロセスであり構造である。どの文化もそれぞれ独自の方法でこの物語の創作手段を使い、発達させてきた。今日の科学教育の問題の核心は、西洋の教育者が物語の台本を書くその仕方にある。その台本は「カリキュラムモデリング」と呼ばれるが、観客のために物語を生き生きしたものにすべき映画台本の場合と同じく、通常の科学教育モデルは観客をひどく無視してきた。

彼らは映画を新しくせず、文化的にエンパワーする演技をアメリカインディアンに見せてこなかった。したがって、問題は内容とプレゼンテーションにある。プレゼンテーションの創造性と内容の文化的感受性が受賞作品に不可欠な構成要素である。それが、インディアンの人々にとって文化的に妥当で、エンパワリングな科学教育の鍵である。

科学は文化的システムであり、客観性とは実は主観的な問題である。客観性は私たちが偶然に適用する相対的な文化的システムである。したがって、アメリカインディアンの観点に基づく科学研究は、異文化学習や異文化理解の重要な橋渡しになる。

この民族科学のカリキュラムモデルには、「カリキュラム曼荼羅」と呼ばれる、先住民に由来する構造を組み込んでいる。曼荼羅はカリキュラムを構成している七つのコースの間の同心円的な統合的関係性を表している。

七つのコースは、ネイティブアメリカンの部族集団の間に共通にみられる聖なる方位に関する比喩と意味に基づいている。その共通の文化的観点に基づく方位は、地理的な方角だけでなく、意識の方角も示す。聖なる方位は、個人や集団が、身体的に、精神的に、神話的に、スピリチュアル的に自己を位置づける方法を提供する。

これは、伝統的にインディアンの諸部族が特定の色、自然現象、動物、草花、木、スピリット、思考——これらはすべて特定の部族文化においてシンボル的な意味をもつ——を特定の方位に結び付けるという意味において本来的に環境モデルである。このようなシンボルは、人々が自己認識を環境との関係において行うという意味で、基本的に生態学的である。

人間も含めて物はすべてがそれぞれ固有の方位と結び付いて、思考や存在の特性を象徴的に示す。どの部族の場合も、そのような特性の組み合わせが現実の自然界の完全性とダイナミックなプロセスの基礎をなしていた。先住民の科学カリキュラムは、先住民の学習のオリエンテーションに本来的に備わっているロジックと統合的プロセスに従っている。

モデル

《中心》

カリキュラムの最初のコースは「創造プロセス——中心部」と題される。それはカリキュラムの中心、出現の場所である。このコースは、第一の、最も基本的なオリエンテーションをなす、創造と学習に関する諸要素を探究する。学習と創造に対する他の人々の取り組みから学び方および創造の仕方を学ぶことによって、私たちは創造という人間的な活動との関係を築くことができる。

自然の創造の仕方を探究することによって、私たちは驚きを経験する。自分が携わっている学習の意味とコンテクストを確立する。このオリエンテーションにおいて、学生は彼らの創造性を、美術制作、自然との創造的出会い、日誌、先住民文化の創造的表現の研究などさまざまな創造的学習活動を通じて探究する。彼らは、創造性および創造性とその人のスピリットとの関係に関する先住民の人々の理解の特徴とその深さを認識することを学ぶ。

中心部は、自分の創造的スピリットと能力を理解することに基づいたホリスティック学習の旅の準備である。このオリエンテーションを通じて、学生たちは自分の中心、「インディアンの人々が話すあの場所」、学習と創造の変容プロセスの基礎を形成する自己認識とエンパワメントのあの場所を見出す。

《東》

オリエンテーションの次の方位は東である。東は太陽の最初の光の場所であり、最初の洞察と解明の場所である。この方角に関連したコースは「哲学——ネイティブアメリカンの観点」と題される。東において学生は、先住民の知識の性格や表現や適用を導く自然哲学に方向付けられる。「エコソフィー」は、環境に関する知識と、先住民の社会に特徴的な、物質的、社会的、神話的、精神的、スピリチュアル的生活とを結び付けた最近の用語である。東に関連した叡智、最初の光、再生、太陽、思考の夜明けといった象徴が、エコソフィーという創造的研究にコンテクストを提供する。学生は、哲学が、特定の文化の知識システムの構造や特徴の土台をなしていることを理解するようになる。

ネイティブアメリカンの哲学に本来的に備わっている生態学的パラダイムは、オリエンテーション、認識論、人間観および自然観の相違や類似性に関する洞察を得るために、東西のさまざまな哲学と比較される。学生は、さまざまな文化における世界の見方を哲学がどのように表現しているかを学ぶ。それらの見方が、特定の文化がそれによって自己を創造する、イメージ、神話、シンボル、倫理、美学、ビジョンを形成している。

学生たちは、先住民を彼らの土地に結び付け、土地との深く変わらぬ結び付きに関する生態学的理解を形成する、土地の神学を探究する。

東では、学生たちは、各文化の特徴を示す社会構造や概念、思想や価値観との関係から世界について考える方法を学ぶ。東は、生徒が学習の旅に立つ準備として思考の土台をそれぞれに築くことのできる場所である。

《西》

オリエンテーションの次の仲間は西である。それは暮らし、集団心理、社会福祉およびコミュニティーの場所である。この方位と関係のあるコースは「部族――ネイティブアメリカンの観点からの社会心理学」と題される。

このオリエンテーションにおいては、生徒は、環境にかかわる関係性の同心円の社会的、心理的意味を探究する。社会組織の一形態としての部族主義が、その他のコミュニティー形態との関係で検討される。学生はヒューマンエコロジー、環境倫理学、神話学、文化人類学、社会学、社会心理学およよびユング心理学の原理や概念を適用して、アメリカインディアンの部族コミュニティーの社会的エトスを調べる。

学生は関心のある重大な問題を探究するよう促される。例えば、コミュニティーはなぜ重要か、部族主義とは何か、それがなぜ人類のこれまでの五〇〇世代のうちの四九五世代にとって必要かつ最適な社会組織だったのか。唯物論、自然資源の搾取、個人主義に対して、人々、自然、社会的関係を高く評価する部族の思考パターンとは何か。部族コミュニティーに受け継がれてきた精神の生態系とはどのようなものか。部族コミュニティーの崩壊が、今日のアメリカインディアンの社会的心理と福祉にどのような影響を及ぼしたか。今日の多文化主義の特徴およびそれがアメリカインディアンのコミュニティーにもたらす展望とは何か。

西方の四分円では、学生たちは社会経験の探究に没頭し、対話、調査、創造的学習活動、ゲストスピーカー、特別プロジェクト、映画、美術などを通じて、彼らがその中で生活している社会環境に関する理解、およびコミュニティーから自然界へと広がる関係性の同心円に関する理解を深める。簡単に言えば、学生たちは彼ら自身および他の人たちの中にある集団心理に出会う。そのような出会いを通じて、彼らは人間のコミュニティーに固有の生態系およびその彼ら自身への反映をより完全に理解するようになる。

《南》

次のオリエンテーションは南である。南は植物、豊饒、癒しの風、幸運、スピリチュアル的完全性の領域である。この方位のコースは「薬草、健康、完全性——ネイティブアメリカンの観点」と題され、主として二つの側面がある。

このオリエンテーションの最初の部分では、学生たちは人間と植物との関係、および私たちの自然界に関する認識と自然界への依存における植物の役割を探究する。植物はその自然生態系、伝統的利用法、およびアメリカインディアンの諸集団が有する健康と完全性の概念というコンテクストにおいて探究される。

アメリカインディアンがどのように植物を食料や薬として歴史的に利用してきたかということに関して学生たちが直接的な知識を得るのに、植物生態学、植物学、薬理学、そして伝統的医療体系の方法や内容が適用される。学生たちは身近な植物と直に出会うことで、自分と植物および自然界との関係を確立する。学生は植物を採集し、茶その他のハーブ製品をつくり、採集した植物を使って自然の美術作品を描きあるいは創作し、日誌をつけ、植物や自然との出会いによって経験することに関係した物語をつくる。彼らは自分を自然と結びつけ、自然の中にいることによって学ぶ。

このオリエンテーションの第二の部分では、生態学、神話学、口承文学、ホリスティック医学、ユング心理学、漢方やアーユルベーダと組み合わされたアメリカインディアンの伝統的医療体系などの概念と原理をすべて用いて、健康や完全性の本質を検討する。

学生たちは、治療の共同体的、文化的領域に関する洞察を得るために、伝統的にアメリカインディアンが取り入れてきた比喩、シンボル、生活様式を紹介される。基本的概念である調和は、アメリカインディアンの儀式、踊り、美術、ナバホ族のブレシングウェイ（Blessing Way）やスー族のユウィピ（Yuwipi）のような医療行為など、さまざまな事例によって探究される。

いのちを求めるという比喩もまた、先住民の生命原理のオリエンテーションを表すものとして検討される。生命原理とは私たちが生命（いのち）として認識する身体的、スピリチュアル的事実のダイナミックな相互作用のことである。

学生たちは、各生物がそれに参加している現実として、完全性ないし全体性の問題を探究する。学生たちは、健康とは完全で、彼らの内的および外的環境のあらゆる側面と調和しているダイナミックな状態であるということを内部化し始める。

治療とは、自然のプロセスを創造的に適用することによって人や状態を活性化させ、治癒エネルギーを集中させ、ダイナミックな健康状態を回復し、維持することである。学生たちは自分のヒーリングセンターに至る道を、また完全なる自然の創造的な流れに働きかける方法を学ぶ。彼らは、自分のヒーラーになることによって自分のエンパワメントのための旅を開始する。

《北》

北は動物に、またこの動物という生物コミュニティーと人間との関係に係わる方位である。北は内部形態、冬の寒く冷たい風、無意識、夢の源、そして死を通していのちを産む生物のシンボルの領域である。

この方位では、人間とその他のあらゆる生物との間の物質的、社会的、生態学的、スピリチュアル的関係性の同心円の探究のために、神話が媒体に、動物が焦点になる。この方位と関係のあるコースは、「ネイティブアメリカンの神話と現実における動物」と題される。

この領域では、学生は私たちの人間的自己における動物の投影を探究する。動物という言い方は、生物学的にみると人間も動物界の一部を占めているのであり、恣意的である。動物は人間の思想や文化において重要な位置を占めているが、それはまさしく私たちが直観的に、動物との身体上の原初的、根本的関係に気がついているからである。

動物は、あらゆる文化の最初の物語、最初の芸術、最初の儀式的表現に登場する。動物の生活や行動は、人間であるとはどういうことかを人間が理解するためのモデルとなってきた。私たちの動物に対する依存、愛情、尊敬、さらには恐怖もまた、私たちの魂に深く組み込まれている。私たちが語る古くからの物語は、私たちと同胞の動物たちとの物語である。

神話の発達、部族コミュニティー、芸術、儀式は、私たちが暮らしてきた土地に棲む動物たちと私たちが人間として折り合いをつける必要があることに関連づけられる。狩猟と善良な猟師の探求は、私たちと動物との神話的関係に関する物語として検討される。

このオリエンテーションでは、学生たちは野生動物学、生態学、神話学、神学の概念を提供されるが、それらは彼らが学ぶ動物の神話を脈絡化するのに役立つ。これは、学生たちが動物界と直接に個人的関係を確立することと組み合わされる。これは、動物を描く、動物の仮面をつくる、動物を扱う、動物の物語や動物が刺激となって惹き起こされる創造的インスピレーションを中心に展開される音楽や踊りやパフォーマンスを創作する、といった形をとるかもしれない。

学生たちはあらゆる方法で、動物との関係を活性化させるよう奨励される。北では、神話の方法が芸術の方法と組み合わされて、人間と動物との関係性を表現し、それを蘇らせる。学生たちは、深い変容と活力をもたらすような仕方で彼らの動物遺伝子を活性化させる。

《下》

次のオリエンテーションは、その上で私たちが暮らし、地球の生命プロセスが営まれている、下である。下は地母の領域であり、土、風、火、水という元素の領域である。神話的比喩では、それは変身する女や山と呼ばれる土塚の場所であり、風や火や生命や思想の源である。

地球の特徴的なプロセスと産物は、それらの元素のダイナミックで創造的な相互作用によって象徴される。水循環、火山活動、浸食、プレートテクトニクス、季節、さまざまな気象現象といった地球物理学的プロセスが、その生命の在り方を示す。このオリエンテーションに関するコースは「元素――ネイティブアメリカンの観点に基づく地球科学」である。

このオリエンテーションでは、学生は、風、山、海、森、湖、川、平原、砂漠などに関係のあるネイティブアメリカンの神話の探究を通して、すべての生物を支えている自然現象を学ぶ。伝統的儀式や芸術形式におけるそのような自然物の描写が、関係する現象と共に、ネイティブの人々の目と心を通して見られるそれらの性質や特徴を見抜くために研究される。

地学、物理学、地質学、気象学などの概念や原理が、地球のプロセスを学ぶ地球物理学に関する基本的な理解や認識を学生に得させるために使われる。これは、デッサン、絵画、彫刻、物語などの芸術形式を通じて、地球のプロセスとの創造的出会いやその解釈と組み合わされる。学生たちには地球と自分との関係を確立すること、またそのときの理解を芸術を通じて創造的に表現することが奨励される。学生たちは比喩的に、地球に、そのダイナミックで創造的な現れ方に根を下ろす。

《上》七番目のオリエンテーションは上である。これは天父、大いなる神秘、太陽、月、星の領域である。この方角に関連するコースは「天文学――ネイティブアメリカンの観点」と題される。このオリエンテーションを通じて、学生たちは、ネイティブアメリカンに関する、またネイティブアメリカンと周辺環境との関係に関する多くの天文学的観点にどっぷり浸けられる。

学生たちはアメリカの特定のインディアン集団の天文学的知識に触れさせられる。例えば、カリフォルニアのチュマシュ族、ニューメキシコのアナサジ族、大草原地帯のスキディポーニー族、そしてメキシコおよび中南部アメリカのアステカ族、マヤ族、インカ族である。これらの古代の新世界の天文学が、古代英国人、バビロニア人、エジプト人といった古代旧世界の天文学と比較され、アプローチとオリエンテーションの類似点が示される。

学生たちが宇宙の最新の概念を理解する手助けとして、現代の天文学、物理学、人類学、宇宙論、神話学などから概念や原理が援用される。学生たちはまた、天体のパターンを理解するために、太陽、月、惑星、恒星、星座を観察する。これもまた、学生たちが古代のインディアンの天文学者の理解の高さや深さを認識するのに役立つ。学生たちは、ニューメキシコのチャコキャニオンのアナサジ族に見られるような、古代の天文学に関連のある場所を訪ねる。彼らは古代の建築や芸術を調べ、古代のアメリカ人が自分たちを宇宙との関係においてどのように捉えていたかに関する洞察を得る。

学生たちは、宇宙のことを学び考えるとき、自分の考えと創造的インスピレーションに関係した芸術を創作するよう促される。彼らの作品には、陶器、短い物語、スターモビール、宝石はもとより、

ネイティブアメリカンの観点に基づく先住民の科学のカリキュラム曼荼羅

“真実は信じなければ見えてこない”

全体を考える！

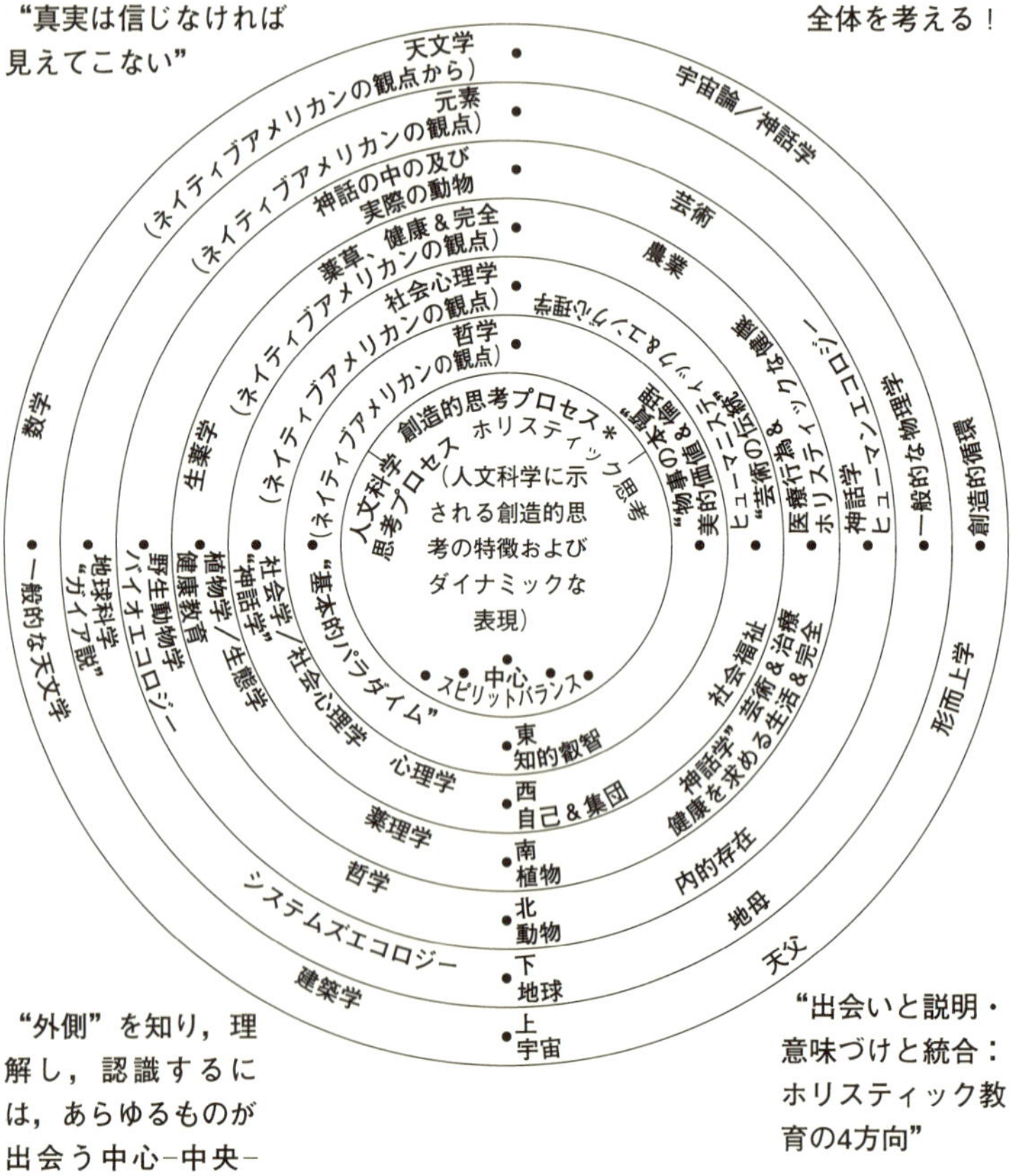

“外側”を知り，理解し，認識するには，あらゆるものが出会う中心–中央–“内側”から始めなければならない。

“出会いと説明・意味づけと統合：ホリスティック教育の4方向”

カレンダースティック、地平線カレンダー、メディシンホイール、スターマスク、色塗りの星図なども含まれるであろう。創造の可能性は無限である！

学生たちはこのコースで提示される関係性の同心円を辿ることによって、先住民の環境に基づく理解と表現に関する諸々のオリエンテーションを辿る旅の出発点に戻る。

宇宙は、その中にある創造センターの壮大なコンテクストであり表現である。学生たちは環境に対する認識を広げ、また彼らの想像を絶するほどの大いなる創造物語の一部をなす創造的存在としての彼ら自身に対する認識を広げる。彼らは、自分が人間の存在と生成という偉大な物語の一部だということを認識することによって力を得る。彼らは自分に関するビジョンを広げ得るということを、彼らの人生は創造といのちの物語の一部であるということを学ぶ。彼らは「インディアンたちが話すあの場所」に至る！

✣サン・ダガー――二一世紀の世界におけるアメリカインディアンの教育のための宇宙論的比喩

ニューメキシコ州、チャコキャニオン国立公園のファハダ・ビュートの高い頂に、先住民の独創力と教養を示す記念碑がある。三枚の砂岩の板をつくり、それを平らに削られた岩のくぼみに太陽に面するように正確に設置し、次いで岩に大小二つの螺旋形を刻み込むことによって、古代のチャコキャニオンのアナサジ族は至点と月の運行を観測する仕掛けをつくったが、これは古代文明がつくったものとして知られている世界で唯一のものである。アメリカインディアンの才能と宇宙観を示すこの記念碑は、「サン・ダガー（太陽の短刀）」と呼ばれ称賛されている。

ファハダ・ビュートはチャコの大地に高く聳え立つ砂岩のメサで、それはちょうど古代の先住民の世界に通じる門を守っている無言の番人のようである。チャコキャニオンはニューメキシコ西部のサンファン盆地の中心に位置している。チャコキャニオンは、一千年以上も前に遡る古代のアナサジインディアンの遺跡群の中心である。チャコキャニオンの内外に位置する廃墟はこれまでに発見されたもののなかで最も広大で精緻なアナサジ文化の例である。

ファハダ・ビュートの頂上からは、曲がりくねったチャコキャニオン、干上がった川底の広がり、砂岩のメサ、無限の彼方まで続いているかのような地平線を見ることができる。ファハダ・ビュートは、そのチャコ盆地における位置は、先住民の物理的および形而上学的時間の周期を観測する仕掛けに実に適している。チャコキャニオンの地理的コンテクスト、ファハダ・ビュートの自然の形、そしてサン・ダガーの洗練された簡素さ並びに高度な精巧さとビュートの自然構造との調和のとれた統合は、先住民の教育によって達成された基本的観点が環境に基づいていたことを示す類い稀な比喩である。

サン・ダガーの発見物語は、先住民の可能性の再発見の物語である。ファハダ・ビュートの上の岩絵のサイトを記録した芸術家アンナ・ソファエルは、夏至のころ太陽が正午の位置に達するときにサン・ダガーがつくる光と影の独特の動きを見た最初の非インディアンであった。一九七七年六月下旬にソファエルが目撃したものは、彼女の人生を変え、その後、古代のアメリカインディアン文化の概念的能力と科学的知識に関する先入観の再考を、世界各地の天文考古学者に迫ることになった。

ソファエルは数年にわたって根気強い努力を重ね、サン・ダガーが太陽と月の循環運動を明らかにする驚くべき方法を一つにつなぎ合わせることに成功した。サン・ダガーの仕組みは次のように述べることができよう。

サイトは横に並べて置かれた三枚の砂岩の板とその背後の岩に刻み込まれた二つの螺旋形から成っている。夏至前後の日の正午直前に、光のナイフが大きいほうの螺旋形を二等分する。冬至の場合は、二つの正午のダガーが大きいほうの螺旋形の縁を形成する。最後に、春分と秋分のときには、小さいほうの螺旋形が小さいほうのダガーによって二等分される一方、大きいほうの光線が大きいほうの螺旋形の中心より右側に移動する。

大きいほうの螺旋形には一九個の溝があるが、それは月の一周一九年のメトン周期（同じ日付に同じ月相が生じるまでの時間）の知識を反映している可能性がある。それより若干短い一八・六一年の太陰周期は、メジャー・スタンドスティル間の時間に対応する。ファハダ・ビュートでは、月のつくる影が、北のマイナー・スタンドスティルの時の月の出の時刻に螺旋形を二等分し、北のメジャー・スタンドスティルの時には岩面彫刻のちょうど左端に触れる。両方の場所には、月の影に平行になるように溝が直線に刻み込まれている。(4)

アナサジ族は月との関係における太陽の補完的運動を、宇宙に遍く表現されている相互補完的な対極をなすもの同士の聖なる相互作用の可視的現れとして理解した。彼らはそのような理解を、儀式の伝統と神話における様々な表現を通して翻訳した。サン・ダガーはアナサジ族の太陽と月の時間的、空間的運動に関する理解と、非常にスピリチュアル的で高度な宇宙論的オリエンテーションとの統合を示している。太陽は、アナサジ族にとって、光といのちの究極のシンボルであった。彼らは太陽のあらゆる側面に関心を持ち、一年中、空を横断する太陽の跡を追った。彼らは太陽および月の運動と地球との関係に関心をもった。アナサジ族は彼らの生活、彼らのスピリット、彼らのコミュニティーを、彼らが宇宙の中で認識した自然のサイクルと共鳴させようと努力した。

夏至の日に太陽が頭上を通過するとき、正午近くになると、明るい太陽光線がファハダ・ビュートの上に設置された三枚の砂岩の板の間隙から差し込み始める。太陽が空の最も高い位置に近づくと、日光のダガーが一層明瞭になり、大きいほうの螺旋形の中心を指す。太陽が正午の位置に達すると、あたかも空を渡る太陽の一年をかけての巡礼の旅のなかで最も神聖でエネルギーに満ちた時を先導し、その瞬間を正確に指し示すかのように、光のダガーは螺旋形の中心を突き刺す。またサン・ダガーが生みだす光と影の相互作用は、同様のドラマチックな方法で、冬至、秋分点と春分点、さらには約一九年の周期で起こる月のメジャーおよびマイナー・スタンドスティルをも明らかにする。

サン・ダガーは太陽、月、惑星、恒星、星座の間の関係を、比喩的に地上の時間と空間と生命との関係に投影する。宇宙の周期的運動を映し出す、光と影、イルミネーション（照明）とオリエンテーションがサン・ダガーによって記録される。それは先住民の教育の特徴を示す、創造的学習と関係性の尊重の比喩である。サン・ダガーは時間の生命と運動のドラマを視覚的に見せてくれる。それはまた、宇宙の生命が毎瞬毎瞬の現実のなかに、地上のあらゆる生物のなかに、どのように包み込まれているかを示してくれる。螺旋形は、発展している宇宙のミニチュア模型のように、循環と無限に向かう連続性との相互関係を示す同心円の中心から広がっている。

サン・ダガーはその機能と象徴性において、先住民の教育とどのように比喩的に似ているだろうか。先住民の学習と教授は成長のプロセスである。それらは、中心としての内的経験に始まり、時間と空間を通って広がり、その他の学習経験との関係性の同心円を形成する。一つの学習のサイクルは、各人の人生を通じ、また部族の諸世代を通じて、時間的継続のなかで、前後のサイクルに関係している。また学習とは、人生の経験を通じて、光と影の間を、行ったり来たり動き続けることである。

私たちの人生の間には、イルミネーションの集束点が生じ、意識的（太陽）ないし無意識的（月）な創造的エネルギーが最高点に達する時がある。また、人間の学習と教授を特徴づける創造力に関する、メジャーおよびマイナー・スタンドスティルの時期と循環がある。これらもまた尊重されなければならない。

日光の下での学習（意識的モード）と月光の下での学習（無意識的モード）は、教育のプロセスを通じて相互に補完しあう。文化的知識とコンテクストという柱があり、それらはときどき光を当て、学習を成り立たせる一方、影を投げかけ、包み、あるいは隠し、学習の一つの領域と他の領域との差を際立たせることもある。

その周囲で光のダガーが影と踊る大小二つの螺旋形は、人間の思考――一つは合理的、一つは直観的――共に同じ空間に含まれている――の運動と方向を示しているように見えるかもしれない。

最後に、私たちが途中の困難と障害を乗り越えて高い地点まで登ると、さらに開けた視界がもたらされる深い学習が起こる。叡智と重要な知識は、唯一、「山に目を向けること」によって、そしてファハダ・ビュートとそのチャコキャニオンにおける位置が示す非常に壮大な物質的比喩のように、下の平原から高い山に登ることによって見出される。

サン・ダガー、ファハダ・ビュート、チャコキャニオンの廃墟は、八〇〇年以上も放棄されてきた。しかし、それにもかかわらず、サン・ダガーは太陽と月の神聖な時間の循環を何百回も示し続けてきた。このアメリカ先住民の形而上学的なシンボルと道具の発見は、最初、大きな疑いをもって迎えら

サン・ダガー（夏至の日の正午頃の大きいほうの螺旋形を示す）

写真：Karl Kernberger（© Solstice Project）

れ、次いで西洋の科学者の間に物議を醸した。そして、西洋的理解という暗黙の基盤に合わせようと、通常の客観化された科学の伝統に則ってサイトに関する実験と観察が盛んに行われた。

人間と宇宙との関係に関する深い理解を生む先住民のメッセージは、ちょうどそれが記録している自然の事実にように、否定することができない。アナサジは、他の先住民たちと同じく、私たちが互いに、また地上のすべての生物とつながっているだけでなく、大宇宙ともつながっており、その一部であることを理解していた。したがって、先住民の教育の重要な任務は、引き続き、この関係性を学び、それを尊重することにある。

第8章　まとめとして――個人の変容における先住民の教育とその役割

個人およびコミュニティーの完全性を確立、維持することと先住民の教育との関係を真剣に検討することが不可欠である。先住民の教育の多くは「内発的」教育と呼ぶことができ、人のエゴセンターより発する啓発を引き起こすことによって変容をもたらす学習プロセスを中心に展開する。内的自己を教育し、活性化させることが、「いのちを求める」あるいは「いのちのため」という比喩に具現されている先住民の教育には不可欠である。この比喩の含意は、特定の環境にみられる儀式、神話、ビジョン、芸術、および関係性のアートを学ぶことが、個人、家族、コミュニティーの健康と完全性を促進するということである。個人と周囲の世界との一定レベルの調和を求めて努力することからなる完全性のための教育は、あらゆる文化に共通する、教育プロセスの古くからの基礎の一つである。

真の教育はすべて、最も自然な側面においては、変容をもたらし、自然を基本としている。実際、ラテン語の語源、*educare* は「引き出すこと」を意味し、変容をもたらすという教育のスピリットを具体的に示している。

「変容をもたらすという教育のアプローチは極めて普遍的であり、人種および文化横断的である。なぜなら、それは人間の最も深い衝動に触れているからである。このような観点から見れば、人は誰もがセルフエンパワメントおよび生活や生活環境の変化をもたらしてくれるものに関心をもっていると言うことができる。そのような関心が、完全で、幸せで、豊かで、充実した生活を築こうと努力する人々の意志を生む[1]。」

完全性、自己認識、叡智という目標は、世界各地の伝統的な教育哲学のすべてに共通である。実際、中世でさえ、あらゆる形態のヨーロッパの教育が、何らかのスピリチュアル的な訓練と結び付いていた。教育は人と世界との調和を引き起こす、あるいは促進する上で重要だと考えられていた。その目標は、思考と行動とがよく統合された人物を育てることであった。この理想は、正しい教育をすれば結果として自然にもたらされるものと見られていた。

もちろん、正しい教育とは文化的に規定された構造物であり、その基本原則は特定の集団の集合的文化に基づいて個人を社会化することである。しかし、この社会化は教育の一つの側面、生涯にわたる学習プロセスの最初の一歩に過ぎない。正しい教育は、のちに自己の根本的な変容をもたらす変化を引き起こす。この変容は心の平和や平穏、あるいは調和と適応を決してもたらすことのないダイナミックな創造的プロセスである。

自己の探究、および内部の存在と外部の存在との関係性の探究には、新しい秩序を築き、高次の意識に達するための分裂が必要になる。調和はそのようなプロセスを通じて達成されるが、それは短時間しか続かず、人と環境の変化に応じて再び修正されなければならない。これが部族教育の内発的な原動力である（三〇四頁の図参照）。

このプロセスは、誕生前から各子どものスピリットに対して深く揺るぎない尊敬の念を抱くことから始まる。先住民の教育の第一段階は、家庭内での学習、文化の最初の側面に関する学習、そして人それぞれの個性を家族というコンテクストに統合する方法に関する学習、を中心に展開される。第一段階は、土地に対する方向付けを得ることで終了する。

第二段階の教育は社会的学習を中心に展開され、部族社会に触れるとともに自然環境に係わる生き方も学習する。第二段階は、部族の歴史観を修得し、部族の知識の日常生活への適用方法を学ぶことで終了する。

第三段階は、イニシエーション、学習、指導的神話、祭事や儀式への参加というプロセスを通じて、個人的ニーズを集団のニーズに融合させることを中心に展開される。この段階は、伝統との間に根本的な深い関係を築くことによって終了する。

第四段階は中間点であるが、ここで人は文化との高レベルの統合を成し遂げ、一定の心の平和を得る。この段階は人に一定レベルのエンパワメント、個人的バイタリティー、そして成熟をもたらす。しかし、これは人生の中間地点にすぎない。

第五段階は人生のビジョンを探す時期、顕著な個性化をもたらし、神話的思考を育てる時である。この段階は、関係性と多様性に関する深い理解を得て終了する。

第六段階は、無意識に関する深い理解を特徴とする重要な変容の先駆けとなる。これはまた大いなる苦しみの時であり、最終段階で始まる等しく大いなる再統合と治癒のプロセスへの道を用意する、崩壊と負傷と苦痛の時である。苦痛、負傷、葛藤が第七段階への橋渡しをする。

第七段階では、深い治癒が起こり、自己と身体、心およびスピリットとが相互化される。この段階

先住民の発展的学習の諸段階

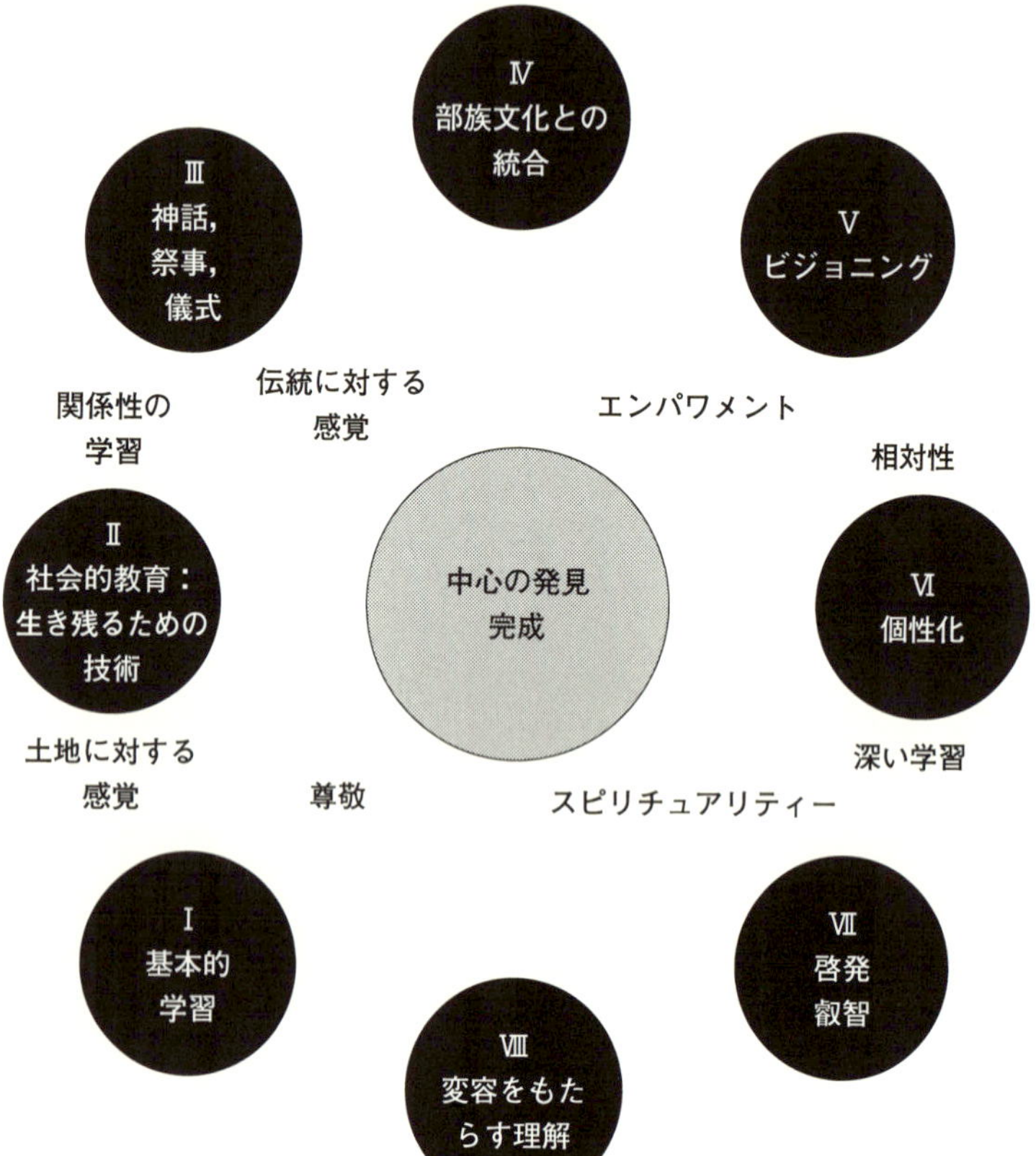
Ⅳ
部族文化との
統合
Ⅲ
神話,
祭事,
儀式
Ⅴ
ビジョニング
伝統に対する
感覚
関係性の
学習
エンパワメント
相対性
Ⅱ
社会的教育：
生き残るための
技術
中心の発見
完成
Ⅵ
個性化
土地に対する
感覚
深い学習
尊敬
スピリチュアリティー
Ⅰ
基本的
学習
Ⅶ
啓発
叡智
Ⅷ
変容をもた
らす理解

では、深い理解、啓発、叡智が得られる。この段階は、高次のスピリチュアル的理解を達成して終了する。この段階は、人の本当の中心を見出すための、また「インディアンたちが話すあの場所」で完全な男ないし女になるための橋渡しとなる。

以上のような相互に関連した一連の段階が、私たちが人生の諸段階を通過していくにつれてより完全に、人間的になるのに役立つ、創造的連続性を、生き方を形成する。先住民の教育においては、伝統的に、正規および非正規の学習の場、通過儀礼、イニシエーションなどを通じて、もっとも重要な相互関係が一つひとつ認識されていった。

先住民の教育には、人には誰にも地球や他の生物の知的センターを反映する知的センターがあるという特有の認識がある。インディアンの長老たちは、自分の内的センターにコンタクトすることは必ずしも楽しい経験でも、また簡単にできる経験でもないことを知っていた。そのような認識が、各人がそれぞれのヒーリングパワーないし完全さをもたらすパワーにアクセスし、それを使うのに役立つ儀式や祭事、歌や踊り、美術品や物語などの伝統につながった。

知的センターへの接続は、各人の知識の源への旅に役立つ儀式を通して振り付けされた。人生の主要な段階のそれぞれに特有の学習能力が、その人のセンターを知ることに携わり、そのために適用された。これが、インディアンの部族および各部族内の様々な結社にみられる通過儀礼の本来の理由であった。

先住民の教育の最高の目標は、互いに助け合ってそれぞれのいのちを見出し、人生において完全性を実現することであり、学習に関してさまざまなアプローチを探究することが奨励された。これは、人はそれぞれ自分にふさわしいときに自分にあったものを見出すという理解に基づいて行われた。

しかし、今日の一部の心理学で「適応」と呼ばれているような意味で人が自己および内面的平和を見出すプロセスは、先住民の教育の重要な関心事項ではなかった。平和を求め、自己を見出すこと、それは重要な個人的、環境的難題に出会う人生行路を歩む際の副産物であった。このユングが「個性化」と呼んだものは簡単にはもたらされなかった。それは一歩一歩達成されねばならなかった。それを達成する過程で、人は自分が持っている最高のものを提示することを学び、謙虚、自己犠牲、勇気、奉仕、決意といったことを学んだ。インディアンの人々は、個性化への道が疑念や試練に満ちていることを理解していた。彼らは、それが進化と変容の道であることを理解していた。

「個性化とは一つの作品、生きた作品であり、課題であり、それは私たちに人生の困難や危険を避けるのではなく、私たちの人生を形成する出来事のパターンのなかに意味を読み取ることを要求するものである。人生における最高の業績は、私たちの存在構造をつくり上げてきた出来事、夢、関係性を結び付ける糸を知ることかもしれない。個性化とは意味の、私たちが意識的に考え出す意味ではなく、人生そのものに組み込まれている意味の探求であり発見である。それは私たちに多くの要求を突きつける。なぜなら、ユングが述べているように、無意識は〝各人に最高のものを発揮することを余儀なくさせるために、のっぴきならない状況をつくりだす〟からである。[2]」

先住民の教育が変容をもたらすものであったことを裏付ける基本的特徴があるが、次に挙げるのは学習目標と学習内容の開発に関する重要な要素の一部である。[3]

第一は、各人の内的センターと自然界とを関係づける方法を学べば、学習が自発的に起こるという考え方である。各人が自分の本質を学び、その理解を踏まえて行動することが前提条件であり、それが深い学習への準備であった。

第二に、各人の教育にはかなり厳しい困難を経験することが必要で、そのような状況が創造的教育にとって理想的な機会をもたらすという了解があった。心に傷を負うことやトラウマになった出来事の記憶、そしてそれに伴う学習が、再生の起点を常時提供した。そのような変容が各人の意識を拡大し、人生におけるそうした出来事の意味を理解する手助けとなった。

第三に、学習の鍵を握る要素は共感と感情であった。また、感情的反応と結び付いた、直接的、主観的経験が、正しい教育にとって不可欠の要素であった。したがって、学び手の行動を描写して見せることが、彼らが自分の行動を理解し、経験を最大限に活かす一つの手段であった。

第四に、各人の独自性を尊重するという生得的意識が、それぞれが自分の個性化のプロセスの教師であるという理解をもたらした。多くの学ぶ方法と教える方法があり、さまざまな学び手と教え手がおり、それぞれが独自性と教育に対する貢献によって尊重されるという理解が先住民の教育には織り込まれていた。

第五に、学習の場は一つひとつが掛け替えのないもので、本質的に学習者の創造力と結び付いていた。この創造的学習や啓発との結び付きが妨げられると、欲求不満と硬直化が生じる。したがって、学習はそれぞれの人生のプロセスと結び付けられなければならなかった。生涯にわたる学習ということが当然考慮されていた。

第六に、教授と学習は教え手と学び手との協調的な接触であった。その意味で、教師は必ずしも人間とは限らず、動物や植物、あるいはその他の自然の物や力も教師になり得た。教えるべき時は共時的な絶妙のタイミングによって、あるいは重要な教訓を得るのに適したコンテクストを明確にする気晴らしや類比を創造的に使うことによって認識された。気晴らしをさせ——惹きつけ——反応させる、という戦術を先住民の教師はよく用いた。

第七に、学び手は、教えを自分および他の人々の観点を通して、見て、感じて、視覚化する必要があった。したがって、ある物語がさまざまな観点から、また人生のさまざまな段階において繰り返し語られ、それによって学習が豊かなものになり、重要な考えが強調され、学び手はそこに描写されている思想や態度や観点の影響を受けた。繰り返し教え、繰り返し学ぶこと、それは完全な学習になくてはならない要素であった。それ故、「どの物語も日が変われば新しい光の下でもう一度語られる」と言われた。

第八に、私たちがそれらを通してさらに完全な理解へと向かわなければならない、学習の進歩に関する基本的なオリエンテーションがいくつかあった。それらの各オリエンテーションに基づく学習は、直接的な経験を通して個人的な意味を見出すことに関係している。私たちが見出す意味は、成熟や自己認識のレベル、叡智や観点のレベルに応じて、主観的であり、解釈的である。

第九に、人生そのものが最高の教師であり、人生は喜びや楽しみに満ちていると共に厳しいものである、という現実を各人が認めなくてはならない。人生の試練や苦難を経ながら生き、それを通して学ぶことは、恵まれている時に学ぶのと同じく重要である。実際、人生は艱難辛苦を通して見るまでは、決して十分に理解できない。人生のあらゆる状況を経験し、それを通じて学ぶことによって初めて、私たちがすることはすべてつながっており、私たちが学ばなければならない教訓はすべて関連し合っているということを人は理解し始める。

第十に、私たちは反省とコミュニティーにおける経験の共有を通じて学ぶことによって、自分が学んだことをより大きな全体というコンテクストの中で理解することができる。一つの集団には、そのメンバーの数だけ多くの見方、聞き方、感じ方、理解の仕方がある。特定の集団の中で、私たちは他の人の経験や観点から学ぶことができるということを理解するようになる。私たちはまた、自分や他の人の偏見や理解不足にも気づく。私たちは、人々が本当に革新的なものの活かし方を知らないことがときどきあること、また人々が本当の教師ないし教訓の認識の仕方を知らないことが頻繁にあることを知っている。私たちは、コミュニティーが重要な教えを補強することができること、あるいはその本当のメッセージの実現を妨害することもできることを知っている。トホノ・オーダムが述べているように、「輝く光を全員が同時に、また同じように見るとき」、その集団は初めて知識の道を本当に進むことができるのである。

❖生き残ること――先住民の価値観と経済的必要性

先住民はもっとも厳しい環境でも生活が営める巧みな方法を発達させてきた。交易という経済システムを発達させたインディアンの才能は、それまで暮らしてきたそれぞれの土地で生き抜き、栄えることができる、彼らの能力を示す証拠である。

この歴史的に重要な意味をもつインディアンの経済学的認識とその適用は、今日でも、インディアンカントリーに存在する多数の市場や見本市に見ることができる。ネイティブアメリカンの美術品や工芸品のブームは、今に伝わるその伝統の目に見える表れである。

今日、インディアンの人々は、美術品や工芸品によってだけでなく、職人や商人、ビジネス、教育、行政サービスその他、多くの職業で生計を立てている。経済は常に先住民社会の社会的エコロジーの一部であった。最古の昔から、インディアンの人々は、自然環境との比較的調和のとれた関係において持続可能な経済活動に従事してきた。

生計を立てる際、先住民の人々は伝統的に、また歴史的に、エコロジー的態度、スピリチュアルエコロジー的意識、持続可能な相互関係を織り込んできた。経済学は個人的レベルおよび共同体的レベルの双方において人の物質的、身体的ニーズを賄うものであるが、それは伝統的にスピリチュアリティー、エコロジー、コミュニティーに係わる目的に結び付いていた。インディアンの贈与を表す伝統的表現である「ポトラッチ」、個人および共同体の活動における食べ物やサービスや労働の交換はすべてインディアンの経済的エコロジー観の反映である。

先住民のコミュニティーでは相互的な授受の循環が持続可能な経済を打ち立てていた。インディアンのコミュニティーではいずれの場合も、物質的な豊かさ、土地、サービス（労働）は、コミュニティーのすべてのメンバーに配慮が行き渡るように共有されていた。このような経済形態は、長期的有効性の基礎をなすエコロジー的要請であった。

このようなエコロジー的な姿勢から、サービスやリーダーシップ、コミュニティーの責任や伝統的統治が、個人とコミュニティーを密接で持続可能な相互依存関係において結び付けていた。個人はコミュニティーであり、コミュニティーは個人であった。

昔のチュマシュインディアンの場合は、アンタップ（伝統的な高位の聖職者）がアルチュクラシュ

（宗教議会）と協力して、チュマシュのさまざまな村から食料や必需品を税として徴収していた。食料や必需品は中心の村に蓄えられ、冬至に関する特別な儀式の間に、老人、未亡人、孤児などチュマシュ族の貧しい人々に再配分された。チュマシュの長期的持続可能性を確保したのは社会的配慮を伴う経済形態であった。

これは、「インディアンたちが話すあの場所」で当時行われていた経済活動の描写である。それは、あらゆる形態の経済活動が自然資源と人々に相互関係を伴って結び付いているという統一的理解から発達した経済システムであった。どの種類のエコロジーにも言えるように、先住民の経済活動の形態や現れ方は多様であり、多くの側面がある。先住民の経済活動の基盤は、インディアンの教育の今日的表現を見出す上で学ぶ価値があるであろう、エコロジー的なオリエンテーションと社会的表現を伴うことで完成する。

今日、インディアンの人々とインディアンのコミュニティーは経済的な存続を目指して苦闘している。このような時代においては、経済的存続は近代教育を受けられるかどうかに係わっている。経済発展はしばしば部族の自決と自治の能力と結び付いているが、そのような能力は常に西洋の教育と結び付いている。なぜなら、それが今日の経済的存続への門番の役割を果たしているからである。したがって、インディアンの教育を今日適用し、それがいま生きているインディアンの人々に資するためには、経済的存続と生態学的持続可能性を創造的に統合しなければならない。

歴史的にみると、インディアンの人々はエコロジー的経済学者であり、エコロジー的生き方を維持し得る生活形態および資源の使用形態がみられた。当時のやり方および「インディアンたちが話すあの場所」が、まさしくエコロジー的危機に直面している今日の私たちを支えるために、インディアンにもまた非インディアンにも等しく切実に求められている。

インディアンの人々には、伝統的なエコロジー志向の経済に根ざした多くの強みがある。第一歩としては、そのような経済的理解に関して私たち自身を再教育すること、そしてそれらを自分とコミュニティーに役立つように変える方法を学ぶことである。

農業、林業、商業、政治、行政、環境科学、工学、哲学、工芸など多くの分野に、伝統に根ざした技術や知力がある。これらは先住民のエコロジー的経済学を組み込みことが可能な、現在行われている分野分類である。

インディアンの美術工芸の分野は格好の例である。持続可能な「エコビジネス」の創造はもう一つの例である。

美術は、二〇世紀を迎えて以来、インディアンコミュニティーの経済活動と一体化してきた。それは当初、骨董商売ないし旅行者相手の商売としてささやかに始められたが、インディアン美術の市場は一億ドル産業に成長し、個々の美術家、その家族、コミュニティー、さらには美術業界のネットワーク全体を支えている。

インディアンの職人はその高い生産性にもかかわらず、ほとんどがこの産業から生まれる経済的利益のごく一部しか得ていない。インディアンの職人の多くが、自分でビジネスを行う能力または資金を欠き、基本的に制作者の立場に留まっている。これは、穀物を生産し、それを安い価格で売る独立農民と似ている。インディアンの人々は、ビジネスの方法を学ぶ機会をつくり、自分の事業の事業主にならねばならない。

エコロジー的に健全なビジネスおよび経済原則とは、先住民のエコロジー的な倫理と哲学を今日まで延長することによって導かれる、先住民の考え方の一つの表現ということができる。重要なことは、そのような原則を今日的コンテクストの中で営まれる経済活動に当てはめる方法を学ぶことである。

❖社会意識と先住民の教育

ブラジルの社会改革者であり教育者であるパウロ・フレイレが教育の概念を紹介しているが、それは先住民の教育の役割によく似ている。その類似性は、二一世紀の諸課題を前に自決を求めて奮闘しているアメリカインディアンの社会意識の転換に見られる(4)。

特定の人々の文化的、歴史的ルーツに対する批判的意識は――その人々自身の観点から表現され、また理解されているならば――その文化的解放の土台になる、というのがフレイレの主張である。世界各地にみられる近代の先住民族の闘争は、彼らが最も大事にしてきた生き方、土地との関係、明確な一つの集団としての自己意識といった側面を維持しようとする試みによって特徴づけられてきた。彼らは常に、現代社会による巧妙な、また時にはあからさまな抑圧の真只中にいる者として、自由を維持するダイナミックな闘争に従事してきた。

教育に関するフレイレのメッセージの核心は、人は自分が住む自然界の現実、および文化的、歴史的事実との参加型の関係を確立する、その程度に応じてのみ学ぶことができるというものである。これは、専門家が状況を外から、距離をおいて観察し、解決策を講じる、あるいは特定の行動や方策を指示するという、西洋で教え込まれるような権威主義的な問題解決のスタイルと同じではない。

そのような西洋のアプローチは、問題を人間の経験というコンテクストから取り出し、他と関係のない出来事としてそれをゆがめてしまう。この超客観化は相互関係を否定し、参加の程度を減らし、学習を単なる知的訓練にしてしまう。その結果は、外部の権威への依存の永続化とそのような権威の背後にいる政治ブローカーの存続である。

そのような教育、普及サービス、経済開発が行われると、先住民は通常、抑圧されたまま次第に権威に依存するようになる。そのような状況の下では、自発的な教育プロセスを通じて、文化的、社会的、経済的に活力を取り戻し、自活する先住民の人々の能力が、完全に破壊されることはないとしても、大幅に弱められてしまう。

フレイレのアプローチは、グループの人々が彼らの世界について、彼ら独自の社会的コンテクストにおける経験を話し合うことから始まる。それから、言葉（generative word）、比喩、または格言が特定されるが、それらは、思考や感情を誘発する言葉、あるいは特定の集団およびその文化的な生き方にとって本質的な意味を有する歴史的観点を明らかにする言葉である。そのような言葉や語句は意味のあるさまざまなイメージに翻訳され、それらの意味を「取り出す」べく、彼ら自身が検討する。「文化サークル」と呼ばれる構造を通じてさまざまな段階の対話が進む。文化サークルでは、鍵となる言葉（generative word）やシンボルについて、対話の進行を助けるコーディネーターの援助を得ながら、グループで検討する。彼らが使っている言葉やシンボルは、そのグループの言語、文化、または歴史的経験からきているので、彼らは自分たちの集合的物語について考え始める。彼らは、彼ら自身について、彼らの状況について、また彼らが直面している問題の解決策について、新たな洞察が促されるような仕方でそれを行う。

文化サークルには、動機、意味、そして彼らの問題を客観的に見るためのモデルを探し出すために文化のルーツを調べる、という要素が組み込まれている。グループは、彼らの物語を繰り返し語ることによって、その意味を考えることによって、彼らの文化的オリエンテーションに不可欠な要素を強化することによって、学ぶ。このような学習プロセスは、「無言の文化の中に身を隠した人々が自身の文化の意識的創造者として登場すること」について考えることを促す。

グループは、どのように新たな意味を創造するかを学び、彼ら自身の文化、歴史、社会経験を今の彼らの生活に適用することを学ぶ。彼らが自分自身を通して、自分自身について学ぶことが、正真正銘のエンパワメントの基礎となる。それは、彼ら自身のものとなった教育プロセスを通して、押し付けられた権威から解放される、その始まりである。そのようなプロセスを通してグループは、政治的、経済的に、あるいは教育の面で、外部からの操作の対象にならないことが本当にできるようになる。そして彼らは、自分の未来の物語の創作者に、自分の運命の操縦者になるのである。

フレイレの方法は、ブラジル農村部の住民だけでなく、第三世界諸国の多数の人々の識字能力と社会意識の向上に大きな影響を及ぼしてきた。それが有効なのは、学習に対する先住民の本来的な反応を解放するからである。それは、人々に直接影響を及ぼす社会的、政治的状況というコンテクストの中で人々にとって重要なことは何かということに関する本当の対話を促す。学んでいることの妥当性およびそれを学ぶ理由の妥当性が容易に明らかになる。なぜなら、それは彼ら自身が理解している文化的オリエンテーションと結び付いているからである。

フレイレのアプローチによって永続化される知識と教育プロセスの民主化は、先住民の教育に起きることを映し出している。先住民と現代教育と知識ベースとの間の新たな関係が可能になる。現代の教育者の知識とオリエンテーションは、専門家と受け手の関係から、相互学習と共創の関係に変わる。

エコロジー的により健全で、持続可能な教育プロセスが確立される。教師、生徒、コミュニティーを、相互学習と生成のプロセスにおけるパートナーとなるべく解放する教育が生まれる。

フレイレの方法は、私が「自然民主主義」と呼んできた、先住民族の教育のエコロジー的オリエンテーションを、社会的レベルで反映している。教育プロセスに携わるすべての人々の間に直接的なコミュニケーションがある。教育の専門家と受け手との間の暗黙の家父長主義、社会的統制、非相互的オリエンテーションが、本物の対話に道を譲る。この対話は、先住民が彼ら自身の社会的、文化的コンテクストの変容要因となり得るための、レベルの高い批判意識と教育的エンパワメントをもたらす。

アメリカインディアンの教育の歴史は、主として同化政策によって特徴づけられてきた。それは、アメリカインディアンのコミュニティーを主流のアメリカ的生活に合致させようとする、ひそかな近代化の試みと結び付けられてきた。それはたいてい、連邦政府が強力に推し進めた政治的・行政的教化政策と組み合わされた、開発の技術的プロセスの一部をなしていた。教育開発は、連邦政府のほかの援助供与の場合と同じく、技術者や役人や政治ブローカーの活動を通して行われたが、彼らは本当の政策決定の権限を、当事者というパラメータの外に、関係する部族や個人の外に置く働きをしたのである。

インディアンの問題にかかわる教育者、社会改革者、実業家、政治家の多くが、この連邦政府の主流のパラダイムの永続化を進めている。彼らがなぜそうするのかというと、このシステムの中で彼ら自身が教育的に条件付けられていることに疑いを持ったことがないからか、またはそれに代わるシステムが見つからない、あるいは探そうともしないからか、そのうちのどれかである。このような状況から、インディアンの人々は自分自身の、変容をもたらすビジョンと教育プロセスを探求してその受益者になることを拒まれてきた。

その結果、インディアンの諸部族は引き続き連邦政府の援助供与に依存しており、未だに連邦政府の統治に従わなければならない状況に追いやられている。インディアンの人々は、前向きに、真に自発的に自己教育に取り組むのではなく、自分がつくったものではない、伝統的教育形態とは異なる、それと競合する近代的教育構造に引き続き苦しんでいる。未だに教育的統合失調症状態が続いているというのがインディアンの教育の現状である。

インディアンの人々は今も引き続き、教育に関してアメリカで最も不利な立場に置かれた、危険な状態にある集団の一つである。本書で概要を述べたように、伝統的教育および哲学が重要でまた創意に富んでいるにもかかわらず、このような現実が存在している。根本的な問題は、インディアンの人々のためだけでなく、将来のすべての世代の教育への貢献として、この重要な遺産を再生させ、新たな名称を与えるためには、いったい何が必要かである。

私は、インディアンの教育の次の段階として、本物の対話に基づいて、変化をもたらすビジョンとプロセスを集合的に開発することが求められていると考える。その開発のためには、創造的思考と研究の集合的プロセスを通じて、古い構造と方法の中から新しい構造と方法が生まれる必要がある。そのような新しい構造と方法は、唯一、現代的な教育思想および方法とインディアンの人々の伝統的な哲学とオリエンテーションとの継続的で偏見のない批判的対話のプロセスによってのみ生まれ得る。

インディアンの人々が教育に関する集合的遺産を探究し、表現することを可能にし、また深いエコロジー的オリエンテーションから生まれるグローバルな教育に貢献することを可能にする、教育に関する新たな意識、「先住民的教育のエコロジー」を誕生させなければならない。伝統的なインディアンの教育を探究し、現在のコンテクストに投影することには、単なる学術研究以上のものがある。それは、人間の学習のエコロジーとの関連性を照らし出し、人間存在としての経験、そのあらゆるレベルにおいてつながっているという経験を解き放つのに役立つ。

このような観点から見ると、教育は、まさしくインディアンの人々の魂の奥から生まれる教育方法の可能性を開く、社会的、政治的闘争という性格を帯びてくる。それはまた、彼らの意識の最も深いところにまで浸透した、近代的な教育プロセスによる条件付けの程度を表面化させる。彼らは、適応を余儀なくされてきた近代教育、アメリカ社会の特定の既得権に奉仕するための服従を要求する教育に対する批判的観察者となる。

彼らは先住民の教育の探究を通じて、近代教育の技法とオリエンテーションの謎を解く方法を学ぶ。そうすることによって、彼らはそのような教育を自らの必要性に合わせて活かし、それが提供できる最高のものと先住民のオリエンテーションと知識の最高のものとを結び付けることができるようになる。彼らは近代教育の受け手であることを止め、彼ら自身の教育の積極的な参加者および創造者になる。

より包括的なレベルにおいては、先住民の教育の探究は、インディアンの学習者と教育者を解放し、本来的に平等と相互性に基づく創造的で変容をもたらす対話に参加させる。それは、自然のあり方を映し出す関係性のなかで学習、コミュニケーション、労働を行う方法である。それはまた、恵まれない状況にあるというインディアンの学習者の汚名と援助の提供者であるという教育者の汚名を共にそそぐ。それによって学習者と教育者は学習経験を共創し、共に新たなレベルの自己認識への巡礼の旅に出ることができる。

教育者は学習者の文化の世界に入り、もはや外部の権威に留まることはない。学習経験を共創することによって、関係する者全員が批判意識を育て、互いにエンパワメントし合うプロセスに入る。そのようなエンパワメントによって、インディアンの人々は学習プロセスとの間の負の関係を変えることができるようになる。インディアンの教育のあらゆるレベルにおける、そのような先住民的プロセスの回復、今日的な新たな開発、そして実施により、インディアンの人々は自分の社会の現実を変える要因に自らがなることによって、本当に自分の歴史の主導権を握ることができるであろう。

インディアンの人々がインディアンの教育の将来を決めなくてはならない。その将来は、私たち自身の伝統教育の変容を伴う再生に根ざすものでなければならない。

私たちが集合的に「山を見る」とき、私たちは七世代先のインディアンの子どもたちのことを真剣に考えなければならない。なぜなら、私たちが責任を果たしたかどうかを判断するのは彼らだからであり、それは七世代前の親族が私たちに対する責任を負っているのと同じである。真の対話が始まるべき時である――「インディアンの人々が話すあの場所」への旅を集団として継続しながら、私たちがこれまでどこにいて、いまどこにいるのか、そしてこれからどこに行かなくてはならないのかを探究するために。本書がそのような対話に貢献することを願いたい。

❖土地と星、至高の知識

北、西、南、そして東。
上と下、そして八方。

土地についての知識のなかで、
私たちは存在している。
星についての知識のなかで、
私たちは存在している。

寒さと風と雪、北。
穏やかさと山と雨、西。
暑さと砂漠と雹、南。
暖かさとメサと太陽、東。
星のきらめきと空と暗闇、上。
大地の恵みと石と光、下。

この北の山の傍らに、私たちは住む。
この西の山の頂に、私たちは住む。
この南のキャニオンに、私たちは住む。
この東のメサの上に、私たちは住む。
この高い空の下に、私たちは住む。
この下の大地の上に、私たちは住む。

私たちは土地に関する知識のなかで存在している。
私たちは星に関する知識のなかで存在している。
八方そして下と上。
東、南、西、そして北。
これは私たちの祈り。これは私たちの知識。
これは私たちの源。これは私たちの存在。

いつも土地は私たちと共にある。
いつも星は私たちと共にある。
私たちは手で、聖なる大地を知る。
私たちはスピリットで、聖なる空を知る。
私たちは土地と星と共にある。
私たちは星と土地と共にある。

捧げ物を、外なる八方に。
捧げ物を、内なる八方に。
これが私たちの知識。
これが私たちの存在。
感謝をもって、私たちは与え、私たちは知る。

感謝をもって、私たちは受け取り、私たちは知る。

シモン・オルティス（一九九三年）

補遺——先住民の教授と学習に関するオリエンテーションの概要

先住民の教授と学習に係わるもっとも重要な要素の一つは、「学び方を学ぶこと」を中心に展開する。学び方を学ぶことは、教育に関するどのようなアプローチにおいても重要な要素である。したがって当然ながら、人間の能力の育成——聴き、観察し、すべての感覚を使って体験し、直観的理解力を高め、時の試練を経た学習の伝統を尊重すること——が先住民の学習と教授のプロセスに使われるあらゆる技術の基礎をなしていた。

南北両方のアメリカで、ネイティブアメリカンは教授と学習に関するさまざまなアプローチを発達させた。そのようなアプローチは、正式にではなくゆるく組織化された狩猟採集部族のコンテクストから、メキシコや中央および南アメリカのアステカ、マヤ、インカその他の集団にみられる正式に組織化されたアカデミーまで広範囲に及ぶ。

どのようなアプローチであれ、人間の成熟ないし成長の段階を注意深く追う一連の儀式やイニシエーションの慣習を有するアメリカの部族社会には教育の連続体がみられた。この連続体の各局面で、学び方を学ぶことの重要な側面が内部化された。部族社会における学び方の学習は、次に挙げる四つの基本的なオリエンテーション領域を中心に展開された。

第一は、部族社会の実用的ニーズへの対応。部族のメンバーの身体的、社会的、精神的、スピリチュアル的ニーズに係わる学習に組織的に取り組んだ。そのうちもっとも重要なのは、自然環境に係わる生き延び方と部族社会の生産的メンバーになる方法を学ぶことであった。

第二は、学習に対する準備ができている、あるいは意欲を示す人を一人ひとり個々の方法で教えること。強調されたのは、それぞれの学習スタイルの独自性を認め、自主性と自決を促すことであった。第三は、深いレベルの学習と理解を促す特別な知的、儀式的、精神的、スピリチュアル的指導手段の適用。先住民の教授は、柔軟性、実行可能性、効果という三つの基本的基準に基づいていた。

第四は、自己認識および生来の学習能力が開花する、あるいは開かれる精神的プロセスおよび変容のプロセスの尊重と促進。これは通常、自らがつくった学習の障害を克服しようとする各人の努力を助けることによって達成される。

次に挙げる根本原理は、部族の教師たちが複雑な教育のエコロジーを反映した教育プロセスを生み出すのに適用した、叡智と創造的アプローチを示している。先住民の教育は、その幅広さと創造性において現代教育のアプローチではほとんど真似することができないほどの多様な洗練された教育手段を可能にした。先住民の教育に関する根本原理の次のような解釈は、アメリカインディアン、スーフィー教徒、道教徒の先住民教育および東インド諸島の教育の伝統に関する多くの文献研究と観察から得られたものである。

それらは、教師の皆さんがご自身の授業やカリキュラムの開発に基づいて創造的解釈を行うことを期待して、最小限の記述に止め、単純な形で示されている。これらの根本原理は、プロセスとして、どのような内容であれそれをホリスティックに提示する場合に当てはまる。また、どの年齢層にも適合する。(1)

1 部族の教師は常識に基づいて指導を始める。私たちには共通の経験や理解や人間的特徴があり、それを使って、生徒たちに馴染みのある表現や方法や経験を通して特定の問題を提起することができる。

2 学習は自然の本能であること、また何か新しいことを学ぶことに成功することが自尊心という人間的な感覚と結び付いていることを忘れないこと。この人間性が自然に流れ出し、それに溢れているような学習環境をつくること。学習を成功させることが、学習を動機づけ、自信を深めさせる重要な一歩である。

3 基本的な理解は、物事がどのように起きるかを探究することから始まる。自然界で物事がどのように起きているかを観察することが、先住民文化の最古の、スピリチュアル的に深遠な教えの一部の基礎をなしていた。自然はプロセスの最初の教師であり、モデルである。自然を見る方法を学ぶことが、私たちのその他の物事をみる能力を高める。

4 太陽や月の周期など、永続的現象について教えることを重視すると、もっとも深いレベルにおいて学び方を学ぶこと、および自己認識の発達を促す。

5 先住民の教育は、頭で学ぶのと同じように、心で学ぶことを重視する。

6 先住民の教育は、自分や他の人のエゴを通してつくられるイメージではなく、自分の真の姿を見る方法を学ぶことを促す。この真の自己認識は、基本的に学習の障害の責任は生徒自身にあるということを彼らが自覚するのに役立つ。

7 先住民の学習と教授では、ほとんどの場合、実際の状況がその舞台を提供する。あからさまな知的処理は最小限に抑えられ、直接的な経験と実践から学ぶことが優先される。実際の状況を通して学ぶことにより、学習の領域が単なる空理空論を超えて広がり、生徒たちは自力で教えが真実だと判断できるようになる。

8 学ぶ準備ができていることが教授の成否を左右する基本的決定要因だと考えられている。先住民の教師たちは、生徒が反復と教えへの同調を通して重要なことを学ぶ準備を整えなければならないことを認識している。彼らは教えることができる時がくるのを待ち、いろいろな方法でさまざまな機会に基本原則を繰り返し教える。

9 想定したことを常に見直し、先入観に立ち向かわねばならない状況に学生たちを置くことが、先住民の教師たちの通常のやり方である。生徒たちは自分が知っていると思うことを継続的に見直すことによって、新たな次元の学習を受け入れることができる状態を保ち、より高いレベルの思考と創造的総合に備える。

10 先住民の教授は常に生物の成長と関連付けられる。先住民の教授は種子と同じように、教師と生徒との関係を通じて、播き付けられ、実を結ぶまで育てられる。その関係の性質や特性、および粘り強さが教授プロセスの成果を左右する。徒弟制度、そして学習の準備に応じた諸々の段階の儀式を通じた学習は、種子を播き、時間をかけて苗を育てるという比喩に基づいている。

11 教授とは伝達術である。先住民の教授は存在のそれぞれのレベルにおける伝達の性質や特性に基づいている。先住民の教師たちは、言葉、社会環境および自然環境との関係、芸術、遊戯、儀式などを通じて、伝達術を実践する。

12 教授と学習は奉仕の授受の問題である。奉仕は生徒と教師の関係性の基礎である。この基礎は、先住民の教育のあらゆる場面にみられる師弟関係において、その最も完全な例を見ることができる。

13　先住民の教授には、生徒に包括的に考えさせること、またより高いレベルの内容ならびにその内容と別の領域との関係に関する自覚を促すことが含まれる。そのような包括的思考が、教授と学習の創造的プロセスの堅固な基盤を形成する。包括的な準備と学習プロセスへの没頭が新たな理解を招来する。それによって、常にそこにあるけれども、働きかけなければ姿を現さないような次元の知識が認識される。

14　創造的夢見、芸術、祭事、儀式のような先住民の慣習は、生徒たちが内面の思考や特性を、審査を受けるために外部化することを促す。そのような慣習は、生徒たちが真の自己との関係を確立することに、また彼らが内的資源を生活の中にもたらす方法を学ぶことに役立つ。生徒たちが真の自己にアクセスするのを支援することは、先住民の教育に特有の、変容をもたらす教育の一環である。

15　先住民の教授は、何らかの形の作業を中心に展開される。先住民の教師たちは、作業が意識の集中を招来し、心の平安を促すことを認識している。これは、教えられていることに関する明快な洞察につながる。

16　部族の教師たちは、教授はすべて相対的なものであり、知識の伝達経路にはそれぞれ別個に取り組まねばならない必要条件があると理解している。柔軟性およびその時々の必要性に合わせる方法は、先住民の教育を通じて一貫して育成される重要な技量である。

17　自己欺瞞について学ぶことが、先住民が行う学習の準備の重要な側面をなす。本当の学習というものを理解する第一歩は、自分がなぜ学んでいるのかという点について一定の明瞭な理解に達することである。学習する目的としての野心や自分の欲求の充足、力や支配などは自己欺瞞の一形態であることに生徒たちは気づくようになる。それらは知識の誤用と自己欺瞞をさらに続けることにつながる故に避けなければならない。

18 真の知識を求めて努力するには洗練された謙虚さが必要であることを部族の教師たちは理解している。自分の本当の顔、心、使命を探し求めるに当たっては、誇りや驕りや自我の膨張に向かいがちな人間の傾向を理解し、それを避けなければならない。

19 先住民の教育では、生徒たちの見方を広げるために、特定の教えの及ぶ範囲を彼らに映し出してみせることがしばしば行われる。直接的な知覚や時には誘発された知覚を通して、部族の教師たちは学習を促す。彼らはそれを、生徒たちが自分で知っていると思っていることの限界を自覚せざるをえない状況をつくりだすことによって行う。生徒たちはそのようにして、彼ら自身の奥深くに至り、特定の教えによって示された意味をさらに深く認識するように促される。この訓練は、生徒たちが新たな学びと教えの創造的可能性を受け入れる状態を維持するのに必要な謙虚さを養う。

20 謙虚さを育てることは、生徒たちが意識の集中ということを学ぶ基礎を準備する。意識の集中は、ほとんどあらゆるコンテクスト――基礎的な狩猟や漁業の技術から、儀式の詳細を記憶し、物語に耳を傾け、伝統的な芸術形式を習得することまで――がその習熟した適用に依存しているという意味で、先住民の学習の基礎をなすと考えることができるであろう。先住民が意味する意識の集中は、あらゆる感覚の中心に係わっている。見ること、聴くこと、触れて感じること、嗅ぐこと、聞くこと、直観することが、先住民の意識の集中の観点から培われ、適用される。

21　適切な行動に関する学習は、先住民の教授において当然考慮すべきことである。先住民の生活では、行動には常に目的がある。教室だけで行われる学習活動というのは、部族の教師たちが受け継ごうとは思わない考え方である。なぜなら、状況に適した行動をとることを生徒たちが学ぶ手助けをすることが、先住民の上級レベルの教育に求められる技術だからである。

22　知識と行動は全体の一部だと考えられている。適切なコンテクストに基づいた知識は、バランスのとれた行動を導く。したがって、ある行動の完全性と正しさを確実なものにするには、考えをまとめるまでに、あるいは行動をとるまでに、多大な時間を費やして熟考し、情報を集め、理解しなければならない。先住民の意思決定においては、祈ること、深い省察、忍耐、そして「再考を待つこと」が一様に行われる。

23　先住民の教育の過程では、ヒンズー教の「カルマ」の概念に似た「各人の業」という概念が重視される。先住民の教師たちは、生徒は一人ひとりがかけがえのないものであり、それぞれに人生で歩むべき学びの道があることを理解している。その道の何たるかを学ぶことが、しばしば、先住民のイニシエーションやビジョンクエストの儀式の中心になっている。各人の学びの道の一部をなす、試練、苦難、そして業が、先住民の教授と学習の最も重要なコンテクストの一部の基礎をなしている。

24　先住民の観点からすると、真の学習ないし意義ある知識の獲得は、犠牲を払うことなくして、ときには深い傷を負うことなくして達成されるものではない。先住民の教師たちは、極度の困難や深い傷を経験して初めて何人かの人が学習の最高のレベルに達し得ることを理解している。サンダンスのような儀式に人生の困難が組み込まれることによって、傷を負う体験が学習と省察のコンテクストの中に置き換えられる。そのようにして、そうした傷あるいはトラウマになるような人生の出来事が、重要な教えを常に思い出させるものとして使われるのである。ある出来事による傷や影響が、知り、理解すべき極めて重要なことを象徴するために使われるなら、それらは各人の意識を改め、洞察し、拡大するための強力な契機になる。

要約すると、先住民の教育の第一のオリエンテーションは、各人自身が自分の教師であり、学習はそれぞれの人生のプロセスと結び付いている、ということである。すべてのことに意味が求められる。とりわけ自然界の働きについてはそうである。自然を構成するものはすべてが人間の教師であり、必要なのは自然界が教える教訓に対する、鍛えられ洗練された、開かれた姿勢である。

儀式、神話、そして語りの技法が――人の内的自己、家族、コミュニティー、そして自然環境との関係性の構築強化と結びついて――完全な生活について学び、実践する潜在能力を各人が認識する手助けとして使われる。人はそれぞれ自身の自然な直観を信頼する方法を学ぶことによって、物事を聴いて、見て、つくって、反省して、深く理解することによって、直観的情報を理解し適用することによって、また自身の内部および自然界に存在するスピリットの教師を認識し敬うことによって、完全性に到達することができる。これは教育に関する先住民の遺産である。そのメッセージおよび教育方法は、いのちのために再生されねばならない。

山を見よ、山を見よ！

注

序文

（1）Vine Deloria, "The Perpetual Indian Message," *Winds of Change* 7, No. 1（Winter 1992）.

（2）Nicholas C. Peroff, "Doing Research in Indian Affairs : Old Problems and a New Perspective"（Kansas City : University of Missouri, L. P. Cookingham Institute of Public Affairs, 1989）.

（3）Ibid., pp. 8-9.

（4）David Bohm & F. David Peat は共著 *Science, Order and Creativity*（New York: Bantam Books, 1987）で、科学の「暗黙の基盤」に関して、また科学は疑問の余地なく客観的だとする、従ってそれが存在する文化的社会的コンテクストを否定してしまう歴史的な見方に関して同様の議論を行っている。

（5）Ibid.

（6）Gregory A. Cajete, "Science, A Native American Perspective : A Culturally Based Science Education Curriculum"（Ph.D. diss., International College, Los Angeles, 1986）.

（7）Thomas Berry, "The Viable Human," *Revision* 9, No. 2（1987）: p. 79.

序章

（1）Fritjof Capra, *Turning Point*（New York : Simon and Schuster, 1982）. この議論の中でカプラは、次の世紀の課題に応えるために、科学は思索と行動と応用の新しいパラダイムを打ち立てなければならないという似た主張を行っている。

（2）Eber Hampton "Toward a Redefinition of American Indian/Alaska Native Education"（Analytic paper, Harvard Graduate School of Education, 1988）. ハンプトンは、ここで述べた伝統的オリエンテーションの観点

から、インディアンの教育の再評価に関する優れた事例を提供している。彼はまた、インディアンの教育哲学の土台となり得る一つの可能性についても概説しているが、卓越したものである。このパラグラフの中に、彼が扱う主要なカテゴリーの一部が列挙されている。

（3）Deloria, "The Perpetual Indian Message."

（4）このような先住民の教育に関する基本的事項を挙げるに当たっていくつかの資料を参照した。詳しくは、参考文献に挙げたCastle, E. B.（1961）; Egan, Kieran（1987）; Haines, Joyce ; Shah, Idries（1978）; Dooling, D. M., & Paul Jordan-Smith（1989）を参照願いたい。

第1章

（1）P. V. Beck and Anna L. Walters, *The Sacred*（1977）, p. 84.

（2）Esther Martinez, ed., *San Juan Pueblo Dictionary*（1983）, p. 143.

（3）Cajete "Science A Native American Perspective," pp. 150-165.

（4）Beck and Walters, *The Sacred*. 伝統的なアメリカインディアンのコンテクストにおける「いのちを求める」という比喩の意味の物語的説明についてはpp. 3-32参照。

（5）Miguel Leon Portillo, *Aztec Thought and Culture*（1963）, pp. 3-24.

（6）Ibid.

（7）Marion Wood, *Spirits, Heroes and Hunters from North American Indian Mythology*（1982）, p. 85.

（8）Ray A. Williamson, *Living the Sky*（1984）, pp. 281-290.

（9）B. Devall and George Sessions, *Deep Ecology*（1985）, p. 93.

第2章

（1）Joseph E. Brown, *The Spiritual Legacy of the American Indian*（1982）. ブラウンはアメリカインディアンのスピリチュアリティーのこれら五つの側面に関する基本的なオリエンテーションを提供している。

（2）Beck and Walters, *The Sacred*. ウォルターは多数の引用を用いて、アメリカインディアンの人々の〝大いなる神秘〃との関係について、また道徳、倫理、あるいは部族コミュニティーに対する責任に関する伝統的な教えの中でそれがどのように適用されてきたかについて述べている。

（3） Tom Heidlebaugh, "Thinking the Highest Thought"（未発表原稿、1985）. 著者はオリエンテーションの方法としての先住民の思考に関する検討を行っている。著者は、プエブロの人々が彼らの世界の中心に向けて自分を方向付けるときに彼らが共有する「スピリチュアルエコロジー」観のようなものを捉えている。彼のエッセーはまた、そのエコロジーとは人間の最も崇高な理解に関連した思考および認識の方法であることを説明している。

（4） James K. McNeley, *Holy Wind in Navajo Philosophy*（1981）. これは「風の魂」に関連したナバホの伝統哲学の最も広範な叙述の一つである。聖なる風の概念は他の部族の哲学にもみられるが、書かれた情報が最も多いのはナバホである。そのためにこの著者の研究は、この重要な先住民の環境に対する理解を説明するのに広く使われてきた。

（5） McNeley, *Holy Wind in Navajo Philosophy*, p. 1.

（6） Benard Haile, *The Holy Wind of the Red Ant Way Chant*, told by Hastinn Dijooli（White Cone）, 1933, Manuscript 63–15, pp.97～98, Museum of Northern Arizona, Flagstaff.

（7） McNeley, *Holy Wind in Navajo Philosophy*, p. 12.

（8） Ibid, pp. 16–17.

（9） Ibid, pp. 36–37.

（10） Jan Clayton-Collins, "An Interview with Burnam Burnam," *Shaman's Drum*, No. 14（1988）, pp. 29–33.

（11） Terry Tempest Williams, *Pieces of White Shell*（1987）, pp. 101–104. この物語は、ナバホのメディシンマン、Claus Chee Sonnyが語った物語を著者が書き写した、そのままの形で引用されている。

（12） 原典：Grinnell, George Bird, "Scar Face." *Blackfoot Lodge Tales*, pp. 93–103 ; Wood, Marion, "Scar Face and the Sun Dance," *Spirits,Heroes and Hunters*, pp. 85–89.

第3章

（1） J. Donald Hughes, *American Indian Ecology*（1983）, pp. 2–3. ドナルド・ヒューズの研究は、同化政策による

文化の侵食が始まる以前のアメリカインディアンのエコロジー的発想と環境理解に関する情報の宝庫であり、本章はそれに多く依存している。

（2）Ibid.

（3）Oren Lyons "Our Mother Earth" *Parabola* 7, No.1（Winter 1984）, pp. 91-93.

（4）Eugene Linden, "Lost Tribes, Lost Knowledge," *Time*（September 23, 1991）, pp. 46-56.

（5）Ibid.

（6）Ibid.

（7）Ibid.

（8）Theodor Abt, *Progress Without Loss of Soul*（1989）, pp. 83-90. この著者は、西洋文化の土地との断絶、およびその結果としての人間の経験ならびにその自然との関係の中心部分の部分的喪失の影響を見事に要約している。

（9）Ibid.

（10）Dennis Martinez, *Law and Theology Conference*（Boulder : University of Colorado, June 12-13, 1992）.

（11）Ibid.

（12）Ibid.

（13）Dolores LaChapelle, *Way of the Mountain Newsletter*（Silverton, Colorado, Autumn, 1992）, p. 1.

（14）Trebbe Johnson "Four Sacred Mountains of the Navajos," *Parabola* 13, No. 4（November 1988）, p. 41.

（15）Craig D. Goseyun（White Mountain Apache）. 一九九二年八月一六日のニューメキシコ州サンタフェにおける著者との会話による。

（16）John Young, *Kokopeli*（Palmer Lake : Filter Press, 1990）.

（17）Hughes, *American Indian Ecology*, p. 28.

（18）Ibid. p. 46.

（19）Ibid. p. 64.

（20）Lowell John Bean, "California Indian Shamanism and Folk Curing," in *American Folk Medicine*, ed.

Wayland D. Hand (Berkeley : University of California Press, 1976), pp. 109–123.

(21) Donald Sandner, "Navajo Indian Medicine and Medicine Men," *Ways of Health*, ed. David S. Sobel (New York: Harcourt Brace Jovanovich, 1979), pp. 117–146.

(22) Ibid.

(23) Ibid.

(24) Ibid.

(25) Ibid.

(26) Ibid.

第4章

(1) Christopher Vecsey, *Imagine Ourselves Richly* (1991), pp. 13–14.

(2) John E. Pfeiffer, *The Creative Explosion* (1982). この著者は先史時代の人間社会に遡る芸術の起源およびその神話や儀式との関係について、卓越した探究を行っている。

(3) Naomi Goldenburg, *Changing the Gods : Feminism and the End of Traditional Religions* (Boston : Beacon, 1979), p. 47.

(4) D. Feinstein and Stanley Krippner, *Personal Mythology* (Los Angeles : Jeremy P. Tarcher, 1988), pp. 1–8. 個人的神話の分野での両著者の研究は、個人の成長と変容に対する神話を理解することの重要性を示している。

(5) John Stokes. 一九八五年の秋に、The Tracking Project, 5403 Corralles Rd., Corralles, NM, 87048で行われた著者との個人的会話による。

(6) Barbara G. Myerhoff, *Peyote Hunt* (1974).

(7) この神話は一九〇〇年代初期にハノのホピ-テワ集落およびリオグランデのテワ族の研究を行っていた民俗学者が記録したもので、いくつかのバージョンがある。「水瓶少年」のこのバージョンはElsie Parsonsがその著書に載せているものと似ている（*Tewa Tales*, The American Folklore Society Memoirs, vol. 19 (1926), p. 193）。

（8） Elaine Jahner, “Stone Boy : Persistent Hero,” in *Smoothing the Ground*, ed. Brian Swan (Berkeley : University of California Press, 1983), pp. 171-186.

（9） Portillo, *Aztec Thought and Culture*, p. 140.

（10） Jerome Rothenberg, ed., *Technicians of the Sacred* (1985). インディアンの神話詩の伝統のこの特徴が見事に述べられている。

（11） Ibid. “preface”, xvii-xxxiii.

（12） Kieran Egan, “Literacy and the Oral Foundations of Education,” *Harvard Educational Review* 57, No. 4 (November 1987), p. 451.

（13） E. A. Havelock, *Preface to Plato* (Cambridge : Harvard University Press, 1963), p. 29.

（14） Ken Wilber, *Up from Eden* (Garden City : Anchor/Doubleday, 1981).

（15） Ibid.

（16） Ibid.

（17） Feinstein and Krippner, *Personal Mythology*, pp. 213-223.

（18） Ibid. p. 219.

（19） Deloria, “The Perpetual Indian Message.”

（20） Nollman, *Spiritual Ecology*, p. 198.

（21） Cajete, “Science, A Native American Perspective”

（22） Joseph Campbell, *Primitive Mythology*. 引用先 Sam Keen & Anne Valley-Fox, *Your Mythic Journey* (1989), p. 2.

第5章

（1） D. M. Dooling, “Alchemy and Craft,” *Parabola* 3, No. 3 (August 1978), p. 24.

（2） Arthur Amiotte, “Our Other Selves, the Lakota Dream Experience,” *Parabola 7*, No. 2 (May 1982), p. 30.

（3） Ibid. p. 32.

(4) Patricia Garfield, *Creative Dreaming* (New York : Simon and Schuster, 1974).

(5) Linda Marks, *Living with Vision* (Indianapolis : Knowledge Systems, Inc., 1989).

(6) Myerhoff, *Peyote Hunt*.

(7) Guadalupe Rios de la Cruz（ウイチョル族のマラアカメ（シャーマン）、Ramon Medina Silva の夫人）。一九九〇年八月三一日から九月二八日にかけてのニューメキシコ州サンタフェにおける著者との会話による。

(8) Ibid.

(9) Ibid.

(10) Ibid. Ramon Medina Silva の歌の英語訳で、Silva 夫人が Peter Furst 監督の映画 "To Find Our Life" (University of California at Los Angeles, 1969) の中で語ったもの。

(11) Marks, *Living with Vision*.

(12) Ibid. p. 36.

(13) Ananda K. Coomaraswamy, "The Uses of Art," *Parabola 16*, No. 3 (August 1991), pp. 7-8.

(14) Jose Argelles, *Mandala* (Boston : Shambhala Publications, 1972).

(15) Fredrick Franc, *Art as a Way* (New York : Crossroad Publishing, 1981).

(16) 意識の超越、すなわち文化的美術様式を学ぶ場合に多くみられるように、心と呼吸の訓練を通して、象徴的表現の概念化およびそれとの根本的結合の瀬戸際まで意識を導くこと。これは、一定レベルの意識の超越を維持することがすべての創造的分野に不可欠であることによる。Frank Garcia, "The Ceremony of Art"（未発表原稿、Santa Fe, NM, 1990）。

(17) これはニューメキシコ州サンタフェの Frank Garcia の許可を得て、彼の未発表原稿、"The Ceremony of Art" と一九八九年から一九九二年にかけて行われた彼との個人的会話を基に言い換えたものである。

(18) Ibid.

第6章

(1) Nollman, *Spiritual Ecology*.

(2) Simon Ortiz, "Surviving Columbus," (草稿、Santa Fe, NM, 1992).
(3) Nollman, *Spiritual Ecology*, pp. 182-183.
(4) Vine Deloria, *God is Red* (New York : Dell Publishing Co., 1973), p. 201.
(5) 主な出典：McClellan Hall, "Something Shining, Like Gold but Better" (National Indian Youth Leadership Project 1991) および彼の "Gadugi : A Model of Service-Learning for Native American Communities", *Phi Delta Kappan* (June 1991), pp. 754-757.
(6) Deloria, *God is Red*, p. 200.
(7) Simon Ortiz "Fight Back : For the Sake of the People, For the Sake of the Land," INAD *Literary Journal* (Albuquerque, NM) 1, no.1 (1980), p. 31.
(8) Joseph E. Brown,in *I Become Part of It*, D.M. Dooling &Paul Jordan-Smith (1989), p. 20.
(9) John A Sanford, *Healing and Wholeness* (1977), pp. 20-21.
(10) Joseph Oxendine, *American Indian Sports Heritage* (Champaign : Human Kinetics, 1988), p. 5.
(11) Ibid. pp. 4-5.
(12) P. Nabokov & Margaret MacLean, "Ways of Indian Running," *CoEvolution* 26 (Summer 1980), p. 5.
(13) Plenty Coups, in "Ways of Indian Running," Nabokov and MacLean (1980), p. 6.

第7章

(1) Tribal Sovereignty Associates, *The Power Within People*, (1986).
(2) Ibid.
(3) 先住民の科学に関する引用はすべて、Cajete, "Science, A Native American Perspective : A Culturally Based Science Education Curriculum," (Ph. D. diss., 1986) より。
(4) J. M. Malville & Claudia Putman, *Prehistoric Astronomy in the Southwest*, (1991), p. 32.

第8章

（1） Robert D. Waterman, "Introduction to Transformation."

（2） Sanford, *Healing and Wholeness*, p. 22.

（3） これらの先住民の教えと学びの原理について更に知りたい読者は、Hyemeyohsts Storm, *Seven Arrows* (New York : Ballantine Books, 1972) 参照。

（4） Paulo Freire, *Pedagogy of the Oppressed* (New York: Seabury, 1970).

補遺

（1） Idries Shah, *Learning How to Learn*, 1978. スーフィーの伝統に由来する先住民の教えと学びの原理について。

参考文献

Abt, Theodor. *Progress Without Loss of Soul*. Wilmette : Chiron Publications, 1989.

Amiotte, Arthur. “The Call to Remember.” *Parabola* 17, No. 3 (August 1992).

——— “Our Other Selves.” *Parabola* 7, No. 2 (May 1982).

——— “The Road to the Center.” *Parabola* 9, No. 3 (August 1984).

Anderson, William. “The Central Man of All the World.” *Parabola* 13, No. 1 (February 1988).

Argelles, Jose. *Mandala*. Boston : Shambhala Publications, 1972.

Armstrong, Jeannette C. “Traditional Indigenous Education : A Natural Process.” Paper presented at the World Conference, Indigenous People’s Education, Vancouver, B. C., June 1987.

Atencio, Tomas. “La Resolana : A Chicano Pathway to Knowledge.” Ernesto Galaraza Commemorative Lecture, Sanford Center for Chicano Research 1988.

Aug, Lisa. “Humans and the Earth.” *Turtle Quarterly* 3, No. 2 (Spring/Summer 1989).

Baker, Rob. “A Canoe Against the Mainstream.” An Interview with Peterson Zah. *Parabola* 14, No. 2 (May 1989).

Beck, P. V., and Anna L. Walters. *The Sacred*. Tsaile : Navajo Community College Press, 1977.

Berman, Morris. *The Re-enchantment of the Word*. Ithaca : Cornell University Press 1981.

Bembaum, Edwin. “Sacred Mountains. *Parabola* 13, No. 4 (November 1988).

Berry, Thomas. *The Dream of the Earth*. San Francisco: Sierra Club Books, 1988.

Blackburn, Thomas C., ed. *December’s Child*. Berkeley : University of California Press, 1975.

Boas, Franz. *Keresan Texts*. New York, 1928.

Bohm, David, and F. David Peat. *Science, Order and Creativity*. New York : Bantam Books, 1987.

Brown, Joseph E. *The Spiritual Legacy of the American Indian*. New York : Crossroad Publishing Company, 1982.

Bruchac, Joseph. "The Storytelling Seasons." *Parabola* 14, No. 2 (May 1989).

Caine, R. N., and Geoffrey Caine. *Teaching and the Human Brain*. Alexandria : Association for Supervision and Curriculum Development, 1991.

Cajete, Gregory A. "An Ensouled and Enchanted Land." *Winds of Change* 8, No. 1 (Spring 1993).

——— "Land and Education." *Winds of Change* 8, No. 4 (Winter 1994).

——— "Motivating American Indian Students in Science and Math." Las Cruces, NM : ERIC Clearing House on Rural Education and Small Schools, 1988.

——— "The Nature of Things and the Things of Nature." Washington, DC : KUI TATK, Native American Science Education Association (Spring 1985) : 2.

——— "Science. A Native American Perspective : A Culturally Based Science Education Curriculum." Ph. D. diss. International College. Los Angeles, 1986.

——— ed. "Visions and Life Journeys : Contemporary Indian People of New Mexico." Santa Fe, NM : New Mexico Indian Education Association, 1993.

Campbell, Joseph. *The Inner Reaches of Outer Space*. New York : Harper and Row, 1986.

——— *The Way of the Animal Powers*. London : Summerhill Press ; San Francisco : Harper and Row, 1983.

Capra, Fritjof. *Turning Point*. New York : Simon and Schuster, 1982.

Castle, E. B. *Ancient Education Today*. New York : Penguin Books, 1961.

Clayton-Collins, Jan. "An Interview with Burnam Burnam." *Shamans' Drum*, No. 14 (1988).

Coomaraswamy, Ananda K. "The Uses of Art." *Parabola* 16, No. 3 (August 1991).

Courlander, Harold. *The Fourth World of the Hopi*. Albuquerque : University of New Mexico Press, 1987.

Cowan, James G. "Aboriginal Solitude." *Parabola* 17, No. 1 (February 1992).

Cronyn, George W., ed. *American Indian Poetry*. New York : Ballantine Books, 1991.

Deloria, Vine. *God is Red*. New York : Dell Publishing Co., 1973.

——— "The Perpetual Indian Message." *Winds of Change* 7, No. 1 (Winter 1992).

Devall, B., and George Sessions. *Deep Ecology*. Salt Lake : Gibbs Smith, Inc., 1985.

Dooling, D. M., and Paul Jordan-Smith. "Alchemy and Craft." *Parabola* 3, No. 3 (August 1978) : p. 24.

——— *I Become Part of It*. New York : Parabola Books, 1989.

Egan, Kieran. "Literacy and the Oral Foundations of Education." *Harvard Educational Review* 57, No. 4 (November 1987).

——— *Teaching as Story Telling*. Chicago : University of Chicago Press, 1989.

Erdoes. R., and Alfonso Ortiz. *American Indian Myths and Legends*. New York : Pantheon Books, 1984.

Feinstein, D., and Stanley Krippner. *Personal Mythology : The Psychology of Your Personal Self*. Los Angeles : Jeremy P. Tarcher, 1988.

Ford, Daryll C. "A Creation Myth from Acoma." *Folk-Lore* 41 (1930), pp. 359-87.

Freire, Paulo. *Pedagogy of the Oppressed*. New York : Seabury, 1970.

Garcia, Richard J. "Tohigwu— An American Indian Concept for Sport & Health." Master's Thesis, California State University, Sacramento, Spring 1992.

Garfield, Patricia. *Creative Dreaming*. New York : Simon and Schuster, 1974.

Gill, Sam D. "It's Where You Put Your Eyes." *Parabola* 4, No. 4 (November 1979), p. 91.

——— *Mother Earth*. Chicago : University of Chicago Press, 1987.

Grinnel George Bird. *Blackfoot Tales*. Lincoln : University of Nebraska Press, 1962.

Haines, Joyce. "From Lao Tse and Hillel to Hart, Freire, and Storm : Celebrating Excellence of Diversity and Diversity of Excellence." Unpublished paper, University of Kansas School of Education, Lawrence Kansas.

Hall Edward T. *Beyond Culture*. New York : Anchor Books/Doubleday, 1976.

Hall, McClellan. "Gadugi : A Model of Service-Learning for Native American Communites." *Phi Delta Kappan*

(June 1991).
Hampton, Eber. "Toward a Redefinition of American Indian/Alaska Native Education." Analytic paper, Harvard Graduate School of Education 1988.
Heidlebaugh, Tom. "Thinking the Highest Thought." Unpublished manuscript, 1988.
Heinegg, Peter. "The Agony of Nature." *Parabola* 6, No. 1 (February 1981).
Houston, Jean. *The Search for the Beloved : Journey to Sacred Psychology*. Los Angeles : Jeremy P. Tarcher, 1987.
Hughes, J. Donald. *American Indian Ecology*. El Paso : Texas Western Press, 1983.
Hultkrantz, Ake. *The Religions of the American Indians*. Berkeley : University of California Press, 1979.
Johnson, Trebbe. "The Four Sacred Mountains of the Navajos." *Parabola* 13, No. 4 (November 1988).
Jung, C. G. *Mandala Symbolism*. Translated by R. F. C. Hull. New Jersey : Princeton University Press, 1972.
——— Wilderness and Hearth : The Cycle of the Hunt." *Parabola* 16, No. 2 (May 1991).
Krishnamurti, J. *Education and the Significance of Life*. New York : Harper and Row, 1953.
LaChapelle, Dolores. *Earth Wisdom*. Silverton : Finn Hill Arts, 1978.
——— *Sacred Land, Sacred Sex, Rapture of the Deep*. Silverton : Kivaki Press 1992.
Lang, Julian. "The Basket and World Renewal." *Parabola* 16, No. 3 (August 1991).
Linden, Eugene. "Lost Tribes, Lost Knowledge." *Time*. September 23, 1991.
Lopez, Barry. "Renegotiating the Contracts." *Parabola* 8, No. 2 (May 1983).
Lyons, Oren. "Our Mother Earth." *Parabola* 7, No. 1 (Winter 1984).
Malville, J. M., and Claudia Putman. *Prehistoric Astronomy in the Southwest*. Boulder : Johnson Books, 1991.
Mander, Jerry. *In the Absence of the Sacred*. San Francisco : Sierra Club Books, 1991.
Marks, Linda. *Living with Vision*. Indianapolis : Knowledge Systems, Inc, 1989.
Martinez, Esther, ed. *San Juan Pueblo Dictionary*. Portales : Bishop Publishing Co., 1983.
Marthiessen, Peter. "Native Earth." *Parabola* 6, No. 1 (February 1981).
McNeley, James K. *Holy Wind in Navajo Philosophy*. Tucson : University of Arizona Press, 1981.

McPherson, Robert S. *Sacred Land, Sacred View*, Brigham Young University, Charles Redd Center for Western Studies, 1992.

Moon, Sheila. *A Magic Dwells*. Middletown : Wesleyan University Press, 1970.

Moore, R., and Douglas Gillette. *King, Warrior, Magician, Lover*. San Francisco : Harper Collins Publishers, 1990.

Myerhoff, Barbara G. *Peyote Hunt*. Ithaca : Cornell University Press, 1974.

Nabokov, P., and Margaret MacLean. "Ways of Indian Running", *CoEvolution* 26 (Summer 1980).

Neihardt, John G. *Black Elk Speaks*. New York : Pocket Books, 1972.

Nollman, Jim. *Spiritual Ecology*. New York : Bantam Books, 1990.

Ortiz, Alfonso. *The Tewa World*. Chicago : University of Chicago, 1969.

Oxendine, Joseph. *American Indian Sports Heritage*. Champaign : Human Kinetics, 1988.

Peroff, Nicholas C. "Doing Research in Indian Affairs : Old Problems and a New Perspective." Unpublished paper. L. P. Cookingham Institute of Public Affairs, University of Missouri, Kansas City, 1989.

Pfeiffer, John E. *The Creative Explosion*. New York : Harper and Row, 1982.

Portillo, Miguel Leon. *Aztec Thought and Culture*. Norman : University of Oklahoma Press, 1963.

Powers, William K. *Yuwipi*. Lincoln : University of Nebraska Press, 1982.

Rivera, George. *Then and Now— Pojoaque Pueblo in Perspective*. Pojoaque Pueblo, NM, 1992.

Ross, Allan C. *Mitakuye Oyasin, "We are All Related."* Fort Yates : Bear Press, 1989.

Rothenberg, Jerome, ed. *Shaking the Pumpkin*. New York : Alfred Van Der Marck Editions, 1986.

——— ed. *Technicians of the Sacred*. Berkeley : University of California Press, 1985.

Rudolph, Carol P. *Petroglyphs and Pueblo Myths of the Rio Grande*. Albuquerque : Avanyu Publishing Inc., 1990.

Sandner, Donald. *Navajo Symbols of Healing*. Rochester : Healing Arts Press, 1979.

Sanford, John A. *Healing and Wholeness*. New York : Paulist Press, 1977.

San Souci, Robert. *The Legend of Scarface*. Garden City : Doubleday and Company Inc. New York, 1978.

Shah, Idries. *Learning Haw to Learn*. San Francisco : Harper and Row, 1978.

Skolimowski, Henryk. *Living Philosophy*. New York : Penguin Books/Arkana, 1992.

Snyder, Gary, *The Practice of the Wild*. Berkeley : North Point Press, 1990.

Sobel, David S., ed. *The Way of Health*. New York : Harcourt Brace Jovanovich, 1979.

Suzuki, David, and Peter Knudtson. *Wisdom of the Elders*. New York : Bantam Books 1992.

Swan, Brian, ed. *Smoothing the Ground*. Berkeley : University of California Press, 1983.

Swan, James. *Sacred Places*. Santa Fe : Bear and Company Publishers, 1990.

Tedlock, D., and Barbara Tedlock. *Teachings from the American Earth*. New York : Liveright Publishing Corp., 1992.

Tribal Sovereignty Associates. *The Power Within People : A Community Organizing Perspective*. June 1986.

Tyler, Hamilton. *Pueblo Gods and Myths*. Norman : University of Oklahoma Press, 1964.

Vecsey, Christopher. *Imagine Ourselves Richly*. San Francisco : Harper Collins Publishers, 1991.

Warren, Dave. "New Worlds, Old Orders : Native Americans and Columbus Quincentenary," *The Public Historian* 14, No. 4, University of California Press, 1992.

Waterman, Robert D. "Introduction to Transformation." Unpublished paper, Southwestern College, Santa Fe. NM, May 1990.

White, Leslie. *The Acoma Indians*. Washington, D. C., 1932.

Wilber, Ken. *Up From Eden: A Transpersonal View of Human Evolution*. Garden City : Anchor/Doubleday, 1981.

——— ed. *The Holographic Paradigm and Other Paradoxes*. Boulder : Shambhala Press, 1982.

Williams, Terry Tempest. *Pieces of White Shell*. Albuquerque : University of New Mexico Press, 1987.

Williamson, Ray A. *Living the Sky : The Cosmos of the American Indian*. Norman : University of Oklahoma Press, 1984.

Wood, Marion. *Spirits, Heros and Hunters from North American Indian Mythology*. New York : Schocken Books, 1982.

Young, John. *Kokopeli*. Palmer Lake : Filter Press, 1990.

訳者あとがき

本書は Gregory A. Cajete, *Look to the Mountain : An ecology of indigenous education* (Kivaki Press, 1994) の全訳で（テキストには二〇〇三年の第四刷を使用）、「日本語版序文」は今回著者から特別に寄せていただいたものです。テキストには大文字、斜字体、下線、引用符、二重引用符などを使った強調箇所が多数ありますが、日本語の場合にはかえって読みにくくなることを嫌い、一部の強調は割愛した上、かぎ括弧や傍点などに簡略化して置き換えています。また、著者の説明を受けて多少敷衍して訳した箇所も若干あります。段落は、内容や読みやすさを勘案して、テキストより多く設けています。

本書の出版もまたいくつもの得難い出会いの賜物です。私が原書の存在を知ったのは二〇〇三年のこと、ある翻訳の調べ物をしている時でしたが、早速購入して読んでみると、その世界観と思索の厚みに共感と感銘を覚えました。邦訳出版の価値があるかもしれないと思い、以前訳書の出版でお世話になったことのある日本経済評論社に打診する一方、何かにつけご教示いただいている北海道教育大学の大津和子教授のご意見を伺ったのでした。大津教授が紹介してくださったのが『はるかなるオクラホマ――ネイティブアメリカン・カイオワ族の物語りと生活』（はる書房）の著者、桜美林大学の高橋順一教授で、同教授はご多忙のなか原書に目を通され、邦訳出版の価値があるという詳しい所見を書いてくださいました。それは二〇〇四年五月初旬のことでしたが、高橋先生のこのご一文がなければ、昨今の非常に厳しい出版事情のなか、日本経済評論社の栗原哲也社長や編集を担当してくださった清達二氏はじめゴーサインを出してくださることはなかったでしょう。高橋先生にはその後も気にかけていただき何かとご助力を賜りました。以上のようなご縁とご指導ご協力に心から感謝申し上げる次第です。

また、著者カヘーテ氏は多忙な日程を割いて快く「日本語版序文」を書いてくださったほか、翻訳上の大小さまざまな質問にも的確丁寧に答えてくださり、さらには本訳書のためにサン・ダガーの写真も手配してくださいました。訳者としては、著者に快く質問に答えていただけるということはとても有難いことで、特に今回はそれがなければどうなっていたかと思うと冷汗が出るほどです。心からお礼を申し上げます。

実をいえば、私のささやかな翻訳経験のなかで今回ほど難渋したことはなかったと思います。その根本的な理由は著者が語ろうとする内容を、インディアンに関する知識や経験においても、より一般的な内面的経験という点においても、的確にまた十分に深く理解する準備がなかったことにあります。英語の理解力の問題や日本語の貧しさや学問的知識の不足ということもありますが、それもまた多くはより根本的な理解の問題に帰着すると思います。そのような状況ですから、著者が電子メールで質問に迅速に答えてくださったことは本当に有難いことでした。「山を見よ」という言葉には著者の祈りが込められていると思いますが、そのことを多少とも実感したことでした。

著者が語ろうとする内容の理解という点では、ルドルフ・シュタイナーに関する若干の知識のお蔭で著者の世界観にほとんど抵抗なく入ることができ、私としては思い掛けない収穫でした。というのは、私事にわたりますが、インディアンの世界観は興味をもちながらも無為に二〇年以上も過ごしてしまった、そのような課題だったからです。インディアンに関心をもった理由は主に二つあります。一つは押田成人神父が老いた樵との出会いに触れておられたこと（『ばらのまどい』思草庵、六六頁。実は今までこの一二歳から原始林の中で大きな木を伐り続けてきた「人格そのものが謙虚で、思いたかぶるということを思いつくというようなことは不可能であるような」老いた樵とはカナダのインディアンのことかと思っていたのですが、今回読み返してみるとインディアンともカナダとも書いてはありませんでした。私のまったくの勘違いにすぎなかったのか、あるいは何らかの直観が働いていたのか、いずれにしてもそのような思い込みがなければ今回のカヘーテ氏との出会いもあるいはなかったのかもしれません）、もう一つは私が私淑してきた神学者・哲学者の滝沢克己先生の三三歳という若さで亡くなられたご三女がインディンの世界観に惹かれその言語構造を研究しようとされていたことです。滝沢神学とインディアンの世界観は表面的には非常に異なるようにみえます。ですから、京大大学院古代哲学科の藤沢令夫教授の下で学ばれ、もとより滝沢神学を深く理解され、滝沢先生が高く評価しておられたそのご三女がなぜインディアンなのか、ということが気になっていたのです（ご三女の比佐子さんが亡くなられたのは一九七八年一二月、その後滝沢先生は残されたご兄弟の助けを得て遺稿集『比佐子　その生と死』（上・下、三一書房）を編み、その間に眼病を患いながらも一九八〇年六月に出版しておられます。それは滝沢先生が一九八四年六月に七五歳で亡くなられるわずか四年前のことで、その遺稿集はとても深い愛情の感じられる大部のものです。それは多くの友人に慕われ、ご両親ご兄弟に愛されたご本人のお人柄にもよるでしょうし、「ただものをありのままに、ほんとうにはっきり見るため」（編者「あとがき」）だけに大学ノートに書き留められたわずか三三年の生涯の内容がそれに値する深さと豊かさを備えていたことにもよるでしょう。「アメリカ・インディアンの文化を研究することは、自意識と所有欲によってゆがんで見えるようになった世界の、ほんとうの姿を浮かびあがらせる作業のひとつだと言えるだろう。それは、人間が真の豊かさをとりもどす作業にもなるだろう」（下、二四二〜三頁）というのが比佐子さんのお考えでした。

そのような次第で、今回のような機会に恵まれこと、しかも著者カヘーテ氏と親しく連絡を取らせていただきながら翻訳できたことは私にとって格別に幸せなことでした。

しかしながら、先にも述べたとおり、私の理解力では著者の真意を的確にとらえ、十分な日本語で読者にお伝えすることができているかどうか少なからぬ懸念が残ります。訳注を付ければ読みやすくなると思いながら準備できなかったところも何箇所かあります。読者の皆様のご寛恕と忌憚のないご叱正をお願いする次第です。

二〇〇八年一二月一六日

訳　者

訳者紹介

塚《つか》田《だ》幸《こう》三《ぞう》

1952年生まれ．大阪府立大学農学部卒・英国エジンバラ大学獣医学部修士課程修了．翻訳著述業．

著書に，『いのちの声を聞く』（共著），『滝沢克己からルドルフ・シュタイナーへ』（共にホメオパシー出版）など．

訳書に，J. ソーパー『バイオダイナミックガーデニング』，J. サクストン&P. グレゴリー『獣医のためのホメオパシー』，C. デイ『牛のためのホメオパシー』，C. デイ『ペットオーナーのためのホメオパシー』，G. マクラウド『犬のためのホメオパシー』，G. マクラウド『猫のためのホメオパシー』，C. デイ『ペットのためのホメオパシー』，W. スヒルトイス『バイオダイナミック農法入門』，K. ケーニッヒ『動物の本質』（以上，ホメオパシー出版），M. グレックラー『医療と教育を結ぶシュタイナー教育』（共訳），P. デサイ&S. リドルストーン『バイオリージョナリズムの挑戦』（共訳），M. エバンズ&I. ロッジャー『シュタイナー医学入門』（以上，群青社），K. ブース&T. ダン『衝突を超えて』（共訳，日本経済評論社），N. チョムスキー『「ならずもの国家」と新たな戦争』，N. ングルーベ『アフリカの文化と開発』（以上，荒竹出版）など．

インディアンの環境教育

2009年2月20日　第1刷発行

定価(本体3400円+税)

著　者　グレゴリー・カヘーテ

訳　者　塚田幸三

発行者　栗原哲也

発行所　株式会社日本経済評論社

〒101-0051 東京都千代田区神田神保町3-2
電話03-3230-1661　FAX 03-3265-2993
振替00130-3-157198

装丁＊奥定泰之　シナノ印刷／根本製本

落丁本・乱丁本はお取替えいたします　Printed in Japan

ISBN978-4-8188-2039-5